廿年逐梦
风华如新

创世界一流
树中国学派的 WISE 实践

■ 高忠华　周颖刚　洪永淼　主编

厦门大学出版社
XIAMEN UNIVERSITY PRESS
国家一级出版社
全国百佳图书出版单位

图书在版编目（CIP）数据

廿年逐梦，风华如新：创世界一流，树中国学派的 WISE 实践 / 高忠华，周颖刚，洪永森主编. -- 厦门：厦门大学出版社，2025.6. -- ISBN 978-7-5615-9794-1

I. G649.285.73

中国国家版本馆 CIP 数据核字第 2025J0X846 号

责任编辑	潘　瑛
责任校对	李芮男
美术编辑	蒋卓群
技术编辑	朱　楷

出版发行　厦门大学出版社

社　　址　厦门市软件园二期望海路 39 号
邮政编码　361008
总　　机　0592-2181111　0592-2181406（传真）
营销中心　0592-2184458　0592-2181365
网　　址　http://www.xmupress.com
邮　　箱　xmup@xmupress.com
印　　刷　厦门市竞成印刷有限公司

开本　720 mm×1 020 mm　1/16
印张　21.5
插页　1
字数　300 千字
版次　2025 年 6 月第 1 版
印次　2025 年 6 月第 1 次印刷
定价　125.00 元

本书如有印装质量问题请直接寄承印厂调换

厦门大学出版社
微信二维码

厦门大学出版社
微博二维码

编 委 会

主　编： 高忠华　周颖刚　洪永淼

编　委： 邓晶晶　潘小佳　叶巧媛

　　　　 何永芳　林安语　周梦娜

目录
CONTENTS

匠心谋篇　乘风共越

王亚南经济研究院二十年庆有感	朱崇实 / 002
从"三无"到"三位一体"：二十年破茧成蝶	张兴国 / 007
守正创新二十载，砥砺奋进谱新篇	雷根强 / 014
从破茧到领航：写在 WISE 二十岁之际	黄鸿德 / 019
温故知新，再启新程：写在 WISE 建院二十周年之际	洪永淼 / 025
创世界一流，树中国学派：WISE 二十载的见证、	
参与和展望	周颖刚 / 034
访萧政教授：十年树木，百年树人	冯晨晨、杨鹏飞 / 041
访 Whitney Newey 教授：学问不厌，春华秋实	
	张瑞筠、张晴雯 / 046
访陈少华教授：心系母校，语重情深　徐烨、徐子杰、何柏毅 / 051

01

研思致远　学脉流芳——硕博士研究生项目

访施淑萍教授："爱拼才会赢"	陈琳萍、李慧婷 / 058
我与 WISE 的二十年：见证成长，共铸辉煌	叶晓夏 / 063
WISE 二十载，一路繁花的延续	谭　用 / 068
我们是 Wisers	钟　卓 / 072
好饭不怕晚，最重要的是先走好脚下的路	杨　利 / 074
从四个单词读懂 WISE	郭辉铭 / 079
WISE，青春我们一起走过	王晓虎 / 086
访李海奇教授：保持不变的兴趣， 　　拥抱变化的时代	吴幸舟、郑嘉妮、何柏毅 / 089
校园的美好	郭丰波 / 095
我在 Amoy 的一些回忆	侯庆峰 / 099
廿载芳华，感恩同行	黄乃静 / 104
访姜富伟教授：从"厦大"到"厦大"，书写人工智能 　　金融新篇章	沈康宁、魏琼 / 106
我与 WISE：成长的足迹与回忆	汪意成 / 112
回望 WISE 岁月：从被塑造者到塑造者的思考与感悟	魏立佳 / 114
我的 WISE 七年	谭丽佳 / 121
WISE，一个令人怀念的地方	易金超 / 124
WISE：托起我的学术梦	王　霞 / 128
青春同行，时光有声：对 WISE 有感	张　扬 / 131
我和 WISE 的故事：那些青春奋斗岁月	白钧仁 / 134

致 WISE：我的青春纪念册	郭俊杰 / 138
在 WISE 的岁月：一场重塑思维的学术启蒙	林志帆 / 142
与 WISE 的奇妙缘分：一路幸运，一生珍藏	李长洪 / 145
岁月悠悠，WISE 情深：一段成长的旅程	熊　琛 / 149
正是厦园好风景，凤凰花开又逢君	詹涵淼 / 152
凤凰花下，念 WISE 旧时光	潘姝宇 / 156

启智筑梦　创新领航——经济学本科国际化试验班

献给 WISE 二十周年：那些塑造我的幸运与温暖	韩心语 / 160
恰同学少年	李雪婵 / 163
时光荏苒，感恩 WISE 的四年	Ng Chin Boon/ 165
芦叶满汀洲	王雪原 / 167
情系 WISE：那些年，那些人，那些事	彭　鹭 / 172
廿载韶光映初心，十年同行暖征程：	
我与 WISE 的双向成长	齐　斌 / 175
献给 WISE 二十周年	孙　岵 / 177
WISE 回忆录：四年青春，一生情深	郑临风 / 179
闪光的回忆	安　鹏 / 182
从白城潮声到建南灯火：我在 WISE 的蜕变之旅	楼帅舟 / 184
鹭岛潮声，廿载华章	姜皓天 / 188

博学旁通 赋能卓越——本科辅修学位项目

弱冠弄柔翰，卓荦观群书：
记在 WISE 辅修项目学习的二三感受 ………… 肖宛远 / 196
WISE：我心中永远的白月光 ………… 巨心怡 / 198
忆苦回甘，记辅修的三年 ………… 童弋馨 / 201

学术立基 逐梦世界——海外硕士留学预备课程班

我与厦大 WISE 的情缘 ………… 周　厦 / 206
由此启程：我在 WISE 的学习与成长 ………… 洪少新 / 210
木棉花开时节的转身：与 WISE-SMU 相遇的五年 ………… 郭铭婧 / 213

融汇中外 育才全球——国际硕博项目

A Life-Changing Journey:
　　My Time at WISE and Beyond ………… Michael Garcia / 218
Exploring, Learning, and Achieving:
　　How WISE Shaped My Path ………… Wong Kar Xiong（黄嘉祥）/ 220

两岸融通 才聚海峡——台港澳博士专班

我在厦大 WISE 的日子 ………… 庞淑芬 / 228
博士生求学生涯心路历程 ………… 胡晴媛 / 232

智汇产教　实效致远——高层教育发展（EDP）中心项目

从厦大 WISE 起航：知识照亮商业征途 ...... 侯虹丽 / 238

凤凰花开处，廿载弦歌长 ...... 熊贻德 / 244

潜心助力　隐翼支撑——行政技术团队

与 WISE 同行：感动、成长与未来 ...... 鲍未平 / 250

薪火引航处，皆是 WISE 光 ...... 邓晶晶 / 255

二十年久久为功：WISE 的长期主义实践 ...... 钟铿光 / 261

向光而行：在 WISE 的十二年 ...... 庄佳盈 / 267

WISE 伴我成长的十一年 ...... 吴雪霁 / 271

WISE 足迹

/ 277

匠心谋篇　乘风共越

二十年前，WISE（王亚南经济研究院）的蓝图在南方之强落笔生花。初创之师执笔绘经纬，以战略之思搭建国际桥梁；海外鸿儒踏浪越重洋，用前沿理论启迪懵懂学子；领航团队劈波定航标，以制度创新筑牢发展根基。没有惊天动地的宣言，只有筚路蓝缕的脚印，从幼苗拔节到枝繁叶茂，那些日以继夜的坚持愈发清晰。

王亚南经济研究院二十年庆有感

■ 朱崇实

人物简介

朱崇实，厦门大学原经济系政治经济学专业1977级本科生，经济学系1982级硕士研究生。经济学博士，厦门大学法学院经济法教授，曾获"孙冶方经济科学奖"，2003年5月—2017年7月任厦门大学校长。

日月如梭，光阴似箭，一晃，厦门大学王亚南经济研究院已经走过了二十年的风雨历程。几天前，收到周颖刚院长的微信，说今年6月21日是王亚南经济研究院成立二十周年，学院和研究院拟出一本文集，通过亚南院培养的学生们的切身反馈，记录这些年的成长，以此庆祝亚南院成立二十周年，同时也是在二十年成长的基础上，对下一个二十年更好发展的一个激励与宣示。他希望我也能为文集写几句话，以表祝贺和鼓励。王亚南经济研究院是厦门大学推进管理体制机制改革、深化教学科研体系改革、促进学科建设国际化的一个试验田，也是厦大管理体制机制改革、加快国际化办学进程的一个样板。亚南院已走过了二十年的风雨历程，取得了令人瞩目的成就，成为在中国经济学研究与教学领域最有影响力的学术机构之一。但是，改革还远未完成，国际化也仍然在路上，因此，学院和研究院在这一时刻出这样的一本文集，师生共同回顾走过的路，认真思考有哪些经验与教训、成功及不足，对于亚南院下一个二十年的发展是非常有意义的。

王亚南经济研究院在短短的二十年里，从无到有，从小到大，成长为一所中国一流、在世界上具有一定影响力的经济学研究与教学的学术机构，我觉得主要得益于做到了以下几点：

第一，坚持科学的办院理念。2005年，学校引进洪永淼教授组建研究院，一天，他来与我商量：这个研究院起个什么名称为好？我们不约而同地想到就叫"王亚南经济研究院"！王亚南，不仅仅是中国最早研究、传播、讲授马克思主义政治经济学的经济学家之一，更是最早提出在学习、研究、借鉴世界先进国家的经济学理论与经济实践的基础上建立"中国经济学"的经济学家。他明确提出，"经济学是一门实践的科学"，由于各国的国情与实践不同，因此，"中国人要站在自己的立场上来研究经济学"。可以说，王亚南对中国经济学的伟大贡献就在于他始终坚持实事求是的原则，无论是研究、传播、讲授马克思主义政治经济学，还是提出"中国人要站在自己的立场上来研究经济学"，都体现出一种科学的精神。王亚南经济研究院得以在短短的二十年成为中国乃至世界研究中国经济问题最优秀的学术机构之一，最重要的一点就是始终坚持当年创院的理念与追求，传承与弘扬王亚南的科学精神，把"站在中国人的立场上，用现代方法来研究中国经济问题"作为办院宗旨。

第二，坚持改革不动摇。厦门大学是一所有着百年辉煌历史的优秀大学，经济学科是厦大最早设立的学科之一。百年来，厦大经济学科培养了大批优秀的专门人才，在经济学研究上形成了厦大特色和风格，是中国经济学人才培养与科学研究的重镇之一，为国家的富强、社会的进步作出了重大的贡献。这个百年的学科在百年的发展中创造了无数的辉煌，但毋庸讳言，也积下了诸多的沉疴。诸如：学术机构行政化，"工分制"的考核评价制度，办学上重科研轻教学，科研上重数量轻质量，教师的学术视野不开阔，国际化程度不高，教学方法及教材陈旧、落后，

管理机构重叠、冗员繁多、工作效率低下，等等。在王亚南经济研究院成立之初，学校希望研究院成为改革的一个试验田，明确研究院的体制机制都不必循规蹈矩，可以自主创新。亚南院按照这一原则，建立了符合学术机构发展的组织构架，建立了有利于教师潜心科研和教学的考核评价制度，建立了要求并激励行政管理人员全力为科研教学服务的相关制度，大胆进行教育教学方法的改革，引进国际先进的经济学教材，坚决破除形式主义、官僚主义的藩篱，按照"精干、高效、一岗一责"的原则设置管理岗位，使得亚南院从成立伊始就充满生机，每个人都朝着把亚南院建成一所世界一流的经济学研究机构的目标贡献力量。二十年过去，我们看到了坚持改革的丰硕成果。

第三，坚持走国际化办院之路。陈嘉庚先生创办厦门大学之初，就确定了要把厦大建成"世界之大学"的目标。百年来，厦大始终朝着这一目标奋勇前进。进入新世纪，厦门大学明确国际化是建成世界一流大学的必由之路。在建设世界一流大学的过程中，学校希望能有几个学科走在前面，成为样板，作出表率。毫无疑问，王亚南经济研究院自成立开始就被学校寄希望能成为厦大走国际化之路建世界一流大学的一个样板。洪永淼院长在海外学习、工作多年，他深知中国与世界先进国家，特别是与美国在经济学研究及教学方面的差距。中国经济学的研究与教学，要跻身世界一流行列，唯有虚心地向先进学习，实事求是地按照经济学研究的客观规律开展研究与教学。他依从这样的认知建设亚南院。因此，亚南院不仅在体制机制上学习国际先进的做法，建立了一套有利于教师安心做学问的规章制度，还在研究与教学相结合、学生培养要求、教师选聘的程序与条件、教材的选用、教学方法的提升、课时的安排、教师的工作室制度、教师的学术假以及日常的请假制度、行政管理人员的工作职责等方面都与国际接轨。王亚南经济研究院成立后，短短数年便成为厦大乃至中国最为国际化的一个研究机构。许多中外学者来到亚南院，不论是短期访问还是长期工作，都会对这个研究院的国际化水平留下深刻的印象。坚持走国际化的办院之路，是王亚南经济研究院在短短二十年取得成功的又一宝贵经验。

第四，把一流师资队伍建设作为研究院建设的重中之重。任何一所大学如果能真正地做到"爱生如子、爱才如命"，就一定能够成为一所一流的大学。同样的，一个研究院或一个学院能做到这八个字，也就能够成为一个一流的研究院或学院。相比于其他大学，厦门大学的办学经费并不充裕，因此，学校给予王亚南经济研究院的经费支持十分有限。但是亚南院十分注重把有限的经费用在刀刃上，这个刀刃就是师资队伍建设。所以，亚南院在为人才的发展创造一个良好的软环境的同时，亦尽最大努力，想方设法为人才的生活、工作提供一个尽可能让人才满意的硬环境，包括"具有竞争力的薪酬标准""面积虽小但设施齐全、一人一间的工作室"，等等。曾经有一位亚南院的教授告诉我，他在国内外几所知名大学都工作过，只有亚南院为他提供的工作室及工作室周边的环境最让他满意，以至于他经常一天十几个小时都待在工作室或研究院里。亚南院的教师绝大多数是从海外引进的，因此，亚南院十分注重创造一个与他们熟悉的海外工作环境或条件相似的环境，甚至包括厕所的改造、咖啡厅的建设，等等。亚南院的厕所虽然是在老楼旧厕所的基础上改造的，但可以说，在当年，它是我见过的全校最整洁、最舒适、最人性化的厕所。从这些事情上可以看出，亚南院在短短的数年间建起的这支高质量的师资队伍，就是其"爱才如命"的回报。正是这支精干、高水平、国际化的师资队伍，造就了王亚南经济研究院二十年的辉煌。

第五，着力营造良好的文化氛围。文化的力量与作用并不是每个人都能认识到位的，很多时候人们都把文化当作一个可有可无的东西。王亚南经济研究院从创办伊始，就十分重视文化的建设，重视营造积极向上的文化氛围。一走进亚南院，人们就能感受到一股自由、宽松、平等的文化气息，院内所有同事间都互称老师：教授是老师，主任是老师，

院长也是老师,甚至连专职党政管理人员都以被称为"老师"为荣,感觉称呼他(她)老师远比称呼他(她)主任、书记或院长更为贴心和温暖。在营造自由、宽松、平等的文化氛围的同时,亚南院还注重塑造有利于师生养成追求真理、崇尚科学、具有家国情怀的品质的文化。没有大红大绿的口号,没有空洞的说教,一张张朴实无华却高尚的人物画像,一句句充满哲理、富有思想的警句名言,在亚南院显眼或不显眼的地方默默地注视着来来往往的老师与同学,润物细无声,既庄严又亲切。还有前面说到的整洁而人性化的厕所、舒适且有温度的咖啡厅,等等。这一切构成了一个强大的文化气场,让人心静,也催人奋进。这个文化得到亚南院每个人的认同,由此产生了巨大的凝聚力,把单个的人团结为一个整体,朝着一个共同的目标而努力奋斗。可以说,良好的文化氛围是王亚南经济研究院能够成功的又一要素。

王亚南经济研究院走过了不平凡的二十年。这二十年有坦途,也有曲折;有喜悦,也有忧愁;有不解,更有坚强。迄今为止,社会对这一新生事物有赞美,也有非议。但是无论如何,无人可以否认亚南院是成功的,是中国最好的经济学研究与教学的学术机构之一。亚南院在短短的二十年能有今天的成就,我认为最主要的因素就是他们做到并坚持了上面所说的五点。二十年,弹指一挥间。未来,亚南院还有第二个二十年、第三个二十年、第四个二十年……亚南院要永葆青春,不断为中国经济学的建设与发展贡献力量,永远站在中国经济学研究与教学的前列,必须不忘自己的办院初心,坚持自己的办院宗旨,不断审视自己走过的道路,始终坚持守正创新,努力成为一所世界一流的经济学研究院。

祝王亚南经济研究院二十岁生日快乐!祝王亚南经济研究院越办越好!

从"三无"到"三位一体"：
二十年破茧成蝶

■ 张兴国

人物简介

张兴国，1974年于厦门大学经济系计统专业毕业后留校任教，厦门大学副教授、硕士生导师，1999—2007年担任经济学院党委（党总支）书记。曾任全国工业统计教学研究会副会长，中国南方经济统计学会秘书长、副会长。

时间如白驹过隙，从王亚南经济研究院成立至今，一晃二十年过去了。亚南院做了很多事情，可惜我已年过古稀，记忆力大不如前，很多事情已无法清晰回忆。不过，还是有不少事情给我留下了深刻印象，归纳起来，可以从亚南院发展的三个阶段——展开回忆。

第一阶段是创立的初始阶段。回溯亚南院成立的背景，就不得不提及当时经济学院的一些情况。20世纪80年代初，改革开放风起云涌，随着经济学院获教育部批准成立，厦大经济学科迎来了蓬勃发展的辉煌时期，涌现了一大批著名经济学家，可谓众星璀璨。可到了20世纪90年代，我们的发展开始出现瓶颈。在开放浪潮的冲击下，一些优秀教师辞职"下海"，优质的新教师又难以招到，人才队伍新老交替、青黄不接，经济学科发展面临前所未有的困境。那时，我国为建立社会主义市场经济体制进行了许多重大的探索与实践，而我们的教学科研在相当程度上

仍停留在计划经济时代的传统模式,人才培养、科学研究都亟待与时俱进。2003—2004年连续两年,我们在《经济研究》的论文发表数为零。对此,学院领导班子深感忧虑,全院上下改革的呼声很高。学院曾尝试通过聘请外教开设高级核心课程等方式与国际接轨,但收效甚微。

在这个节骨眼上,厦大提出了国际化办学思路,邀请洪永森教授回国,成立与国际接轨的现代经济学教育与研究机构,以改变经济学科现状。那时,"985"二期项目刚刚启动,厦大经济学科获得2000万元经费,学校领导很有魄力,把这笔经费集中起来,用来创建亚南院。厦大经济学科的转型,也是从那一刻开始的。

厦大是在2005年6月发文成立亚南院的。成立之初,我们给两院关系定了一个调,即"相对独立,亲如兄弟,相互学习,共同提高"。当时,学院没有举办成立大会或仪式,静悄悄地就成立了;也没有新的专门的办公区域,经济学院腾出A座的一部分办公室,作为亚南院最初的办公场所;整个学院除了洪院长,没有其他办公人员,只临时从经院调过去一个擅长英语的秘书。因此,我常笑称这是一个"三无"学院。这当然是对当时情形的一个感慨,洪院长就是在这样的条件下把亚南院一步步建立起来的。

2005年11月,厦大举办运动会,我们做了两面旗帜,一面是经济学院,一面是亚南院。通过这种形式的"亮相",学校其他学院的人才得知研究院的存在。他们很疑惑:什么时候成立了一个新的学院?怎么没有邀请他们参加成立仪式?洪永森院长是不讲究那些形式的,他早就一头扎进去,真枪实弹地开干了。那年7月,成立不到一个月的亚南院就举办了计量经济学国际培训班,邀请了国际顶尖的学者如美国麻省理工学院Jerry Hausman教授、南加州大学萧政教授担任培训教师,来自全国各地高校的300多名教师、博士生和硕士生参加了免费培训。那届培训班,是继中国计量经济学发展史上具有标志意义的1980年颐和园讲习班之后，国内该领域举办的规模最大的高层次培训班。到了9月，亚南院第一届30名硕士研究生也正式开始上课。年底以前，从美国招聘的5名教师都顺利入职，这是研究院最初的班底。

亚南院初创不久，总有人来问：一个号称与国际接轨的研究院，为什么冠"王亚南"之名？事实上，冠名"王亚南"，是为了弘扬厦大"四种精神"之一的"以王亚南校长和陈景润院士为代表的科学精神"。我们也以此向外界宣告，我们将继承和弘扬王亚南先生的科学精神，培养与国际接轨的专门人才，产出与国际接轨、被世界认可的研究成果！亚南院刚成立，洪院长就安排在官方网站上开设王亚南网上纪念馆，专门对以王亚南为代表的科学精神进行了详细深刻的解读。我们设立亚南院的愿景和目标，完全是基于这样的科学精神。

第二阶段是亚南院的发展阶段。亚南院成立后，整个经济学科就热闹了。热闹体现在以下几个方面。

一是老师和学生多了。成立不到3年，亚南院聘请了10名海归博士担任全职教师，他们构建起了亚南院最初的原汁原味的国际化课程体系，在学术研究上也为经济学科注入新风。除此之外，洪永淼院长借助自身资源长期聘请国际一流计量经济学者到访厦大，为硕、博研究生集中开设计量经济学等相关课程。美国南加州大学的萧政教授每年往返洛杉矶和厦大，十年如一日地坚持他的育人故事；还有普林斯顿大学邹至庄教授、麻省理工学院 Whitney Newey 教授、波特兰州立大学林光平教授等多次到访为学生授课，指导年轻教师的科研、教学工作，带动亚南院的青年学者快速成长。这些顶尖学者对亚南院更好地把握学科发展方向、掌握科研最新动态、树立国际学术品牌起到了极大的推动作用。

二是我们的国际会议多了。亚南院成立后，已记不清举办了多少场高质量的国际学术研讨会。"搭建国际舞台，构建国际合作"，我想，这就是亚南院实现国际化办学目标的重要方法之一。这期间我不时外出参

加统计学相关研讨会，碰到兄弟院校同行，他们经常向我打听亚南院。他们说，厦门突然出了这么一所优秀的国际化学术机构，让人难以置信。从这个角度来说，国际学术研讨会让亚南院的知名度在国内外得以迅速提升。

三是开设的项目多了。聘请国际学者、举办学术活动都需要经费，虽然有2000万启动资金，但这仅仅是一个较高的起点，要运转，要发展，光靠启动资金是远远不够的，钱总会用完。怎么办呢？去市场上挖掘。洪永森院长说干就干，利用国际学术资源，与国外院校合作开设留学预备课程班；又通过整合院内和业界资源，开办EDP培训中心，开设台湾博士班，等等。虽是"摸着石头过河"，但这些社会服务项目做得有声有色。经费问题解决了，学科的发展得到了物质保障，亚南院的羽翼也逐步丰满起来。

洪永森院长的的确确是一个实干家，他雷厉风行的创业风格，对事业的执着投入，对经济学科和厦大的热爱，让我触动很大。我认识的人很多，但很少见到像他这样具有高度事业心和责任感的人。别人问我，怎么退休后还天天往学院跑，其实，我也的的确确被他这种精神所感动。要知道，他当时在美国康奈尔大学也有教学科研任务，他却选择"自讨苦吃"。由于时差关系，他常年利用休息时间，半夜在美国与亚南院的行政人员开视频会议，了解情况，布置任务。

亚南院的行政人员也被洪院长"雕琢"得很优秀。有一天夜里十二点多，我有事从外面回来，发现亚南院的秘书还在海滨食堂对面的宣传栏贴广告。我相信，是他们集体拥有的奉献精神，最终形成的共识——唯有拼搏，唯有奉献，才能把事情做好，才是厦大"科学精神"的最好注解。

2020年，作者出席WISE成立十五周年系列活动并发言*

第三阶段是与经济学院融合的阶段。亚南院成立的时候，我们的目标之一是"增量带动存量"，即先建设亚南院，再带动经济学院破旧立新。从2010年开始，洪院长同时担任经济学院院长，亚南院和经济学院开始了真正的融合。建立亚南院像在白纸上描绘蓝图，重塑经济学院则牵一发而动全身。老学院的改革对洪院长来说是另一番考验，更加考验他的能力和魄力。

经济学院系、所、中心共有8个，有8套行政人员，虽然都隶属于经济学院，但彼此是相对独立的。不仅行政管理相对独立，连办公区域也各自管理，甚至在各区域之间安装了铁门和门禁，非本单位人员无法自由出入。洪院长上任后，第一时间把铁门等给拆了。

拆完有形的铁门，再来拆无形的铁门。原先8套行政班子的横向管理模式造成很多部门功能重叠，浪费了不少运营成本。洪院长把行政管

---

* 本书照片均由作者本人或采访者提供。

理集中到学院层面，并按学生层次、功能属性分模块管理，遵循"让专业的人做专业的事"的原则，让一个行政人员专门管理和服务一个群体，比如本科部人员专门管理两院本科教学工作，并且标准统一，行政效率大大提高。这也是后来国内外来访嘉宾对我们行政人员赞不绝口的重要原因之一。在学院层面的有效管理下，我们的行政人员在各自岗位上获得了专业的磨炼，形成了有机整体，不论是在日常服务工作中，还是在举办高规格学术活动中，都展示出令人赞叹的专业度和高效性。

拆完藩篱，再来立规矩。洪院长的改革，很重要的一点是把重要资源统一收回学院进行规范管理。各系的社会服务项目收回学院后，学院有了足够的经费进行统筹调配，比如举办高端学术活动，购买科研数据库，聘请更优秀的人才，对重要学术成果进行奖励，对教学优秀的教师进行奖励，对服务优秀的行政人员进行奖励，等等。这在以前是很难在全院范围实现的，奖励也只能是小范围奖励。

随着引进的优秀教师越来越多，学院一改以往的教职终身制，实行聘任制，并且实行两院双聘模式。这一聘任改革有几个好处：一是以亚南院的标准招聘的新教师，质量高了许多；二是聘任制极大调动了年轻教师的积极性，提高了他们的教学科研能力；三是双聘制调动了经院原先的一些优秀教师的积极性等。改革的效果可以说是立竿见影的，2017年，厦大经济学科在《经济研究》上的论文发表数量就达到了15篇。

再后来，邹至庄夫妇捐资设立邹至庄经济研究中心（2022年12月升格为邹至庄经济研究院），厦大经济学科国际化办学水平又上升了一个层次，由此形成了"三位一体"的办学格局。

可以说，没有亚南院的带动发展，就没有后来的"三位一体"。而亚南院的发展，又与校领导的支持，与不舍昼夜的学术带头人的努力和付出密不可分。

多少年来，我们总是在探索学科发展的路径，实践证明，这个路径是多样化的，办学理念、师资结构、研究方法、育人模式、学院治理……一环扣一环，每一环都有很多文章可做，要把每一环都做好，是不容易的。

非常幸运，在亚南院的带动下，厦大经济学院再创辉煌，而"三位一体"的格局，让厦大经济学科站上了新的历史高度。如今我们远不止亲如兄弟，可以说是血浓于水了。

廿年逐梦，风华如新：创世界一流，树中国学派的WISE实践

守正创新二十载，砥砺奋进谱新篇

■ 雷根强

人物简介

雷根强，1983年于厦门大学经济学院财政金融系财政金融专业毕业后留校任教。经济学博士，厦门大学经济学院教授，全国税务专业学位研究生教指委第一届、第二届副主任委员，教育部财政学类专业教指委第一届、第二届副主任委员，厦门大学经济学院原党委书记（2007.8—2018.4）。曾获国家级教学成果二等奖，有16篇（本）论文、专著、教材获省部级和全国性学会奖励（其中一等奖5项）。

时光浩荡，征途如虹。WISE自2005年6月成立以来，转眼间就要迎来二十周年华诞。作为参与WISE以及厦大经济学科改革发展的亲历者与见证者，回望这二十载筚路蓝缕的奋斗历程，我感慨万千。二十载栉风沐雨，二十载薪火相传，WISE 以开拓者的勇气、探索者的智慧和耕耘者的坚守，在中国经济学教育史上书写了浓墨重彩的篇章。

守正创新，开启改革新征程

国际化办学一直以来都是厦大的办学传统，从建校之日起就被写进了校旨。进入21世纪，厦大将国际化办学列入学校发展战略。彼时，中国经济学教育亟需在坚守马克思主义经济学根基的同时，融入现代经济学研究方法，培养兼具国际视野与中国情怀的复合型人才。而面对转型的艰难、传统优势学科的弱化、新兴学科成长的困难，以及院系管理体制造成的一定程度上的自我封闭，厦大经济学科正在日益边缘化，甚至脱离中国经济学发展的主流。在这样的背景下，学校领导决定成立王亚南经济研究院 (WISE)，由此开启了厦大经济学科国际化办学与建设的新实践。

将研究院命名为"王亚南经济研究院"，学校也是经过深思熟虑的。王亚南先生不仅是厦门大学的杰出校长之一，而且也是著名的经济学家、资本论的翻译者之一，著述颇丰，在学术界具有广泛而深远的影响力。他的不朽之作《中国官僚政治研究》和《中国经济原论》等，至今在学术界仍享有崇高地位。建立"王亚南经济研究院"这一创举，不仅是对王亚南校长"以中国人的立场来研究经济学"精神的传承，更是新时代厦大经济学科守正创新、接轨国际的破题之笔，意义重大。

作为厦大经济学人才培养和教育改革迈向国际化、现代化的"改革试验田"和"特区"，学校给予了 WISE 很大的办学自主权，让 WISE 能够顺利地进行试点改革，发展壮大，走在前列。这个与国际接轨的经济学教育与科研机构，成为厦大经济学科走向世界的一个窗口和一座桥梁。

廿载耕耘，凝聚智慧力量

二十年砥砺奋进，二十年春华秋实。WISE 二十年来所取得的辉煌成就，凝聚着无数人的心血与汗水。我认为主要得益于以下几个方面。

首先，党和国家制定了好政策。国家"双一流"建设的宏伟蓝图，为高等教育改革指明了方向。厦门大学校领导的前瞻布局与鼎力支持，为 WISE 的成长提供了坚实后盾。学校各职能部门的通力协作，为体制机制创新保驾护航。学校聘请国际知名的计量经济学家洪永淼教授担任院长，保证了办学的高起点。此外，学校还给予资金上的大力支持，帮助 WISE 建立年薪制与聘期考核制，对开启国际化办学起到了至关重要的作用。当然，同样重要的还有厦大经济学科全体师生的共同努力。老师们教学认真、负责，科研也十分努力；学生们勤奋刻苦，踏实肯学。此外，行政管理人员的高效工作也保证了学院各项事务的正常运转。

其次，WISE 拥有高水平的学科带头人和学术团队。WISE 的创院院长洪永淼教授是 WISE 发展的灵魂人物。WISE 的成功，洪教授功不可没。洪教授是厦大的毕业生，在厦门大学度过了本科阶段（物理系）和硕士阶段（经济学系）的学习时光，对厦门大学和经济学科有着深厚的感情。作为国际计量经济学界的顶尖学者，洪教授具有家国情怀，不仅心怀母校教育事业的发展，更关切中国经济学教育的改革和转型。无论是学术研究能力与成就，还是组织管理能力，洪教授都是十分突出的。担任王亚南经济研究院和经济学院院长期间，洪教授勤勤恳恳、尽心尽责、一心为公，令人折服。他将国外先进的办学理念引入厦大经济学科，充分利用国际学术资源，运用前沿的战略思维，组织和协调院里的各项重大事务。

洪教授以卓越的学术眼光和战略魄力，搭建国际化师资团队，构建现代学科体系，带领WISE跻身世界学术版图。在他的学术引领下，WISE具备了与国际同行同台竞争的能力。WISE的教师队伍是一支朝气蓬勃的"学术尖兵"，他们大多是从境外名校引进的青年英才，既精通英语，掌握现代经济学的研究方法，又能立足中国实际展开研究，产出了一批高水平的研究成果。洪教授带领的这支兼具国际视野与中国情怀的学术团队，让WISE焕发创新的活力。

最后，WISE的成功还离不开良好的治理结构和宽松的学术氛围。办院之初，学校明确WISE作为改革的试验田，体制上可以创新，同时，给予WISE充分的办学自主权，给予"特区"待遇，进行"特区式"管理，使得WISE能够顺利采用现代化、国际化的办学模式，改革创新，发展壮大。这为WISE的快速健康发展提供了重要保证。另外，WISE宽松的学术氛围为每个老师的成长提供了重要条件。灵活的治理机制、宽松的学术环境、与国际接轨的考评体系，为青年学者提供了"心无旁骛做学问"的沃土。这种"敢为人先、包容并蓄"的精神，是WISE永葆活力的密码。

展望未来，再启时代新章

经过二十年的探索与实践，特别是在洪永森教授的带领下，今天的WISE，已经从一株破土而出的幼苗，成长为根深叶茂的参天大树。办学二十年来，WISE不仅培养了一批经济学高级人才，也促进了厦大传统经济学科的改造和提升，发挥了"改革试验田"的作用。特别是经济学院和亚南院的逐步融合，起到了"1+1>2"的效果。

站在二十周年的历史节点，我们深知，中国经济学教育的使命愈发重大。面对百年变局，WISE当以更高站位、更大格局，继续扛起"改

廿年逐梦，风华如新：创世界一流，树中国学派的 WISE 实践

革先锋"的旗帜。二十年，是里程碑，更是新起点。愿 WISE 始终以王亚南校长的治学精神为灯塔，以"自强不息，止于至善"的校训为指引，在建设世界一流经济学科的新征程上，续写更加辉煌的篇章！

最后，祝王亚南经济研究院二十周年生日快乐！越办越好！

从破茧到领航：写在 WISE 二十岁之际

■ 黄鸿德

人物简介

黄鸿德，1988年毕业于厦门大学经济学院经济学系政治经济学专业，2018—2023年担任经济学院党委书记，现任厦门大学党委专职巡视员、厦门大学校友会经济分会秘书长。

我与厦大经济学科的缘分始于1984年，1988年在经济学系求学四年后留校工作，1996—2007年担任经济学院党委（党总支）副书记，其间 WISE 于2005年成立。创院院长洪永淼教授以"拼命三郎"的作风让"悄无声息"成立的 WISE 迅速迈开大步，独树一帜。初识洪老师，他给我的印象是：精力充沛，雷厉风行，打起交道来坦率直白、毫不矫饰。2018年我重回学院任党委书记，彼时的 WISE 已名扬海内外。

WISE 的两个暑期学校

刚成立时，WISE 全职教职工仅有寥寥数人。在这样的条件下，全体 WISE 人身兼数职，尤其是洪老师事无巨细，总是亲力亲为。2005年当年 WISE 就举办了具有历史意义的"计量经济学国际培训班"。这个培训班后来发展成"亚洲计量经济学与统计学暑期学校"，是 WISE 最著名的品牌学术活动。

从一开始,WISE 的眼光就是面向世界的。2006年暑期学校继续举办,选拔了来自世界各地的200多名学员参加。学院专门召开党政联席会,决定由我全权负责暑期学校全体学员在校期间的安全工作和文体活动。这场活动安排时间紧、任务重,其间我紧急协调学员住宿,组建学生干部志愿者团队,和辅导员们一起不分昼夜地为学员们提供后勤保障;同时,为了让学员们在厦大得到全方位的体验,我向学校协调了各种运动场地,组织大家开展篮球、乒乓球等体育比赛,在这个过程中,志愿者们与营员们之间结下了深厚的友谊。暑期学校结束时,我们在联兴楼举办了一场欢送晚会,大家依依不舍,互赠礼物,含泪惜别。

2006年全国计量经济学与金融计量学研究生暑期学校合影,第一排右一为作者

当时,暑期学校的全体工作人员都倾注了大量心血,充分彰显了WISE"拼命三郎"的风格。那一年的暑期学校被列为当年度教育部研究生教育创新计划中的两个文科暑期学校之一,并因其卓越的教学质量和影响力而受到教育部领导的点名表扬。经济楼A座至今立着一面宽

大的敬师镜，正是2006年暑期学校全体学员所赠。

2018年我回到经济学院担任党委书记时，经济学院、王亚南经济研究院两院融合已经卓有成效。WISE建院以来，就鼓励使用现代方法研究经济问题，特别是提倡以数理分析和数据为基础的实证研究。这种新的研究范式为厦大传统优势学科——马克思主义政治经济学注入了新的活力。马克思主义政治经济学暑期学校正是这一创新实践的典型载体，它不仅延续了厦大经济学科《资本论》研究的学术根脉，更使得马克思主义政治经济学在回应新的时代命题中展现出强大生命力，实现了"守正"与"创新"的辩证统一。

2017年，两院共同举办"马克思主义政治经济学暑期学校"，以纪念《资本论》第一卷正式出版150周年。该暑期学校始终秉持"守正创新"的学术理念，通过汇聚全球顶尖师资，为马克思主义政治经济学构建起一个意义深远的学术交流平台。同时，也鼓舞了两院教师采用现代经济学研究方法跨学科开展马克思主义政治经济学相关研究，近年来，厦大经济学科已经在《经济研究》《统计研究》《经济学动态》等主流期刊上发表了多篇这样的学术研究。我相信，通过持续的理论深耕与实践创新，"厦大经济学派"将在这样的薪火相传中展现赓续不绝的学术生命力。

从上述两个暑期学校的举办可以窥见WISE通过革新办学理念、研究范式对整个经济学科带来的重要影响。WISE在成立初期，通过举办全球范围的计量经济学暑期学校，为厦大经济学科引进并筑牢了现代经济学方法论体系；WISE壮大以后，通过研究范式革新激活了传统学科的生命力，将马克思主义政治经济学暑期学校打造成新的学术品牌。近二十年来，历届暑期学校中沉淀的教学案例、学术成果与师生情谊，都是学科发展历程中的鲜活印记。

廿年逐梦，风华如新：创世界一流，树中国学派的 WISE 实践

WISE 何以独特？

从 2010 年 11 月洪永淼教授兼任厦门大学经济学院院长开始，WISE 作为增量带动了整个厦大经济学科的存量改革，其独特之处主要体现在以下几个方面：

第一个就是制度体系规范。2018 年我回到经济学科，一个最大的感受就是：经济学科虽大，但大家在各自的轨道井然有序地工作，内部管理得到了大幅度的提质增效。以前的经济学院以系、所、中心为办学单位，它们虽然隶属于学院，但彼此相对独立。自两院融合之后，不仅学院整体的运行效率大大提高，而且各学科专业之间的交叉融合大大加强，这与 WISE 规范的制度体系分不开。

规范的制度体系使不同主体的岗位职责和工作内容清晰明了，最重要的是为人才培养质量保驾护航。以博士生招生为例，WISE 的"双向选择"和"导师组"制度被经济学院采用。以前学生报考博士研究生时，必须事先选好导师，再考试录取，招生标准因导师而异，很难做到择优录取。而 WISE 的博士研究生入学考试则采取与指导教师脱钩的做法，学生先进来学习一年半专业大类课程后，再与论文指导教师进行双向选择，这样做更有利于增进师生之间的了解并提高匹配度。而由不同教师组成导师组使得教师之间可以优势互补，更全面地指导学生。

第二个是浓厚的国际学术氛围。回到经院之后我感觉这里几乎没有周末，因为即便是周末也安排了满满的大小规模的学术会议与学术讲座。经济楼五楼的三味咖啡厅经常坐满了来自世界各地的参会来宾，学术氛围非常浓厚。

浓厚的学术氛围不仅让来经济学科交流的师生们"宾至如归"，也有助于院内师资队伍的融合发展。两院融合之后，WISE 和经济学院对优秀的新聘教师实行"双聘"制度，打破了之前一以贯之的教职终身制。这些老师不是一进来就捧定了"铁饭碗"，而是要在6~9年内经过同行专家评审和学院考核，方能获得经济学科的终身教职。这极大地调动了年轻教师的积极性，也促进了海归与本土培养学者之间的交流与融合，不少同事一起合作研究，共同发表学术论文。

两院融合以来，许多国内兄弟院校都来到经济学科交流、取经。假如有人要学习WISE的经验，以上这些制度条例、团队建设的部分都可以借鉴过去，但WISE的独特之处在于有一个"学不走"的法宝——那就是洪老师作为领军人物数十年如一日的全身心投入。

洪老师曾是美国康奈尔大学的讲席教授，难以想象，他在WISE的工作有一大半时间是跨越12小时时差进行的。无论在中国时间的哪个时间段，只要有重要事情同洪老师商量，都会很快得到回复。他全身心投入的奉献精神深深地打动了我。我相信即便有人将WISE全部的经验复制过去，也很难实现如今的效果，因为"人"始终是事业发展的根本。洪老师作为一位兼具战略远见与务实精神的领军人物，是WISE最核心的独特之处，可以说是WISE的灵魂式人物。

从比翼齐飞到"三位一体"

WISE的诞生原本就源于厦大领导的高瞻远瞩与厦大经济学院党政班子的忧患意识，回头来看，这种清醒的认识推动了厦大经济学科的改革。洪永淼教授领衔的行政班子与历届党委班子之间"党政一条心"的精神也深深感染着我。正是WISE二十年筚路蓝缕的国际化办学实践——建立全英文课程体系、引进国际师资团队、承办全球顶级学术会议，为厦大经济学科在国际舞台开辟了一条"自主航线"，也为之后学科的升级奠定了坚实基础。

2022年12月，成立于2016年的邹至庄经济研究中心升格为邹至庄经济研究院是经济学科的又一件大事，从此形成了三院"三位一体"的发展新格局。这是学校加快推动经济学科教育和研究国际化、现代化的重要举措，为构建中国自主知识体系贡献的又一厦大力量。

厦门大学经济学科百余年的发展肩负着"光荣与梦想"，学科既承载着王亚南先生首译《资本论》三大卷的精神火种，又承担着构建中国特色经济学话语体系的时代使命。每一代学人的奋斗都是学科长河中的浪花，终将汇入中国经济学教育的浩瀚江海。"功成不必在我，功成必定有我"的精神，始终是推动学科进步的内在动力。

回首往事，四十余年来我与经济学科结下的情缘早已难解难分。作为厦门大学校友会经济分会秘书长，我正以新的身份继续关注、支持经济学科的发展，凝聚校友力量搭建爱校、助校的平台，也祝福WISE迎来新的里程碑，迎来下一个更精彩的二十年！

温故知新，再启新程：
写在 WISE 建院二十周年之际

■ 洪永淼

人物简介

洪永淼，厦门大学经济学院经济学系1988届硕士研究生。美国加州大学圣地亚哥校区经济学博士，厦门大学王亚南经济研究院创院院长，现任中国科学院大学经济与管理学院院长、厦门大学邹至庄经济研究院院长，发展中国家科学院院士。

时光荏苒，转眼王亚南经济研究院（WISE）即将迎来二十周岁生日。WISE的诞生与成长，肩负了推动厦大经济学科以及中国经济学教育与研究发展的使命与担当，也承载了广大师生和同仁的期许与努力。作为WISE的主要创始人，我有幸亲历并见证了她的诞生、成长和壮大，从最初的蓝图构想到如今的枝繁叶茂，与WISE并肩走过的点点滴滴历历在目。

在过去的二十年里，从推动经济学科的国际化转型，到引领教研改革的前沿探索，WISE始终以创新的勇气和扎实的行动，为厦大经济学科的发展贡献重要力量，并为中国经济学教育与研究的转型和国际化积累了宝贵经验，提供了重要的实践启示。如今的WISE已经初步实现了创院时立下的目标，即建设成亚太一流、国内领先且与国际接轨的现代经济学研究机构及国际交流中心。

在过去几个重要的历史节点，我曾多次谈及 WISE 建院的发展历程以及我对中国经济学教育与研究实践探索的一些思考和总结。我借建院二十周年这样一个具有里程碑意义的重要节点，同大家一起重温 WISE 的创立背景、发展历程，特别是她在推动厦大经济学科现代化与国际化以及两院融合过程中的历史作用，同时探讨在新时代背景下，面对新的挑战和机遇，WISE 应该如何续写新篇章。

破局：从"体制外试验"到"双轨制并行"

WISE 成立之前，厦大经济学科正处于一个关键的历史关头。作为厦门大学的传统优势学科，经济学科具有悠久且辉煌的历史，特别是我国著名经济学家、共和国老一辈教育家王亚南所创立的马克思主义政治经济学，在国内经济学界享有崇高声誉。然而，进入 21 世纪后，现代经济学研究范式迎来全球性变革，传统的定性分析方法和封闭的学术体系逐渐难以适应国际竞争的需要。2003 年的一项内部评估显示，厦大经济学科的定量研究论文占比很低，SSCI 论文年发表量更是屈指可数。这种困境不仅削弱了厦大经济学科的国际影响力，而且使得厦大经济学科在新一轮经济学教育转型中逐渐被边缘化。正是在这样的背景下，WISE 应运而生。

WISE 的诞生和发展与时任母校领导的战略眼光与坚定支持密不可分。我清晰记得，2004 年 8 月 10 日深夜，时任厦大校长朱崇实在北京与我进行了长达 3 小时的恳谈，力邀我回母校工作，那时我正担任清华大学特聘教授。在朱校长的感召下，2005 年，我辞去清华大学经济管理学院特聘教授职务回到厦大，立即全身心投入 WISE 的筹建工作。在此之前，我经常访问厦大，对厦大经济学科的情况有所了解。与当时国内一些高校相比，厦大经济学科在课程体系、研究范式和国际交流等方面相对落后，这些现状让我对回母校工作有所担忧，即担心能否将 WISE 建成国内领先的经济学教育与研究机构。朱校长鼓励我说，如果遇到什么问题，随时都可以找他。在其后WISE二十年的发展过程中，他始终践行这句承诺。记得WISE成立之初，资源极度紧张，也是时任母校领导顶着巨大压力，将拨给经济学科的"985工程"二期建设经费2000万元全部作为WISE头3年的创院经费，并从经济楼腾出35间办公室。这些就是WISE创建之初的所有"家当"。

WISE的创立本质上是一场"体制外试验"，她所要面对的是一个亟需破旧立新的学科生态，因此，改革必然面临重重阻力。鉴于此，在WISE创立之初，我便向母校领导提出，要推动经济学科全面改革，只能由易入难。WISE建院之初需要相对独立，在成功探索出一套行之有效的新型学术管理制度和运行机制后，可为经济学科全面改革与发展提供范本。

WISE的改革首先体现在研究范式上。20世纪90年代末、21世纪初，厦大经济学科特别是理论经济学科出现了整体下滑迹象，学科研究范式与国际脱轨，跟现代经济学也不接轨。为打破这样的局面，WISE选择以计量经济学这个现代经济学的方法论学科为突破口，以点带面，逐步拓展到统计学、金融学、劳动经济学、制度经济学、实验经济学、资源环境经济学等多个学科领域，并通过组织一系列高质量学术交流活动，逐渐形成了WISE在中国、亚太地区乃至全球的国际学术影响力。

2005年，WISE建院之初便率先举办"计量经济学国际培训班"，为来自全国的青年教师与研究生提供免费培训。这一培训班是继1980年具有里程碑意义的颐和园讲习班后，中国最大规模的高层次计量经济学国际培训班。次年，"全国计量经济学与金融计量学研究生暑期学校"就被列为当年教育部研究生教育创新计划中的两个文科暑期学校之一，这次暑期学校因其卓越的教学质量和影响力，受到了教育部领导的专门表扬。2019年，该暑期学校正式纳入世界计量经济学会（The Econometric Society）官方活动，成为一个重要的国际学术交流平台，

也标志着 WISE 的学术水平、办学质量和成效得到了国际同行的认可。2024年12月，世界计量经济学会再次批准"亚洲计量经济学与统计学暑期学校"在2025年至2027年期间成为该学会旗下的官方活动。这是世界计量经济学会以及国际计量经济学与统计学界对 WISE 暑期学校所取得成绩的充分肯定，也是对其未来发展的信心和期待。迄今为止，暑期学校已经累计培训了4000多名国内外高校青年教师和研究生，培养了一大批目前在全国范围具有广泛影响力的计量经济学教师和优秀青年学者，成为一个立足国内并辐射亚太地区的计量经济学高水平教育和学术交流平台，为提升全国计量经济学领域人才培养水平、中国计量经济学教育与研究以及计量经济学科在国内外的影响力，作出了重要贡献。

建院以来，WISE 还取得了另外一批标志性的学术成果，主要包括：2009年，全国首个文理交叉的计量经济学教育部重点实验室落户厦大；2019年，WISE 与中国科学院数学与系统科学研究院预测科学研究中心联合申报的国家自然科学基金委员会"计量建模与经济政策研究"基础科学中心项目获批立项，是国家自然科学基金委员会管理科学部批准建立的第一个基础科学中心项目。二十年来，WISE 还举办了很多计量经济学与经济学领域的高水平国际学术会议，其中不少是首次在中国内地举办。

重构：制度创新与学术文化的双重"突围"

WISE 创立之初，我们便确立了"学术平等、去行政化"的管理文化。无论是享誉国际的学者还是初入职场的青年教师，在研究院内一律互称"老师"；学术评价以匿名审稿和透明流程为核心，杜绝论资排辈和"山头主义"。

2010年底，我主持厦大经济学院学术管理工作后，便与经济学院党政领导成员一道，致力于推动WISE和经济学院的融合发展，将WISE积累的经验逐步复制、推广到经济学院，最终推动了经济学院的深刻变革，以及此后厦大经济学科全方位、立体化的学科建设。WISE独立运行初期，其全英文课程、导师组制、透明招生等制度被视为"异类"，不被很多人理解，因此，WISE与经济学院的融合并非简单的制度移植，而是选择了一条渐进式、双轨制的改革路径来推进新旧体制的融合，即先体制外（WISE），再体制内（经济学院），最终走向两院融合，从而产生"1+1＞2"的互补倍增效应。以制度创新为核心深化改革，有力地促进厦大经济学科的转型与发展，这一改革策略目前已成为厦大经济学科的一大特色和突出亮点。

如今的厦门大学经济学科，制度管事、制度管人理念已经成为师生共同遵循的准则。从教学管理到科研考核，从人才招聘到社会服务，我们构建了一套全流程、全方位的制度管理体系。这些制度不仅覆盖了学科发展的各个领域，更在细节管理上精益求精。例如，教师每周4节的授课安排需分两天进行，且中间必须间隔一天，以确保教学质量；教师不得随意更改上课时间，以维护教学秩序的稳定；新聘教师并非入职即获终身教职，而需在6至9年的时间内，通过同行专家评审和学院考核，方能获得厦大经济学科的终身教职。这些细致入微、切实可行的制度设计，为厦大经济学科筑牢了高质量发展的根基。改革的过程总是曲折向前的，这十几年来，虽然我们也曾受到质疑，面临挑战，也遭遇构陷，所幸我们坚持了改革的勇气，具有持续向前的定力与韧性。经过努力和探索，厦大经济学科实现了全方位、立体化的学科建设成效。一是实现了师资队伍来源的多元化和国际化，新聘教师大部分毕业于欧美、澳大利亚、新加坡等国家以及国内的顶尖高校，坚决杜绝师资队伍"近亲繁殖"。二是专业课程参考国外先进研究型大学的学术标准设置，对本科生、硕士和博士研究生各层级的学生培养，均建立了专业课程全英文授课的示范区以提升学生的国际竞

争力,并在培养环节中注重思想品德,特别是学术诚信教育。三是研究生培养模式借鉴国际通行惯例,在入学考试环节与指导教师脱钩,保证录取过程透明、公正、公平;博士研究生培养则实行"导师组"制度。四是经济学科教师在经济学、金融学和统计学等领域的国际顶尖与主流学术期刊频频发表高质量论文,用"国际语言"讲述"中国故事",在国际学术舞台上发出厦大经济学科的声音。五是积极开展多种形式的国际学术交流与合作,邀请包括诺贝尔经济学奖获得者在内的世界顶尖经济学家频繁前来访问交流,让经济学科的师生有机会接触到活跃在国际学术最前沿的经济学者。六是厦大经济学科的研究范式已由原来以定性分析为主,转变为以定量分析为主、定性分析与定量分析相结合,实现了研究范式的根本性转变,真正实现了与现代经济学的接轨。这一研究范式的转变将对厦门大学经济学科的整体发展,包括其传统优势学科政治经济学等,产生深远影响。

改革后的厦大经济学科焕发出勃勃生机,在学生培养、教研成果、平台搭建等方面均取得了长足进步,也赢得了国内外顶尖学者的广泛赞誉。2016年,世界著名经济学家、美国普林斯顿大学经济学系教授邹至庄伉俪捐资在厦大设立邹至庄经济学教育基金,以此为契机,厦门大学成立了邹至庄经济研究中心。邹至庄教授是国际顶尖学者中为数不多的华人学者,也是一位赢得了几代中国经济学人掌声的学界泰斗,在海外侨胞中享有极高声誉,他无私馈赠给非亲非故的厦门大学,正是由于他对于厦大经济学科寄予厚望。

得益于学校的支持与帮助,2022年,邹至庄经济研究中心升格为邹至庄经济研究院,成为厦大经济学科奋发向前的又一重要引擎。自此,厦大经济学科形成经济学院、王亚南经济研究院和邹至庄经济研究院并驾齐驱的"三位一体"组织架构。三个单位在学科建设、人才培养、教学科研等方面形成了互补与协同的关系:经济学院提供扎实的学科基础和广泛的教育平台,WISE通过其国际化视野和高水平研究为经济学科注入创新动力，邹至庄经济研究院则聚焦特定领域的深度研究，大力提升学科的专业化水平。1+1+1＞3的模式，不仅强化了厦门大学经济学科的整体实力，也在推动学术创新、服务国家战略需求以及参与国际学术交流方面发挥了重要作用。

新篇：学科崛起与范式重构的使命征程

当前，新一轮科技革命和产业变革交织演变，我们已经迈入人工智能与大数据深度融合的崭新时代，新技术革命正在深刻改变人类的生产方式、生活方式、思维方式以及社会治理方式，全球资源竞争、科技竞争、人才竞争日趋白热化。这一巨变不仅使得传统经济学研究受到颠覆性的冲击，也使经济学科建设与人才培养面临前所未有的挑战。在新时代背景下，WISE 与厦大经济学科肩负着应对技术革命和全球学术生态剧变的双重使命，需加速布局谋篇重构学科竞争力，为学科发展开启崭新的征程。

经过40多年的改革开放，中国经济已深度融入世界经济体系之中，并在促进全球经济增长和推动经济全球化进程中发挥着引领作用。随着中国在国际舞台上扮演的角色呈现历史性的转变，构建开放环境下的中国经济学自主知识体系显得尤为重要。以厦大经济学科政治经济学和经济统计学科为例，它们曾经是厦大历史上具有鲜明特色的优势学科，但在新的学术生态下，逐渐呈现弱化的趋势。为此，如何振兴传统优势学科，使其能屹立于世界学术之林，构建中国特色的理论体系，是吾辈经济学人应该肩负的责任与使命。

经济统计学，本质上是一门经济测度的方法论科学，是经济学实证研究的一个前置环节与计量经济学的前提基础，经济统计学与计量经济学一起，构成了现代经济学实证研究完整的方法论。厦大的经济统计学研究传统悠久而深厚，其学科建设可以追溯到20世纪初建校初期，以深

厚的理论功底和实践经验为基础，形成了独特的研究特色，特别是在国民经济核算体系的建立和完善中发挥了重要作用。21世纪以来，大数据与人工智能技术的兴起，正在迅速改变社会科学的研究范式，经济学实证研究范式得到了进一步强化，计量经济学、数理统计学与数据科学等方法论学科蓬勃发展。相比之下，我国经济统计学科的发展面临不少困难与挑战。如何在新的历史条件下发展经济统计学科，特别是建构中国经济统计学自主知识体系，是摆在我国经济学者特别是经济统计学家面前的一项历史任务，也是摆在厦大经济学科面前的一大时代命题。

同样，具有悠久历史积淀和深厚根基的厦大政治经济学科，在以王亚南为代表的一批杰出的马克思主义经济学家的不懈努力下，成为我国早期研究和传播马克思主义政治经济学的重要阵地。然而，随着时代的发展，大数据正在推动新的经济模式与发展方式的出现，这一变革为政治经济学研究提供了丰富素材，也深刻改变了政治经济学的研究范式与研究方法。政治经济学采用的以文本分析为主的定性研究方法局限性逐渐显露。虽然定性研究仍是国内多数政治经济学者运用的主要研究方法，但不少学术机构已在着力发展定量分析的实证研究方法。实证研究是发展政治经济学的主要方向之一，我们应该依托厦大经济学科的深厚根基与现代经济学方法论学科的优势，开辟厦大实证政治经济学的新天地。我衷心希望年轻学者们能够打开思路，以交叉学科为切入点，充分利用大数据、人工智能等新兴技术，推动政治经济学研究范式和研究方法的创新，进而推动经济理论创新。

在人才培养方面，过去二十年，以 WISE 为主体申报的厦大经济学科国际化人才自主培养项目获2022年高等教育（本科）国家级教学成果奖一等奖。这是厦门大学经济学科参评国家级教学成果奖以来的第一次作为独立完成单位获得的国家级教学成果奖一等奖，也是厦门大学自2005年以来首次作为独立完成单位获得的国家级教学成果奖一等奖。这次获奖是全国对厦大经济学科人才培养工作和教育教学改革成果的一次全方位检阅，更是对过去厦大经济学科特别是 WISE 在培养国际化人才上的创新与实践的充分肯定。

然而，在大数据时代，当数据成为新的关键生产要素，知识广度的拓宽不再是人才培养的重心。如何充分利用人工智能这一工具，前瞻性地提出引领行业与时代的问题，成为创新性经济学人才培养的新命题。厦大经济学科应该在保障中国经济学自主知识体系高质量专业人才培养的基础上主动引领创新改革，探索优化人才培养的高质量发展路径，着力培养具有深厚经济学学识、卓越定量分析能力、多学科交叉融通能力，扎根于中国现实经济问题研究、能把马克思主义基本原理同中国具体实际相结合、为建构中国经济学自主知识体系贡献力量的高水平专业人才。同时，有效补齐"经济学交叉型"专业人才之不足，为进一步实现多学科交叉融合发展奠定基础。

WISE 发展的二十年，不仅是学术生态与制度创新的二十年，也是中国经济学教育从"引进来"到"走出去"、从"本土自觉"到"全球贡献"的缩影。这一历程揭示了一个根本命题：中国经济学的生命力，既源于对现代科学方法的严谨追求，更植根于对中国实践的深刻观照。

二十年弦歌不辍，百年初心历久弥新。如今，WISE 和经济学院、邹至庄经济研究院已然形成了一整套学术管理制度以及相应的学术文化，拥有了一支结构优化、学识厚实、矢志育人的国际化师资团队和一支专业化、高效率的行政技术团队。漫漫征途，星河璀璨。站在历史的新起点，回首二十年来与各位同事为 WISE 和厦大经济学科的改革与发展拼搏奋进的历程，不禁感慨万千。展望未来，希望厦大经济学科的各位同仁能够继续携手并肩，在建设世界一流经济学科的新征程上阔步前行，再创辉煌！

创世界一流，树中国学派：
WISE 二十载的见证、参与和展望

■ 周颖刚

人物简介

周颖刚，2001年获厦门大学经济学院金融学博士，2007年获美国康奈尔大学经济学博士，现为厦门大学经济学院和王亚南经济研究院院长、教授，教育部"长江学者"特聘教授。

一、见证

我和WISE的第一段情缘始于2004年，当时我在康奈尔大学攻读经济学博士，亲眼见证了洪永淼教授下定决心回母校成立WISE。8月初，洪老师从国内回到康奈尔大学，就和我们谈起时任厦门大学校长朱崇实教授与他深夜长谈；8月底，时任厦门大学党委书记王豪杰、副校长吴世农教授到康奈尔大学访问，也力邀他回母校推动经济学科的改革。正是受到学校领导求贤若渴的感召，更是出于回馈母校的感恩之心，洪老师于2004年夏开始着手筹建研究院的前期工作。

关于研究院的命名，洪老师经过反复推敲，最终确定WISE这一名字，大气响亮有意义，不仅很容易被记住，而且英文缩写有"智慧"的意思，其全称是The Wang Yanan Institute for Studies in Economics，中文是王亚南经济研究院。王亚南是新中国成立后厦大第一任校长、《资本论》全卷的首译者之一，开创了以马克思主义经济学为基础、站在中国人立场上研究中国经济问题的具有鲜明特色的"中国经济学"厦大学派。以王亚南命名研究院，既是出于对厦门大学经济学科辉煌历史的考虑，也是对王亚南治学理念和科学精神的一种传承。

经过近一年的筹建，厦门大学于2005年6月21日正式下文成立WISE。没有隆重的成立仪式，王亚南经济研究院的第一把火是于2005年7月举办计量经济学国际培训班。这是继1980年具有里程碑意义的颐和园讲习班之后，中国最大规模的高层次计量经济学国际培训班，吸引了超过600名师生报名，并选拔出300余名学员免费参与，授课的教授都是世界级的计量经济学家，如经济学"克拉克奖"获得者、MIT教授Jerry Hausman，世界计量经济学会会士、南加州大学教授萧政等。我有幸参与此次培训班的学习和接待，受益匪浅。

这第一把火也昭示了WISE创世界一流的决心和定位。从2005至2024年，该暑期学校已连续举办19届，累计培训了超过4000名国内外高校的青年教师和研究生，现已成为世界计量经济学会（The Econometric Society）的官方活动项目。更重要的是，WISE的学科布局就是以计量经济学这个现代经济学的方法论学科为突破口，以点带面，逐步拓展到统计学、金融学、劳动经济学、制度经济学、实验经济学、资源环境经济学等多个学科，带动整个经济学科实现研究范式的转换。

学科的发展离不开"人"，师资力量是提高学科水平的根本保证。从2006年开始，WISE每年组织师资队伍奔赴美国经济学会（AEA）年会招聘"海归"。这个会议每年1月初定期举行，吸引大量来自全球各地的顶尖经济学家和名校学生，很多大学把这个会议作为招聘教师的一个重要窗口。2006年初的第一次招聘，WISE刚刚成立不久，我去帮忙，见证了师资队伍从无到有的过程。2007年初的AEA年会，我作为一名应聘者参加了WISE的面试，虽然收到了offer，但还是选择在境外工

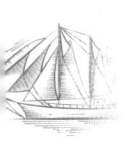

作几年积累一些经验。直到2015年，我兜了一大圈还是回到了厦门大学，加入了WISE，这或许就是人生的奇妙之旅吧。

二、参与

回到厦大任教是2015年8月的事了。朋友问我："为什么要回国？""为什么要回厦大？"对于第一个问题，我的回答是"一种归属感"，这是我毕业后在美国金融业界工作得到的切身体会，特别是亲身经历了2008年的全球金融海啸，我感受到祖国日渐强大，体会到要把个人理想和祖国命运紧密联系在一起，才能真正做出有意义的事业。对于第二个问题，我认为是"一种责任感"。正是洪老师创立WISE，为厦大和中国经济学奋斗创新的责任感，使我意识到应该在事业活跃时期对母校有所贡献，虽然在海外也可以为WISE做些事情，但很难全身心地参与WISE的发展。

WISE经过二十年的发展，探索出一套行之有效的新型学术管理制度和运行机制后，与经济学院不断融合，这如同中国经济改革中以增量改革带动存量改革，成效相当显著，为全国高校经济学教育改革提供了一个成功的案例和范本。例如，2015年，包括我在内的新老师共有15位，每位老师都是经济学院某个系所和WISE的双聘教师，这个制度使得WISE和经济学院在师资队伍上有效融合，使得海归学者和本土学者相互学习，进而实现优势互补、共同发展。

回来后，我有一种前所未有的归属感和责任感。在发现同事之间的学术交流并不是非常频繁和顺畅时，我就积极组织在海外很流行的午餐研讨会（brown bag seminar，BBS）。老师们约定在每周的某个中午，就学科的前沿信息、研究方法、数据、各自的论文等进行分享和讨论。这种由教师自发组织的BBS很快就涵盖金融、计量统计、应用微观、实验经济、宏观经济等分支学科。值得一提的是，金融BBS在2015年的收官之战是关于宝能与万科之争的辩论，一方是赵燕菁教授（支持万科），另一方是许文彬教授和陈海强教授（支持宝能），反映热烈，在2025年万科风暴之后再来回看那场BBS，仍带给我们不少启示。

2016年9月，我被任命为WISE的副院长，2021年11月被任命为经济学院和WISE主持工作的副院长，2023年2月被任命为经济学院和WISE的院长，亲身参与WISE和整个经济学科的发展。其中，有几件标志性的事使我至今记忆犹新。2016年，世界著名经济学家、美国普林斯顿大学经济学系教授邹至庄伉俪捐资，在厦大设立邹至庄经济学教育基金和邹至庄经济研究中心。这笔捐款远远超过邹至庄捐给他长期工作的美国普林斯顿大学两笔捐款的总和。为什么邹先生和厦门大学非亲非故，却愿意捐献巨资？一个重要的原因是邹至庄先生对WISE十余年发展和洪永森院长带领厦大经济学科锐意创新的高度认同。

在学校领导、各机关部处和经济学科同仁的大力支持并为此付出辛苦努力的基础上，2022年5月，学校批准邹至庄经济研究中心升格为邹至庄经济研究院，使厦门大学经济学科形成经济学院、王亚南经济研究院和邹至庄经济研究院"三位一体"的新发展格局。正如2005年王亚南经济研究院的成立推动厦大经济学科的增量改革一样，新成立的邹至庄经济研究院为厦大经济学科的全面发展提供新动能、新引擎，充分发挥示范效应，引领和推动经济学科新一轮的改革与创新，使经济学科继续作为学校的改革先锋、一流标杆，也为学校"双一流"建设发挥示范和引领作用。

2019年，国家自然科学基金委员会"计量建模与经济政策研究"基础科学中心项目花落厦大。该项目是WISE与中国科学院数学与系统科学研究院预测科学研究中心联合申请的，负责人为洪永森教授，联合负责人为汪寿阳教授，我作为5个骨干成员之一参与了申请的全过程。该

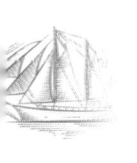

项目从2016年开始，历经4年5次答辩才获批，难度之大可想而知，其意义也非同寻常。它是国家自然科学基金委员会管理科学部第一个基础科学中心项目，也是厦门大学获得的第一个基础科学中心项目。在2020—2024年5年的建设期中，基础科学中心努力克服各种不确定性因素带来的影响，围绕国家发展战略需求，聚焦计量经济学和预测科学的学科前沿和重大理论与实践问题，组织实施高水平的科研项目，同时将最新研究成果应用到政策评估和金融风险管理中，服务国家经济管理的重大需求。

我参与的另一项标志性项目是"服务全球化战略，培养高质量人才——经济学科国际化人才培养体系创新"，于2022年获得高等教育国家级教学成果奖一等奖。这是对过去20年WISE和整个经济学科改革创新和国际化的最好肯定，说明厦大经济学科这一阶段的发展模式为推动中国经济学教育转型和国际化进行了有益的探索和实践，得到了全国同行的认可。同时，这个国家级教学成果奖也为WISE和经济学科下一步的发展指明了方向，那就是立足中华民族伟大复兴战略全局和世界百年未有之大变局，以服务国家重大战略需求、引领经济全球化为目标，勇担为党育人、为国育才的使命，致力于培养具有国际视野、熟悉国际规则、了解中国国情、兼备家国情怀的新时代经济学专业人才。

三、展望

2025年，WISE已砥砺前行了二十载，见证了世界经济的蓬勃发展与深刻变革，也推动了中国经济学教育的成长与突破。下一个二十年，WISE和整个经济学科将如何定位和发展呢？经过认真思考和深入讨论，我们提出"培养推动中国和世界进步的经济英才"的使命和"创世界一流、树中国学派"的愿景。

诺贝尔经济学奖得主科斯曾经说过："在过去，经济学曾是英国主导的一个学科，现在美国成为经济学的主导。如果中国的经济学家能有正确的态度，那么经济学就会成为中国主导的一个学科。"中国主导的学科，就是要创世界一流、树中国学派，建构中国经济学自主学科知识体系，提升中国参与全球治理的话语权。什么是正确的态度？我的理解是顺应技术变革和社会变革的大趋势，把握主流研究范式发生的变化，主动提前对学科发展进行布局。

当前，人工智能正深刻改变着人类的生产方式、生活方式、思维方式以及社会治理方式。AI技术在各个领域的广泛应用，对经济社会产生了深远的影响，也快速推动了经济学教学研究的变革。在这方面，厦大经济学科积极谋划和布局。例如，我们的本科拔尖人才培养示范项目"邹至庄经济学专业本科创新实验班"邀请诺贝尔经济学奖得主托马斯·萨金特教授担任学术顾问，专注于培养既懂得经济又会人工智能的复合型拔尖人才；我们推出了人工智能经济学辅修专业，是国内首批以"人工智能+"为专业方向赋能经济学拔尖人才培养的先行试点项目；我们正在进行"AI+"课程升级，有20多门课用AI来辅助教学和深度融合，建立专属的课程知识库，开发人工智能助教，编写人工智能赋能的相关教材。

未来，厦大经济学科计划推出"经济学-数据科学与大数据技术"双学士项目与"金融学-数据科学与大数据技术"双学士项目，因为人工智能的三大要素是数据、算法、算力，而数据科学和大数据技术是数据、算法的底层基础；在算力方面，我们计划建设经济金融专用大模型教学教育平台，满足人工智能赋能教学和科研的算力需求，助力中国经济学自主知识体系建设，打造人工智能赋能产教融合新标杆。此外，我们将作为发起单位组织全国人工智能应用创新大赛，以经济学课题作为应用场景，考察参赛选手设计AI智能体（AI Agent）、应用人工智能大

模型相关技术解决经济学问题的能力。

同时，世界正处于百年未有之大变局，26位国际一流经济学家推出"马克龙报告"，提出未来的三大经济挑战：气候变化、经济不平等与人口变化（老龄化）。他们还指出，技术变革是这三个议题中的一个核心内容，既是问题的组成部分，又是解决方案的组成部分。更重要的是，在世界大变局中，中华民族伟大复兴既是有机组成部分，也是重要推动因素。世界大变局既为实现中华民族伟大复兴提供了条件和机遇，也带来了潜在风险和挑战。

上述技术和社会变革正在深刻改变着经济学的研究范式，数据、方法、理念三者缺一不可，其中，理念是最重要的。中国创造了世界上最大的经济奇迹，还有超大经济体的规模优势和自主技术创新（如 DeepSeek）的快速发展，但目前所缺的恰恰是将已有的发展经验和理念提炼出来，构建具有深厚学理基础的原创性中国经济理论。近年来，中国内地学者在经济学国际顶级期刊中发表论文的数目增速很快，但聚焦中国问题并有国际影响力的研究成果较少，自主重大原创性研究成果更少。

20世纪40—70年代，王亚南校长等开创了以马克思主义经济学为基础、站在中国人立场上来研究中国经济问题的具有鲜明特色的"中国经济学"厦大学派。如今，在 WISE 成立二十周年之际，要传承弘扬王亚南校长的科学精神，推动经济学的方法创新、范式创新、理论创新、应用创新，在新起点上创世界一流、树中国学派。

创世界一流、树中国学派离不开教育、科技、人才的同向发力、同频共振。WISE 和整个经济学科将积极主动作为，加强师资队伍建设的顶层设计、优化人才学科结构，进一步提升队伍的整体层次；加速构建国际科研创新和交流合作平台，服务国家创新驱动发展，激发自主创新能力；构建"大思政"教育新生态、助力中国自主知识体系建设，培养推动中国和世界进步的经济英才。

访萧政教授：十年树木，百年树人

■ 2018级 WISE 金融硕士　冯晨晨
　2018级经济学院金融硕士　杨鹏飞

人物简介

萧政，美国南加州大学经济系教授，WISE学术顾问，世界计量经济学会会士。自2005年起，每年定期来访厦大经济学科开设短期课程、讲座，深受广大师生欢迎。

三味咖啡风语厅里，萧老师端起一杯果茶尝了一口，"好酸，我第一次喝这个"。眼前这位可爱的长者像与我们拉家常般娓娓道出他与WISE这二十年的缘分，除了为WISE送上生日祝福外，还勉励WISE

后辈们"百尺竿头，更进一步，只有精益求精争取培养出更多优秀的学生，WISE 才能在世界一流的经济学科中占有一席之地"。

头戴一顶蓝色棒球帽，脚踏一辆红色小单车，他就是为广大经济学子所熟知的"萧老师"。每次来厦，萧老师总喜欢带上这些"标配"穿梭在厦大附近的大街小巷，嗅一嗅飘在周遭空气中的鲜香味儿，睹一睹挂在当地人脸上的精气神儿。从2005年 WISE 成立至今，他频繁往返于洛杉矶和厦门，在厦门大学经济楼，为研究生们讲授面板数据计量经济学前沿知识，畅谈学术观点，默默坚持着跨越大洋的"育人"接力。

结缘 WISE，跨越大洋接力"育人"事业

20世纪末，在加州大学圣地亚哥分校的一个学术研讨会上，萧政结识了当时在该校攻读研究生的洪永淼。"江山代有才人出"，眼前这位年轻人的热情和学识给萧政留下了深刻的印象，学者之间的惺惺相惜和思想碰撞把他们深深联系在一起。

2005年7月，刚成立一个月的 WISE 主办首届"计量经济学国际培训班"，该培训班是自1980年颐和园讲习班以来全国最大规模的一次计量经济学培训活动。作为培训班的五位国际权威授课导师之一，萧老师受邀来为学员们讲授面板数据计量经济学相关课程，这也是他第一次来到 WISE。之后的十多年里，每年春季和冬季，萧老师都如约从大洋彼岸飞来 WISE 为学生授课，并与经济学科的教师交流，给予指导。他把最新的经济学思想带入中国的经济学教学课堂里，把最前沿的经济学理论带给求知若渴的新一代中国经济学子们。

WISE 常举办国际学术会议，邀请来自世界各地的经济学名家同台交流，在萧老师看来，这些都是非常必要的，他认为交流和激励能够带来进步，新的观念是社会不断向前发展的基石，"做研究就是所谓的互

相启发，不管研究什么问题，把自己关在象牙塔里是不可能进步的，做学术研究最不应缺少的就是思想的交流和碰撞。一定要交流，互相激励，才会有进步。妄自尊大是最坏的事情，做学问也是一样，是永无止境的"。

"授人以鱼不如授人以渔"

对于教学，萧老师一直坚持要给学生传达正确的观念或者合理的经济学解释。"为什么人家要做假设？假设的结果是怎么样的？要引导学生去思考这些问题。"萧老师强调，研究生要有自我学习的能力，只有授人以渔，学生们才能在未来的学术研究中自己开辟前行的道路。

萧政教授为厦大学生授课

对待学生，萧老师一贯严格要求，考试是家常便饭，并且绝不允许学生带书，"有些东西是必须要记到脑子里的，只有记在脑子里才会想着去思考，去使用。虽然现在学习工具帮了很大的忙，但同时也让你丧

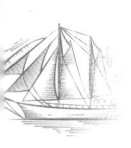

失了很多使用脑力的机会"。萧老师分享了他在美国教学的一个有趣现象。萧老师一年教授两门课程，一门是研究生的计量经济学专业课，另一门是本科生的计量经济学入门课程。萧老师介绍说，因为自己本身也在做研究，所以比起研究生课程，他会花更多时间为本科生课程备课，但每到学期结束，学生的教学评估结果总是让他"心灰意冷"。"虽然我花了很多时间准备，但是本科生还是把我批评得一无是处！"即便如此，萧老师依然欣然接受学生的评价并且更加注重和学生的交流，"教学评估很重要的一点就是学生跟老师至少知道哪些东西需要相互交流，需要改进，并且能够相互理解，我觉得这是非常重要的事情"。

萧老师常提起老一辈数学家陈省身的话，"做学问要耐得住寂寞"，并以此告诫学生们切莫浮躁和急功近利，"如果真的想研究一个问题，就要下决心花功夫钻研。急着想做出成果是个好现象，但不能只'挖坑'不'掘洞'，做学术研究要'掘深洞'"。

寄语 WISE，育人为先

二十年弹指一挥间，萧老师陪伴并见证了 WISE 从刚起步时的寥寥几张桌椅到如今成为南方经济学研究重镇的成长历程。WISE 这一路走来取得的累累硕果，与萧政老师等前辈们的关心和奉献密不可分。即便如此，面对老师和同学们的称颂赞美，萧老师总是摆摆手说道："WISE 能取得今天的成就完全是靠大家的努力，不是我或者洪老师一个人可以做成的。"同时，萧老师也很客观地谈到，WISE 和世界一流的经济学科如 MIT、哈佛大学、芝加哥大学等的经济学科仍有相当的差距，他希望 WISE 能够"精益求精"，争取培养出更多优秀的学生，"学生培养得好，别人对这个学院的评价也就不同"。萧老师笑着对我们说："所以你们学生的努力很重要啊！"

第一次看到萧政老师的名字是在《面板数据分析》这本书上，之前从未想过自己可以与他进行面对面交谈。除却学术上的成就，在近两个小时的交谈中，我们看到了一个更加生动可爱的萧老师：他热爱文化和历史，钟情旅行；他热爱运动和体育，年轻时每天早起坚持游泳锻炼身体。在学术上，他是众人的楷模，他对生活的热爱也是众人的典范。作为前辈，萧老师还鼓励我们年轻人要承担历史的责任和重担，发挥自己的人生价值。

萧政

访萧政教授：十年树木，百年树人

廿年逐梦，风华如新：创世界一流，树中国学派的 WISE 实践

访 Whitney Newey 教授：
学问不厌，春华秋实

■ 2018 级 WISE 金融硕士　张瑞筠
2018 级 WISE 应用统计硕士　张晴雯

人物简介

　　Whitney Newey，麻省理工大学经济学教授。自 2007 年以来，多次来访厦大经济学科进行授课、学术交流，并长期为 WISE 的发展提供指导建议，协助建立国际学术联系。

时间的镜头缓慢拉到2019年12月17日下午，经济学院报告厅中，一位身材高大的学者正在为两院学生带来一场讲座，满座学子洗耳恭听，眼神中透露着激动和景仰。台上的这位学者正是常出现在各种计量经济学教材中的 Whitney Newey 教授。

结缘 WISE

2007年，一封落款名为"洪永淼"的邮件成为 Newey 教授与 WISE 结缘的契机。邮件中洪永淼说对 Newey 教授早有耳闻，并在此前了解过他在经济学领域的学术研究，现热情邀请他来 WISE 进行交流访问。那时的 WISE 还是一个刚成立不久的学院，在学术界也还没有很大的名气，但第一次到访，Newey 教授就被 WISE 浓厚的学术氛围深深感染。

后来的十几年里，Newey 教授一直保持着与 WISE 的密切交流和联系，多次到访并亲眼见证了 WISE 的一步步成长。越来越多的优秀学子选择来到 WISE 学习，WISE 也吸引了一批批优秀海归教师加盟。这让 Newey 教授感到非常欣慰，他说，"WISE is a wonderful place to come and visit, it is also a wonderful place to work and study here. Every time I come here I can notice the quality of faculties and the quality of students become better and better. Every couple of years, these changes are very noticeable"。

和 WISE 结缘的这些年，Newey 教授参加了 WISE 举办的许多会议，让他印象最深刻的有2010年计量经济学模型设定检验30周年国际研讨会、2014年世界计量经济学会中国年会以及2019年世界计量经济学会亚洲年会等。对此，Newey 教授总是不吝赞美之词，大赞这些都是他参加过的最好的会议，前沿的研究和参会者各种新颖的观点让他倍受启发。

夯实基础，拥抱前沿

WISE 的八门高级经济学课程（简称"八高"）是学生间热议的话题之一，许多同学对"八高"心存畏惧，同时也对它是否"有用"心存疑虑。有学生就专门向 Newey 教授请教过这个问题，Newey 教授告诉他们，在他看来，学习这些课程都是必要的。学习这些课程的过程训练了学生的专业技能和工具使用的能力。例如，那些与数据分析相关的技能和工具在今后的工作中将十分有用；更重要的是，经济学的训练教会了学生去理解世界，如何提出问题、分析因果推断、描述事物的变化，这对学生分析各种各样的问题都会产生重要的影响。

Newey 教授最近很喜欢提到一个词——数据科学，他总是充满自信地告诉别人，"现在 MBA 和计算机科学是最热门的，而数据分析就是未来的现象级专业"。他认为，现在是数据科学的时代，而机器学习正是处理海量数据的重要工具，即使是普通的线性回归模型，机器学习都能发

2015 年，Newey 教授与经济学科师生在三味咖啡厅交流

挥重要作用。Newey教授表示，目前他们还在努力实现机器学习在研究生教育中的普及，同时将机器学习引入本科生计量经济学教育也指日可待。威斯康星大学筹备了包含机器学习应用的研究生计量经济学在线课程，他与团队正在着手准备用于研究生教学的计量经济学指南，其中也涉及机器学习的内容，以供学生在使用时查询。Newey教授也不忘建议WISE加大对数据科学方面的投入与建设，并且努力在计量经济学中推广机器学习的使用，他表示这些都需要学界共同努力完成。

桃李之教，寸草春晖

Newey教授本科就读于美国杨百翰大学，主修经济学，于1983年获得麻省理工学院博士学位。尽管如今在经济学界已经取得了杰出的成就，但在上大学之初，面临专业选择的他也同大多青年学子一样感到迷茫。最终他选择听从父亲的建议，攻读经济学。父亲希望他先在本科阶段接受严格的经济学训练，从而为研究生阶段转向商科学习打下坚实的基础。然而，计划赶不上变化，随着对经济学课程的深入学习，Newey教授发现自己对经济学本身产生了莫大的兴趣，因此决定在经济学领域继续深造，攻读博士学位。青年时代的Newey教授拒绝了父亲已经为自己铺设好的人生道路，选择独自到学术界去闯荡，父亲虽然有些担心，但依然选择全力支持。

如今，Newey教授已经是五个孩子的父亲，对于孩子的教育，他主张注重日常的陪伴和教育，且绝不干涉孩子们自己的选择。他经常亲力亲为辅导孩子们的作业，鼓励孩子们多交朋友，如果孩子们对经济学问题感兴趣，他也会耐心地为他们讲解，但绝不做强制性要求。据Newey教授介绍，他的妻子在家庭中担当着重要的职责，在搬到普林斯顿之前，由于所居住的小镇教育条件一般，孩子们都由妻子亲自教导。他们的五

个孩子中，两个是物理学家，一个正在攻读统计学博士学位，一个是工程师，还有一个正在学习化学。用 Newey 教授的话说，他们组成了一个"自然科学与工程"之家。每每谈到自己的妻子和孩子，Newey 教授都满怀喜悦与自豪。

在 Newey 教授的学习生涯中，他的博士生导师，计量经济学巨擘、麻省理工学院 Jerry Hausman 教授对他的影响巨大。在攻读博士学位期间，Hausman 教授总是直接发给他几篇论文让他自行研读，是个"甩手掌柜"，但 Newey 教授总能从导师看似不经意给出的论文中获得启发。读博期间，Newey 教授的学术成果颇丰，其中与 Hausman 教授合作的论文"Efficient Estimation And Identification Of Simultaneous Equation Models With Covariance Restrictions"于1987年发表在顶级期刊 *Econometrica* 上。在生活中，Hausman 教授是一个非常幽默风趣的人，很喜欢和 Newey 教授开玩笑。从麻省理工学院毕业后，Newey 教授先是在普林斯顿大学任教七年，期间始终和 Hausman 保持着亦师亦友的关系；1990年，又受邀回到麻省理工学院任教。当时，Hausman 教授还郑重其事地赠送了一份礼物给他，欢迎他成为自己的同事。在此之后，二人又合作发表了多篇文章，其中1995年二人联合发表在 *Econometrica* 上的论文"Nonparametric Estimation Of Exact Consumers Surplus And Deadweight Loss"被引次数达三百余次。

访陈少华教授：心系母校，语重情深

> 2022级经济学系硕士研究生　徐烨、徐子杰
> 2023级财政系硕士研究生　何柏毅

人物简介

陈少华，世界银行发展研究局原首席统计学家，主要负责全球贫困监测项目以及各国收入分配公平性、政策和项目的效益评估等。2019年起加盟厦大经济学科，受聘为厦门大学讲座教授。

初冬的厦门已有阵阵凉意，一个周五的早晨，我们来到了陈少华老师的办公室。陈老师的办公室陈设简朴，没有任何多余的装饰，除必要的桌椅书柜之外就是一块给学生讲解用的白板。在我们到来时，陈老师

正在忙碌地备课；草稿纸静静地铺满了书桌，体现着这位学者严谨的学术态度以及热烈的教学激情。作为世界银行发展研究局前首席统计学家与厦大的校友，陈老师从多年的所见所感出发，与我们畅谈了对厦大统计学科发展的展望。

忆往昔，朝花夕拾，鉴往知来

陈老师于1977年考入厦大数学系控制理论专业。回忆起在厦大的四年求学时光，陈老师记忆犹新：艰苦的生活、坚毅的精神、扎实的知识，这是新三届大学生共同的时代记忆。陈老师认为，在这样的时代能够从鹭岛走向世界，得益于一些即便是对当下的学生与教育者也有借鉴意义的理念与经验。

首先，是学生求学时的热情。她回忆当年在厦大学习时"连馒头都没有，外省的学生来到这里，就吃干饭加水做成的稀饭，饭是饭，水是水，菜就是腌菜，没有油水，底下还有沙"。但是，艰难的生活条件并未影响当时的大学生对知识的渴求，"当时大家都憋着一股劲，拼命地学习，晚上熄灯后还打着手电看书，走在路上还在背英语单词"。囊萤映雪，勤学苦练，抱有不断向上的精神，付出日积月累的努力，是在专业领域中出类拔萃的重要条件。

其次，是教师严谨认真的教学态度。谈及厦大的老师，陈老师不禁感叹"当时厦大数学系的老师非常好，可以整堂课不带教材手推公式，讲得一字不漏。老师们早上四点钟就起来备课，有一门课用的是美国1976年最新的应用抽象分析教材，也是全英文的。虽然这些高难度的课程让我们非常头疼，但是老师们为我们树立了榜样"。求木之长者，必固其根本。20世纪80年代厦大老师们广博深厚的学术积淀与严谨负责的教学态度，是激励陈老师这一代厦大学子奋发图强、刻苦用功的重要因素。

最后，是高要求的学术训练。陈老师提到，虽然他们当时的数学分析课程使用的是复旦大学的教材，但老师对他们的要求是苏联菲赫金哥尔茨的八本书以及吉米多维奇的习题集。面对这样的高要求，学生们也没有畏惧，对这些学习资料，当时都是全部"扫荡"。谈到这里，陈老师的先生、同为1977级厦门大学数学系控制理论专业校友的赵清华老师也补充道，"当时厦大数学系的学术氛围很浓厚，一些课程几乎是最前沿的了，我后来到中国科技大学读研究生，觉得他们的深度和难度不及我们本科"。谈及此处，二人都表示，在厦大数学系本科四年接受的严格训练不仅为他们此后赴美留学打下了坚实基础，还对他们的职业生涯起到了至关重要的作用。

谈育人，现身说法，与时俱进

在世界银行工作多年，陈老师对毕业于世界顶尖学府的博士研究生和中国留学生表现出的差距深有感触。如今从世行回到母校，陈老师对人才培养又有了新的认识和体悟。她认为，高校需要与时俱进，要懂得市场需要什么样的人才。曾经因为世界银行里的中国职员比例太低，陈老师等中国职员向行长建议派招聘团到北京，结果最后竟无一人通过世行的后续选拔。陈老师对此进行了深刻的反思，她认为"目前中国的大学需要思考自己所提供的人才与市场需求是否匹配，教育出来的学生是否能达到市场的要求"。高校教学需要跟上时代步伐，要培养出符合时代要求的人才，"我们的教学不能是老师懂什么就教什么，而应该是老师根据时代要求进行研究，再把最好的东西传授给学生，这样学生才有竞争力"。

在陈老师眼中，要培养符合时代发展要求的人才，除了高校自身要

紧跟时代潮流外，学生自身的主观能动性也不可或缺。回想她们那一代人拼命学习的劲头，陈老师语重心长道，"学生们应当不怕吃苦，长期积淀、潜心钻研"。

"人生总是要吃苦的，即使不在人生的前段吃苦，也是要在后面吃苦，因此应该趁年轻，在精力旺盛的时候对自己严格要求，夯实基础，在某一方面精通，那就可以在人群中'stand out'了。"

陈老师以自己初到世界银行时的故事为例分享了她的心得：初到世行之时，由于面临着来自哈佛和MIT优秀毕业生的竞争，陈老师的能力最初并没有被周围的人所重视。但她并没有因此气馁，反而更加认真地工作。当时她正在负责进行一项各国收入分配的分析，但发现数据计算的结果与一位"大佬"的模型始终对不上，于是她决定沉下心将那篇文章从头到尾仔细研读。回忆此段经历，陈老师笑道："同事当时笑我说'少华有三天都没出办公室，除了吃饭和上厕所'，最后我真就证出来了，用了18页纸，发现有8种'case'，而文章只提到4种，这让我的领导大为吃惊。"也正因为这件事，陈老师凭借自己在计算机和数学方面的扎实功底以及刻苦钻研的精神打动了世行的领导，从众多优秀竞争者中脱颖而出。千里之行，始于足下，讲完自己的经历，陈老师非常有感触。"所以你们现在学'八高'，不仅训练的是学术能力，更是钻研的精神，这个训练是深入到你的骨子里的，以后一定会有用处的。"

论学科，时不我待，推陈出新

作为学者的陈老师经常前往世界各地参加学术会议，对于国内外经济统计学的发展动态始终保持着高度敏感性。陈老师认为，现在是大数据时代，经济统计学界的世界前沿关注的是如何用数据引领发展。学科的发展往往催生高校专业设置和课程设计上的变革，谈到这个问题，陈老师言语中透露出时不我待的紧迫感，她认为许多传统的经济统计学内容已经难以满足当今社会的需要，因此经济统计学课程应当革故鼎新，充分吸收新的技术与思想，重新设计教学方式，这样才能教育出社会需要的人才，才能有利于学生的发展。大数据时代的变革不单单对高校造成了巨大的冲击，在两位老师看来，象牙塔之外的业界早已经感受到压力。当下动辄百万级别的数据不是以往的 C 语言和 STATA 能够轻松处理的，业界早已经开始对熟练掌握 Python 语言的求职者青睐有加。"如果连业界都走在我们前头了，而我们还在教 C 语言、STATA，那我们培养出的学生一出去就会落后"。滚滚潮流之下，时代变革已对厦大经济统计学科提出了新的挑战。

谈到厦大经济学科如何面对大数据和人工智能带来的巨大变局以及国内外高校的你追我赶，陈老师也给出了自己的答案。首先要与时俱进，走在时代前沿。"要走出自己的舒适圈，看到学科前沿。大数据时代就是一次革命，我们现在有非常好的数据，就要充分利用。"其次要转变观念，保持开放态度，观念随着时代而发展。陈老师认为，当下经济统计学的前沿主要关注如何利用大数据以及如何打通各领域的数据，因此，我们的学术研究与教学便不能仅围绕传统的国民经济核算框架，而是要推陈出新，比如，怎样测量与评估可持续发展。最后还要学以致用，理论指导实践。陈老师强调，学术研究不应当只是"从 paper 到 paper"，而应该关注如何结合现实世界的需要，"这是我们的责任"。陈老师在世行深耕贫困问题三十年，但是她发现许多来自中国的研究在中国的致贫返贫原因、低收入人口的脆弱性、政府的解决方案等方面仍存在不足，这说明当今的研究与社会的实际需要仍有一定距离。她认为，学科建设不是一蹴而就的，更不是一劳永逸的，要想保持学科的领先地位，就必须勇于开拓，敢于创新，"学科的发展一定要破旧立新，整个

过程就是创新的过程。如果别人都在做，我们不做，那么被别人超越是迟早的"。大道至简，在陈老师的眼中，推陈出新、革故鼎新是保持学科生命力的重要源泉。

在大数据和人工智能方兴未艾的今天，如何立足于时代，保持学科的相对优势地位；如何在新一轮"双一流"建设中砥砺前行，接续辉煌；如何激流勇进，成为时代的弄潮儿，值得每一位厦大经济学人深思。

研思致远　学脉流芳
——硕博士研究生项目

自2005年招收研究生以来，王亚南经济研究院在人才培养上深耕细作，注重培养学生的深厚经济理论思维与严谨定量分析能力，构建了一套与国外一流研究型大学学术标准接轨的课程体系，并采用全英文授课模式，为学生营造沉浸式的国际化学习环境。

秉持"学术品牌战略"，学院积极营造多样化学术氛围，通过举办高水平国际国内会议、系列学术讲座，邀请国际知名教授来访短期授课，暑期学校、博士生论坛、"Teatime"活动、午餐研讨班等多元化学术活动，进一步拓宽学生视野，提升研究能力。

此外，WISE与众多国际知名高校开展实质性的合作交流，推动师生互访交流、学生联合培养等。其中，与国外学校合作的中德博士生联合研究项目（简称：IRTG），以及"经济全球化与欧盟一体化"联合硕士项目（简称：EGEI），分别入选国家留学基金委"创新型人才国际合作培养项目"。

WISE毕业生凭借扎实的数理分析能力和出色的英语水平，在就业市场上展现出强劲竞争力，为厦门大学经济学教育国际化和高质量人才培养做出了重要贡献。

访施淑萍教授："爱拼才会赢"

■ 2024级WISE硕士研究生　陈琳萍
　2024级金融系硕士研究生　李慧婷

人物简介

施淑萍，WISE 2005级金融学硕士研究生，2007级西方经济学博士研究生，现担任麦考瑞大学经济学系教授。

二十年时光荏苒，来自五湖四海的厦大学子已经换了一批又一批，但那份属于厦大校园的美丽与宁静依旧如初。当施淑萍再次与厦大重逢时，只觉得眼前的景象格外亲切。

与20年前相比，施淑萍认为现在的WISE变得非常不一样。"20年前WISE刚建立时，老师数量较少，我们在学习数量经济学和概率统计时，都是其他几个专业的老师轮流帮我们上课。如今，经济学院、亚南院和邹院的老师加起来高达200多位，其中还包括许多海归老师，亚南院的发展真的可以说是上了一个很高的台阶。"谈到这里时，施淑萍平静的脸上绽开了一份骄傲与喜悦。

打开学术的窗，有韧性地去追求梦想

从意外结缘亚南院到成为计量经济学领域的知名学者，施老师在WISE的求学经历是她学术道路发展的一个转折点。

"在来到WISE之前，我从来不知道什么叫作'学术'，也没想过会走学术这条道路。"施老师回忆道，当时亚南院的老师们对学术的追求和敬业心对她之后的发展一直有着莫大的影响。令她至今印象深刻的是，当时远在康奈尔大学的洪永森教授倒着中美时差给同学们上计量经济学的课，"当时我们这边是下午，他那边是凌晨。洪教授一直坚持在凌晨给我们上课，很难想象他对这个事情抱有多大的决心和热情"。当时学院还请了一众国际知名的学者来给学生们上课，让大家接触到了当时学术的最前沿，也在施淑萍的内心埋下了一颗学术的种子——做国际前沿的经济学研究。

在毫无经济学背景的情况下，跨专业学习的施老师面临的挑战不只是拗口的英语和难懂的数学。"当时的压力特别大，第一次到一个完全陌生的环境，感觉自己一无所知。这对当时的我是个不小的挑战，但我清楚地知道我要付出百分之百的努力，才能告诉自己行还是不行。"言语中的坚定仿佛让我们感受到了她当时的力量。

"我是一个做决定很谨慎的人，但一旦做出选择便会死磕到底。"初到WISE时，英语是施老师当时面临的第一个难关。"不怕大家笑话，当时我连计量经济学这个词都没听过，什么是'econometrics'，我根本

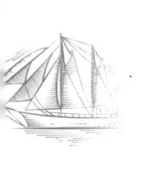

就不知道。当时拿了金山词霸查'econometrics'这个词，居然显示不存在！"就在这样的基础下，施老师一点点补，一点点啃，积蓄着滴水石穿的力量。

好在埋头学习的路上不缺同行人。"当时我的同学基本上都会学习到十二点，有的同学会学习到两三点。当你觉得很累很辛苦的时候，别人也很累很辛苦，你的身边并没有'轻松'的参照物。"在这种韧性力量的加持下，施老师当年成为班级名列前茅的学生，并获得了第二年远赴新加坡学习交流的机会，后来在澳洲国立大学攻读博士学位，从此一直扎根在学术界。

"女生学不好计量"是一种偏见

计量经济学因为涉及大量数学知识，被认为门槛较高，甚至有人认为女生更难学好计量经济学。施老师谈道："我不是学数学出身的，自身的数学基础也不是很好。但是数学不好并不等于学不好数学，没有数学基础并不代表学不好数学。"事实上，这取决于个人是否有足够的动力和目标导向去学好数学，这并不是一个能力的问题，也不是一个性别的问题。要做好计量经济学的研究除了要具备扎实的数学基础，还要有批判性的思维，要对经济学问题有认知，还要具有很好的写作功底。如果仅仅只是数学好，也并不一定能写出好文章。

女性在职业发展的过程中，往往会面临一些难以突破的挑战，其中最大的挑战便是家庭与工作的平衡。施老师笑称："很多时候我就像在做两份工作，上班的时候做学术，下班的时候就是做妈妈，两份工作你都要做，而且两份工作你还要做得都出色。"这些在施老师眼里都是可以做到的，只是会慢一点。

"当我自己做研究的时候，当我想知道这个问题的解决方法是什么、这个现象应该怎么解释时，往往就意味着我需要掌握相关的数学工具来支持我的研究，从而做出严谨的解释，这时我便会对这些数理知识死磕到底。"施老师的切身经历和成就证明了女性在计量经济学领域也能深耕出自己的一片天地。

"在厦大学习'八高'是幸运且奢侈的"

回望往昔，施老师表示自己特别感谢在 WISE 的经历，"在 WISE 的学习给我奠定了一个很好的基础"。在澳洲攻读博士时，澳洲国立大学的课程安排是第一年学习课程，第二年和第三年做研究。由于在 WISE 的时候已修读了很多计量经济学课程，学校允许她直接免修基础计量经济学课程，这也意味着她在第一年就可以开始做研究。

施老师并未直接开始做研究，而是去数学系选修了大量专业课。"当时我已经学习掌握了相关计量经济学课程，我得到了一个学习进阶数学知识的机会。这也许就是最后一次有人系统全面地带领你去学习知识的机会，学习机会本身就是非常奢侈的东西。"

如今同学们都苦谈"八高"压力大，施老师笑道，"我觉得厦大的学生特别幸运，你们有这个奢侈的机会学习'八高'，这会为你之后钻研学术提供很好的理论基础"。尽管"八高"的学习似乎与同学们的直接目标没有关系，但在潜移默化中影响了大家的思维方式。"比如，做宏观研究为什么要学习微观基础呢？事实上当你在学习微观基础理论的时候，你就会从微观角度去思考他们是怎么研究这个问题的，他们是如何把数学运用到经济学去解决某个特定问题的，并不断将这种思考发散到更高的层面。"在这种思维融会贯通的体系下，在参加经济学各领域的讲座时，便能够带着多元的思维去理解各个汇报人是如何去研究问题

的，长远来看对学术研究帮助非常大。

施淑萍就这样带着这份从未改变的求知的信念，走了很久，也走得越来越远，但属于她的那份坚定和温柔从未改变，反而沉淀得更具有她的味道。施老师说，闽南人有一种骨子里的"爱拼才会赢"的力量，面对梦想，如果你只是想，想再多也是一张白纸，真正动笔去写故事才会开始。

我与 WISE 的二十年：
见证成长，共铸辉煌

■ 叶晓夏

人物简介

叶晓夏，WISE 2005 级金融学硕士研究生、2007 级金融学博士研究生，现为英国诺丁汉大学商学院金融学教授。

时光荏苒，如白驹过隙，转眼间 WISE 已走过了二十个春秋。我作为 WISE 的第一批学生，从 2005 年踏入这个校园起，我的人生便与 WISE 紧密交织在一起，共同书写着成长与发展的篇章。如今，我在英国诺丁汉大学商学院任金融学教授，回首过往，每一次与 WISE 的重逢

都让我深切感受到它的蓬勃生命力和无限潜力。

初入 WISE：梦想起航的地方

2005年，我有幸成为 WISE 首届金融学硕士实验班的一员，那时的 WISE 尚未自主招生，而我如同被幸运眷顾的宠儿，开启了这段难忘的求学之旅。尽管攻读的是硕士项目，但 WISE 给予我们的却是博士生标准的严格训练。全英文教学模式，让我在专业知识的海洋中畅游的同时，练就了扎实的英语听说读写能力；严谨的数理计量训练，犹如基石，为我日后的学术研究奠定了坚实的基础。

回首在 WISE 的课堂时光，每一位教授都如同璀璨星辰，照亮了我求知的道路。洪老师的高级计量经济学课程至今仍历历在目，为了让我们能汲取最前沿的知识，他不辞辛劳，于凌晨时分在美国进行远程授课。正是在这门课上，我掌握了扎实的计量知识和数理推导基本功，这些宝贵财富在我后续的实证金融研究中发挥了不可或缺的作用。林海教授的高级微观经济学、郭晔教授的高级宏观经济学以及马成虎教授的高级金融学课程，如同一座座灯塔，引领我们全面深入地探索经济学的广袤天地，为我们构建起坚实的经济学知识框架。

WISE 还积极邀请海外高校教授前来授课，这一传统让我们有机会接触到国际前沿的学术动态。南加州大学萧政教授的面板数据分析、范德堡大学李彤教授的非参计量在拍卖经济上的应用、卡尔顿大学陈智琦教授的微观经济学以及密歇根大学李海涛教授（现任长江商学院教授）的连续时间金融课程，都为我们打开了一扇通往世界学术舞台的窗户，拓宽了我们的学术视野，激发了我们对海外求学的向往。

作者（后排左三）和部分 WISE 2005 级同学赴新加坡管理大学留学前聚餐

在 WISE 的第二年末，得益于 WISE 提供的平台和机会，我成功获得国家留学基金委联合培养博士生奖学金，前往密西根大学商学院访学，师从李海涛教授。这段访学经历让我更加深刻地认识到 WISE 教育理念和训练方式的先进性，也让我在国际学术舞台上迈出了坚实的一步。访学归来后，我顺利回归 WISE，并于2010年成功通过博士答辩，从此以 WISE 博士的身份开启了新的征程，随后于2010—2013年，在新加坡国立大学风险管理研究所完成博士后的研究工作。

逐梦之旅：学术生涯中的 WISE 印记

自踏出 WISE，开启我的学术生涯以来，WISE 的影响始终如影随形。在与世界各地学者的交流合作中，我常常听到他们对 WISE 博士项目的高度评价：WISE 的博士训练有素，其培养出的博士水平不亚于北美高校的博士，吸引了众多学者前来交流学习。这些赞誉让我由衷地为自己是 WISE 的一员而感到自豪，也更加深刻地体会到 WISE 对我的学

术成长产生的深远影响。

在过去的15年里,我曾四次有幸访问WISE,每一次访问都见证了WISE的飞速发展,犹如目睹一棵幼苗茁壮成长为参天大树。2011年11月的固定收益资产定价会议,让我感受到WISE在金融学术领域的积极探索与深度钻研;2015年12月的访问学者讲座,我看到了WISE学术交流的日益频繁与多元;2020年12月远程参加WISE举办的大中国区金融学年会,尽管相隔屏幕,我依然能体会到WISE在学术组织和引领方面的卓越能力;2024年4月的访问教授讲座,我更是惊叹于WISE师资队伍的不断壮大和学术氛围的愈发浓厚。每一次访问,我都能见到许多熟悉的元老教授,他们依旧坚守在学术一线,为WISE的发展贡献着力量;同时,也结识了众多充满活力与创新精神的新面孔,他们为WISE注入了新鲜血液,让我坚信WISE的未来充满无限可能。

展望未来:祝愿WISE续写辉煌

二十年风雨兼程,二十年砥砺前行。WISE从诞生之初到如今的蓬勃发展,每一步都凝聚着无数人的心血与汗水。我感恩在自己学术生涯的起点遇见WISE,它给予我的不仅是知识和技能,更是一种精神力量,激励着我在学术道路上不断前行。

作为WISE的学子,我深知我们每个人与WISE的交集很有限,但正是这些无数个有限的交集汇聚成了WISE的璀璨全集。我们在各自的领域努力成长,而WISE也在不断壮大,我们相互成就,共同书写着辉煌的篇章。

展望未来,我对WISE充满了期待。我希望WISE能够在现有基础上,进一步加强国际合作与交流,吸引更多顶尖学者和优秀学生汇聚于此,打造一个更加国际化、多元化的学术社区。在学术研究方面,继续深耕经济学和金融学领域，同时拓展跨学科研究，为解决现实世界中的复杂问题提供创新性的解决方案。加大新兴技术在教学和研究中的应用力度，如人工智能、大数据等，提升教学质量和研究效率。我坚信，在全体 WISE 人的共同努力下，WISE 必将在未来的二十年、三十年乃至更长远的时间里，继续引领学术前沿，培养出更多具有国际视野和创新能力的杰出人才，为推动全球经济和社会发展贡献更多的智慧和力量。

廿年逐梦，风华如新：创世界一流，树中国学派的 WISE 实践

WISE 二十载，一路繁花的延续

■ 谭 用

人物简介

谭用，WISE 2005 级金融学硕士研究生，2006—2007 年于新加坡管理大学交流学习；现为南京财经大学教授。

二十年之于文字，或许仅是几个冷冰冰的数字；但是之于 WISE，却是一个从无到有，从单一到多样，从开创到延续再到传承的一段清晰而真实的岁月。

2005 年，作者（二排右一）参加 WISE 第一次班级集体活动

时间的指针拨回到二十年前。那时候，研究生入学考试还是在一月份，而我则报考了经济学院的金融工程专业。没错，当时我并没有报考WISE，因为那时WISE还未开始招生。直到同年暑假从一位师姐处获知："新开办的王亚南经济研究院（WISE）开始招生了，据说学术科研水平很高，并且会给学生提供很多（出国）机会。"坦白说，彼时的我对于学术并没有多少认知，基于年轻人对于未知和新生事物的好奇我懵懵懂懂地报了名，又运气极好地被学院录取了。那时我并没有意识到这个看似随意的选择完全改变了自己的人生轨迹。直到很多年后，我开始意识到：或许这个世界并没有那么多随机的冲击。每个人的生命历程都被某条看不见的线牵引着。正如那些年我们面对的回归方程中的所谓的随机项，更多的是无法被观测到的确定性扰动因素而已。而对于我来说，WISE一直都是那条牵引着我的无形线。后来得知，WISE的成立和在2005年的第一次招生都是源自洪永森老师的坚持。原本成立之初的WISE的最早一届招生应该是在2006年，但是洪老师坚定认为效率是WISE的重要原则。虽然WISE没来得及参加当年的招生，但是可以从当年报考厦大经济学院的考生中优中选优！也正因如此，时至今日我依然认为WISE的成功不是偶然，而是如很多年前蔡宗武老师和陆懋祖老师所言，这是"与一位有坚定的目标、有效率且志同道合之人并肩前行"的必然。

　　作为WISE的第一届学生，甫入学院便被冠以"黄埔一期"的称号，加上当时的"三高"课程（高级计量、高级微观、高级宏观）外加一门数理经济学，压力可想而知。我当时听不止一个同学说过：每次走在从图书馆到学院去上课的路上，心情总是很沉重。然而，WISE这个年轻的集体不仅团结，而且有活力，更有梦想。于是在我们那届学生中有了"如果每天睡觉超过五小时就代表你在偷懒"的梗；有了"洪老师凌晨都还隔着时差在给我们上课，你怎么好意思睡觉"的鞭策；更有了

Wisers共同进退的盟约。

在学院成立初期，学院强制要求每一位学生都要参加学院的"seminar"。刚开始的时候真的是硬着头皮去，后来慢慢地发现，好像通过学院的"seminar"，也能领悟一些。再后来，对来自世界各地的学者在讲台上的思辨逻辑和挥洒自如心生向往。及至后来，去了新加坡与美国留学，也听过很多讲座，发现WISE举办的各种"seminar"和"conference"与之相比水平也不遑多让。2023年底，我受邀连续参加了两场在WISE举办的国内和国际会议：一场是关于国际形势不确定上升背景下我国企业的出口行为应对，另外一场是关于创新与区域经济发展。我突然后知后觉地发现：当年那个成立之初的WISE，从大多数时候仅有单一的计量经济学的"seminar"，已经成长为有了更为多元的学术讨论和更为丰富的学术活动的WISE。更令我感慨的是WISE在成立之初就坚持举办众多高质量的学术会议，然后一步步将学术覆盖面从计量经济学往国际贸易、产业经济、金融学等多方面延伸，这背后究竟有

2023年，作者参加学院举办的学术研讨会

一种什么样的匠心精神和科研实力在支撑？不仅如此，在第一届学员入学仅一年之后，WISE 就为我们提供了赴新加坡管理大学修双学位的机会。时至今日，我才慢慢明白那些年 WISE 从无到有的艰辛和每一位学院老师和行政人员的付出，并对学院心存感恩。而当年的那些训练和熏陶，也在后来的学术生涯中一直影响着我：沉下心，不急功近利，做踏踏实实的研究，就像在 WISE 遇到的每一位学者那样。

这些年我一直关注着 WISE 的成长，并且我相信我不是唯一的一个：WISE 早在2017年就在经济学 TOP 5的期刊上实现了发表大满贯；海外交流项目由原先的新加坡扩展到了美国、澳大利亚以及欧洲国家等；大量优秀海归老师的加入使得课程设置更加国际化，原来的"三高"课程已变为了"八高"；而在最新的全球 QS 排名中，在 WISE 的带动下，厦大"经济与计量经济学"排名全球第78位，首次进入全球前100。让人难以想象的是，取得这些成绩的 WISE，今年只有20岁而已——20年前，以洪老师为首的各位老师在厦园播下了一粒经济学的种子，如今它已枝繁叶茂。

这些年，因为自己也在高校从事教学科研工作，所以我时不时在想："中国最好的经济学教育应该是什么样的？"而其实早在二十年前，答案就已经摆在我的面前了——中国最好的经济学教育一直都在思明南路422号。那里的经济学教育已经深远影响了近20届 Wisers。而且我相信，这个影响还会一直、一直、一直地延续和传承下去。

2025年是我以 WISE 为自豪的第二十个年头。生日快乐，WISE！

我们是 Wisers

■ 钟 卓

人物简介

钟卓，WISE 2005级金融学硕士研究生，现为墨尔本大学金融系副教授。

在我微信置顶的聊天群中，Wisers这个群总是排在前三，这里有我认识二十年的好友。

2005年，我们22岁，怀揣着对未来的无限向往迈进了WISE的大门。学院老师告诉我们："你们这届是抢来的，本来是2006年才招生的。你们啊，是黄埔一期！黄埔一期就得有黄埔一期的样子，所以咱们教学内容直接和北美接轨。"多牛啊！

然而骨感的现实仅用了一周的时间就粉碎了我们牛气的梦想。当小伙伴们争相追问"∀"是不是印反的"A"时，我们感觉到"和北美接轨"是多么得遥不可及，我们甚至怀疑自己能否毕业。从此，经院图书馆和海韵公教成了我们的集聚地，大伙儿抱着厚厚的高微、高宏、数理、计量穿梭于校园中。如今的我虽记不全这些书中具体的知识，可同学间一起熬夜啃书，一起喝酒吐槽的场景却历历在目。咱们的第一个学期就在忙碌的学习中过去了。

第二学期，渐渐适应了WISE高强度学习生活的我们开始思考自己的未来，不少同学都把留学深造列为自己的首选。恰在此时，WISE举办了建院以来的首场国际学术会议，学术大牛汇聚一地，好不热闹！那年春，我们近距离接触了诺奖得主 Granger，计量大神 Peter Phillips。我们被这些学者们渊博的学识所折服，即便大部分的会议文章对我们来说就是天书！那时的我们就连做的梦都是有关学术的。

2006年，我们23岁。班中七人组成了新加坡小分队前往新加坡管理大学求学，剩下的同学继续在 WISE 深造。虽相隔两地，却同甘共苦。

2007年，我们24岁。随着新加坡小分队的回归，我们重新拧成一股，迈向毕业。同学中打算工作的，抓紧准备面试；想要出国的，积极准备申请资料。大伙儿依旧忙碌，只是方向已然不同。随着一位同学在次年二月提前离开，赴澳攻博，毕业分离悄然而至。四月递交论文，五月进行答辩，六月的我们已各奔东西。

三年的硕士生活是短暂的，而在 WISE 的忙碌三年又使其更加短暂。回首往事，细节早已模糊，仅有些许影像仍旧令人莞尔，如酒桌上的老洪和班长、K 厅的铁龙、201看世界杯、110听讲座，还有书记霸气的东北口音。感谢 WISE 让我们在最忙碌的时光遇见了最好的你我。我们不是黄埔一期，我们是 WISE 一期，我们是 Wisers！

WISE，感谢你让我在20年前遇见了这帮可爱的同学！

2008年，作者（后排左三）和同学们与洪永淼老师（倒数第二排右三）毕业聚餐

好饭不怕晚，最重要的是先走好脚下的路

■ 杨 利

人物简介

杨利，WISE 2006级数量经济学博士研究生，现任德国莱布尼茨欧洲经济研究中心高级研究员，巴黎经济学院世界不平等实验室（World Inequality Lab）研究员。

我于2006年进入亚南院攻读博士，成为首届博士生，也是洪永森老师在厦大最早指导的学生之一。对于亚南院我始终怀有深厚感情；对恩师给予的帮助与支持，更是莫敢忘怀。岁月匆匆，自我进入亚南院至今，转眼已有20年，现在想想往昔依然历历在目，感觉并不是很遥远的事情。我想借着亚南院20年院庆的机会表达我对恩师由衷的感激，同时分享一些自己的求学经历与感悟，希望能为同学们在学术道路上提供一些借鉴与启发。

自2006年至2013年，我的博士生涯整整七年。这段求学之路可谓跌宕起伏，同时也奠定了我成为研究者的基石，让我在研究的道路上走得更远，并找到属于自己的人生与科研方向。这一切都要感谢我的两位恩师——洪永森教授和龙小宁教授。他们不仅在学术领域有杰出贡献，更是将教书育人做到了极致，以满腔热诚和全心全意，为学生铺就前行的道路。

我初见洪老师是在2005年，那时洪老师刚回厦大组建王亚南经济研究院，在克立楼做讲座。那时我是金融系研究生一年级的学生。我记得当时会议室里挤满了人，很多人都是站着听。洪老师的讲座非常成功。我感觉所有人都被洪老师的风采和精彩演讲彻底折服了。在讲座后，我鼓足勇气，向洪老师自荐："非常希望能做您的学生，跟您学习！"经过几次接触，洪老师对我有了一定的了解和认可，并且把他编写的计量经济学教程的影印本给我，让我学习。现在亚南院的学生或许每个人都有一本洪老师的"洪宝书"，但那时亚南院还没组建，洪老师也没开始授课，整个厦大就我跟一个数学系的师哥（也是洪老师在厦大最早的学生）两人有"洪宝书"。激动的心情不言而喻，我有点像获得了武功秘籍一样，爱不释手，认真钻研。

2006年，我幸运地成为了亚南院首批博士生之一，正式成为洪老师的学生。2007年，国家留学基金委启动了首批公派留学计划，在全国范围内选拔5000名学生。在亚南院老师的支持下，我成功跻身其中，并由洪老师推荐，去美国伊利诺伊州大学香槟分校留学两年。然而人生终究不会一帆风顺，我沉浸在胜利的喜悦中，并不知道前方等待我的是一段充满波折和挣扎的道路。那时的我，虽然学习成绩优异，但对做研究却一窍不通。尤其是实证研究，我甚至连 Stata 这样的基本工具都未曾接触过，更不用说用数据进行描述性分析。这些基础认识和技能的缺失，加上对做研究没有任何概念，使得我在来到美国后不久就陷入了迷茫，混沌中两年的留学时间很快就过去了，而我在研究方面却没有任何进展。

2009年回到厦大，我陷入了双重困境：一方面，因研究毫无头绪而感到焦虑；另一方面，因留美期间未能取得任何成果，感觉辜负了洪老师的期望而感到愧疚。渐渐地，内心萌生了逃避的念头。在美国期间，尽管学业停滞，我却结识了许多朋友，并醉心于阅读英文著作，人生观也随之发生了巨大变化。与以往单调的学生生涯相比，我渴望体验更丰富的人生，并且向往那种苦行僧般周游世界、寻找人生真谛的生活。于

是回到厦大纠结了几个月后，我一气之下，背上包，上路了。这一上路，就像脱缰的野马，再也停不下来。等我再次回到原点，已经是2011年了。这两年，我先是跑到云南香格里拉的一个小村庄支教，接着又跑到新疆，徒步加搭车，走遍了大半个新疆。再后来，我从广西一路跑到越南，在东南亚边打工边当背包客，边写点东西。在路上的日子，就像在飞翔。我确实找到了自己想要的东西，也过上了一直以来向往的生活。可无论我走得多远，心里总有一块地方隐隐作痛——对父母和洪老师的愧疚和对曾经那个满怀初衷的自己的背叛感。这种疼痛感如影随形。那时，我随身带着一本克鲁亚克的《在路上》，每当痛苦的时候，就拿出来翻几页，像是读圣经一样，借以缓解我内心的不安。

2011年夏天，我跟亚南院取得了联系，院领导表示，愿意再给我最后一次机会，让我回厦大完成学业。很久以后，我才得知，这一宽容的决定是因为有洪老师保全我，不光如此，洪老师还跟刚加入亚南院的龙小宁老师推荐我，希望龙老师可以做我的导师，帮助我走上正轨。

龙老师那时是美国科尔盖特大学的教授，教学经验非常丰富，能遇到龙老师是我人生的一大幸运。我的第一篇实证研究，完全是在龙老师手把手的指导下完成的——从选题到数据，从分析方法到文献推荐，她每一步都悉心教导，循循善诱。在她的帮助下，我终于真正入了研究的门，明白了做研究到底是怎么一回事。龙老师不仅教我方法，更不断鼓励我、激励我，告诉我一切都不晚，重要的是先走好脚下的路。在龙老师的鼓励下，我重新找回了做学生的感觉，而且干劲十足，越学越有兴趣。终于，在2013年7月，我顺利毕业，为我漫长的博士生涯画上了圆满的句号。更幸运的是，经过龙老师的力荐，我毕业后得以进入世界银行继续从事研究工作。从此，我正式开启了作为研究人员的生涯。

2013年6月，作者在厦门大学参加博士毕业典礼

亚南院不仅是我学术生涯的起点，更是我人生的重要转折点。回首这段经历，我深感幸运与感恩。毕业典礼的时候，我感到恍若隔世——曾经在梦中的场景，如今变成现实。我心里清楚，如果没有洪老师、龙老师，以及亚南院众多老师的鼎力支持，我可能永远无法站在这里。谢谢你们，在我迷茫时为我指明方向；谢谢你们，传道授业，带我踏入学术之门；更谢谢你们的信任，即便在我最艰难的时刻，依然选择相信我，相信我能做到。谢谢你们！同时，我也会努力把你们的那份热诚和全心全意，传承下去，帮助年轻的学者不断前行。

作为亚南院的博士毕业生，我如今在欧洲从事学术研究工作。我始终认为，自己在某种程度上象征着我们这一代"中国制造"的研究人员在国际舞台上的转型与崛起。因此，无论身处何地，每当有人问及我的毕业院校，我都会非常自信地告诉他们：我是一名厦门大学的博士，毕业后才出国工作。

值此亚南院20年院庆之际，我衷心祝愿亚南院始终秉持初心，成为更多学子追梦的起点与港湾，期盼更多亚南院的学子在学有所成后，怀揣梦想与知识，走向世界的每一个角落。同时，我也希望我的经历能为正在求学路上的同学们带来一些启发——无论前路多么曲折，只要心怀热诚，脚踏实地，终会找到属于自己的光明未来。愿你们在亚南院的怀抱中，勇敢追梦，书写属于自己的精彩篇章。

从四个单词读懂 WISE

■ 郭辉铭

人物简介

郭辉铭，WISE 2006级金融学硕士研究生、2008级金融学博士研究生，现就职于中国银行间市场交易商协会自律调查一部。

2005年春夏之间，王亚南经济研究院正式成立。机缘巧合，当时正在准备考研的我不经意间关注到了，并于2006年通过笔试、面试加入WISE大家庭。转眼间，已近20年了。6年硕博连读的学习生活，WISE给予我们的不仅是学术训练和学历学位，还有一股子精气神，那就是以国际化的视野、科学的方法、严谨的逻辑开展研究，以诚实守信、专业高效、不越底线的态度做人做事。回首往事，能够想起的细节很多，但限于篇幅，希望用四个英文单词可以管中窥豹，读懂 WISE。

耳提面命的 Motivation

工作十来年了，"motivation"这个英文词汇仍不时在内心深处回响。印象中，这是方颖老师提问时用到的高频词汇。最早听到这个词，应该是在参加一场青年学者讲座时。随着参加讲座的次数越来越多，我发现，很多专家学者在做报告时，都会用长时间大篇幅主动介绍"motivation"，以期引起听众的关注和兴趣。相反地，如果是经验不足的"菜鸟"，不

及时、不清晰介绍论文的"motivation",就有可能被人打断。再往后,有关"motivation"的问题几乎出现在研究院学习生活的各个场合,我们也从刚入学时的"吃瓜群众"逐渐变成了被提问的对象。从课堂的论文报告,到出国交流选拔、硕博连读面试,再到学位论文答辩,"motivation"总是一个不容回避必须面对的问题。所幸的是,在经受一次又一次的"灵魂拷问"式洗礼之后,我们也从最初被问时的恐惧不安、吞吞吐吐,到后来的基本应对自如。

现如今,虽然没人再问起,但夜深人静之时,我依然认真思考了一个又一个的"motivation"。小到一件工作任务、一个研究课题,大到职业发展、人生规划。每一个"motivation",其实就是一次忠于内心的选择。只有出于本心,方可坚守初心,无怨无悔。早在学生时代,WISE 2006的同学们就给了我很多很好的启发。有的同学主动放弃当时最热门的金融学专业,转攻计量经济学、劳动经济学研究;有的同学主动放弃新加坡管理大学交流项目的高额奖学金,从二年级开始就坚定考托福考GRE申请北美PhD项目;有的同学主动放弃硕博连读机会,一心准备求职;还有的同学坚持学术理想,在接连碰壁后继续考博……在我看来,十多年的工作时间已经证明还将继续证明,WISE 2006的每一位同学每一个坚守初心的选择都是正确的,都是出彩的。

聚沙成塔的 Reputation

研究院初创时,洪老师等创业团队就特别重视学术声誉。由于当时青年教师和学生的科研能力都还处于厚积薄发的早期阶段,组织高水平的国际会议、举办最前沿的学术讲座,就成了学院建立学术声誉的最直接抓手。因此,每一次会议讲座,从邀请专家、筛选论文,到行程接送、现场组织,每一个细节都倾注了研究院创业团队的无数心血。甚至于学术行政事务繁忙、跨时区工作的洪老师，还要亲自过问学生参与会议讲座的具体情况。

学院成立之初，许多学术会议和讲座都安排在D110教室。而且当时只有2005和2006两个年级，所有学生全员出席也就刚刚凑满一个教室。谁出席、谁缺席，几乎是一目了然的。若想混水摸鱼，中途离场，后果可想而知。因此，尽管"八高"课程任务繁重，我们还是参加了各种学术讲座。除了常规的系列学术讲座之外，WISE还举办了很多不定期的学术论坛、国际会议和暑期学校。从经济学到金融学，从理论计量、数理金融到应用微观、行为金融，诸多学科，各个领域，我们每次听得一知半解，一脸懵圈。为解决大家的困惑，洪老师多次"现身说法"，印象尤为深刻的是他分享在美求学时听管中闵师兄的讲座心得。现在想想，学术讲座和会议带给我们的不仅是经典文献和研究前沿，还给了我们许多机会近距离学习他人怎么做报告、讲故事，怎么让"懂的"人认可其学术贡献（innovation），让"不懂的"人感受到选题有意思（interesting），怎么把自己"会的"内容讲解得通俗易懂，巧妙转移听众对自己"不会的"内容的注意力。这种交流分享技巧，不分学界业界，不分时间场合，都很重要。

未经多年，研究院青年教师的教学科研成果不断涌现，本硕博毕业生的科研能力和科研成果也逐渐得到国内外著名高校的认可，不乏杰出者早早成为省市级、国家级青年人才。研究院在学术界不仅站稳脚跟，而且声誉日隆，树立了计量经济学学术研究高地的金字招牌。而在此前，研究院就开始抓紧建设更高层次的"reputation"，即学术诚信与职业道德问题。在我2012年毕业前，研究院就明确要求每一位毕业生有且只有一次签订三方协议的机会，绝不允许毁约。在当时，不管是在校内校外，这种做法都是比较超前、比较另类的。但也就是这些一点一滴的努力，视声誉如生命的坚持，成就了今天的WISE，也成就了所有的Wisers。

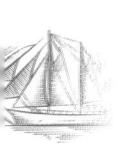

孜孜以求的 Publication

对于博士生而言,"publication"是必要不充分条件。而且,相比其他院校,研究院的要求更加严格,认可的中文期刊有且只有15本左右。虽然已经离开学术圈多年,但我依然随时可以脱口而出这些中文期刊的名称。为缓解毕业焦虑,研究院向学校申请,为大家打开"第二通道",即只要收到SSCI收录期刊的R&R(revise and resubmit)通知,就视同公开发表论文,可以申请博士学位证书。我想,这是洪老师和研究院创业团队对博士生们深沉的严管与厚爱。

对于坚定从事国内经济金融研究的我而言,双通道的"publication"要求,就意味着论文写作投稿要两手抓,一手抓中文期刊,一手抓英文期刊。每次稿件投出后,几乎忍不住每天都要查看电子邮件。当看到投稿期刊的邮件通知时,总是既兴奋又紧张的。兴奋的是,投稿终于不再是石沉大海杳无音信了;而更紧张的是,不知道会不会又是一次无情的拒绝,及以后更加漫长的修改、投稿和等待的轮回。有的时候,只是根据期刊要求调整论文格式,就要费九牛二虎之力。当然,最开心的莫过于收到中文期刊的录用通知,或者SSCI期刊的R&R通知。因为这是申请毕业论文答辩,不用延期毕业的必要条件。

如果说论文投稿还需要一些运气成分的话,那么论文写作本身可是来不得半点含糊。记得第一次见郑挺国老师时,我壮起胆子拿出工作论文请他帮忙指导。只见他快速浏览一下,笑着说,"看这样子,你的论文还是写得太少了啊"。此后多年,从文章选题到谋篇布局,从遣词造句到图表展示,经过郑老师一次又一次手把手的亲自指导,我算是习得皮毛,可以混迹江湖了。工作以后,虽然我从研究部门交流到不同的业务部门，但仍坚持做研究、写报告。很荣幸，有些研究报告或多或少影响了我国债券市场的一些案件调查、制度设计。而当我看着年轻同事写的报告，有时也会像郑老师那样感慨"你的报告还是写得太少了啊"，并给予一些必要的指导和帮助。姑且这也算是对 WISE 学术训练的一种传承和发扬吧。

2012 年，作者（右二）和同学们在学院门口王亚南铜像前拍摄博士毕业照

忐忑不安的 Presentation

不管是硕士生还是博士生，只要来到研究院，做"presentation"几乎是"家常便饭"。但有一个"presentation"，应该鲜有同学是胸有成竹的，更多的都是忐忑不安，那就是毕业论文答辩的 presentation。我也不例外，甚至还多了一些焦虑。由于兼职辅导员的"职务之便"，我得以获悉很多同学的毕业答辩结果，也有机会作为答辩秘书提前感受现场。在我印象中，答辩不通过的遭遇，并非只发生在博士生身上，不少

硕士生也未能幸免。博士论文答辩可以一次通过的并不多见，答辩委员会全体同意一次通过的更是罕见。

正是这些对学位论文答辩的"先验理性"，再加上郑老师因为上课时间冲突而缺席，答辩前我内心焦虑得简直无以言说。虽然此前郑老师多次鼓励，论文外送盲审也已获高分，部分章节也有 SSCI 期刊的 R&R 通知，临答辩前，在经济楼大厅门口偶遇方老师，他也好好地鼓励了我一番，答辩通过应是合理预期。但纵是如此，我依然感觉答辩过程充满惊险，简直是永生难忘。

时至今日，我仍会梦见博士论文答辩的情形，而且故事情节几乎一成不变：答辩接近尾声，两位答辩委员会主席李子奈和王美今老师商量一番，决定由王美今老师一并宣布所有答辩结果。可是，当王老师宣布"魏立佳和陈琳娜通过答辩"后，就突然停顿了。那时的空气仿佛凝固了一般，我的心都快跳到嗓子眼了。每每到此，我都会被吓得惊醒。只不过真实情形是，王老师随后就宣布蔡必卿和我也通过答辩，只是需要做细微的调整修改，事后口头报告即可。虽然身处当年答辩的"死亡之组"，但顺利通过论文答辩，算是为自己在 WISE 的六年求学生涯画上一个比较圆满的句号。

"无用之用，方为大用。"我们从不怀疑高中三年起早贪黑学习的意义，哪怕高考过后，许多数学公式、物理定律、化学反应很快就被抛却脑后。但遗憾的是，很少有人同样认同研究生阶段的基础学术训练。可能更有偏执者认为，研究生就应多实习、多考证，才能找到一份好工作。幸运的是，年轻的我们遇见了有着更高追求的洪老师，遇见了独树一帜的 WISE。感谢 WISE，感恩对我们进行"无用的"学术训练的那些人，那些事。严格的学术训练，为我们留下了一段只争朝夕、不负韶华的青春岁月。人人平等沟通的学术氛围，不唯上只唯实的学术理念更是让我们在工作生活中保持本真，不忘初心。

2007年，作者（后排右四）与同学们参加厦门马拉松比赛

WISE，青春我们一起走过

■ 王晓虎

人物简介

王晓虎，WISE 2006级数量经济学硕士研究生，现为复旦大学经济学院教授。

2006年，我非常幸运地考入王亚南经济研究院（WISE），成为数量经济学专业的一名硕士研究生。WISE成立于2005年，第一届学生是从报考厦门大学经济学院的考生中内部择优录取的，2006年才开始第一次对外招生。我现在还十分清楚地记得当时去WISE参加面试的情形。清晨，我与同来面试的两位同学怀着非常激动和忐忑的心情走进厦大西门，却迟迟未能找到 WISE 的具体所在地。我们焦急地向路过的厦大学生询问。可是，他们纷纷表示没有听说过这个学院，建议我们去经济学院里面找找看。这便是我第一次来到 WISE 的经历。

20年弹指一挥间，现在的 WISE 早已声名鹊起，在国内外学术界享有盛名，更是成为中国经济学教育改革的一面旗帜！这其中的艰辛恐怕实不足为外人道，只有那些负重前行，为 WISE 默默耕耘的老师和员工们才能体会！

WISE 给我的第一印象是拥有顶级的师资团队。2006年，虽然国内高校对于经济学的教学改革已经进行了十年左右，但仍然很少有学校能够拥有完全合格的师资队伍来教授"三高"（高级宏观、高级微观、高级计量）和其他的高级经济学和金融学课程。大部分国内院校只能聘请国外名师到学校教授短期课程（三五天到两个星期）。但是，像"三高"这样的基础课程，只靠短期集中学习，学生很难消化吸收，教学效果大打折扣。然而，那时的 WISE 已经拥有了常驻的顶级师资团队。

顶级的师资团队必将使学生的生活"苦不堪言"，这是我在 WISE 学习时的第二个感受。当时 WISE 开设了大量的高级课程。我们每天一早就赶去上课，中午躺在芙蓉湖畔的草坪上休息一下，下午继续上课，晚自习到10点钟，周末也很少休息。当然，这样的"苦日子"也给我们带来了收获。我们这一届的同学有很多在国内外的高校、政府部门、金融保险等行业工作。WISE 的培养使我们有了胜任各种工作的能力。

WISE 还给我带来了一生中最重要的财富——同学情谊。班长和班委是我们班的灵魂人物。他们组织了大量的集体活动，大大加深了同学们之间的相互了解。晚自习后和周末，同学们经常三五成群地聚在宿舍里谈天说地。我们也为曾厝垵附近的大小餐馆贡献了很多营业额，支援了当地的经济建设。直到现在，我们还是会经常找机会团聚，还会不远千里地去见证同学的重要时刻，送去祝福和关心。学生时代的友谊总是

那么纯粹，充满真情！

2007年，WISE 2006级硕士班合影，后排左四为作者

感谢WISE让我们青春相聚，为我们的理想插上翅膀！感谢老师们的辛勤付出！愿WISE芳华永驻！

访李海奇教授：
保持不变的兴趣，拥抱变化的时代

■ 2023级WISE硕士研究生　吴幸舟
　2023级财政系硕士研究生　郑嘉妮
　2023级财政系硕士研究生　何柏毅

人物简介

李海奇，WISE 2007级数量经济学专业博士研究生，现为湖南大学金融与统计学院教授，副院长。

2024年8月29日，厦大经济学科陆续迎来了1200余名本硕博新生。在热火朝天的迎新之余，我们在经济楼三味咖啡厅见到了一位毕业多年的"老生"——李海奇老师。作为王亚南经济研究院（以下简称"WISE"）

2011届博士毕业生，李老师从星城长沙回到鹭岛厦门，在经济学科的开学典礼上，以优秀校友代表的身份向2024级新生分享他的学习经历与人生感悟。在此之前，我们与李老师在咖啡厅进行了一次深入的交谈。

"兴趣是最好的老师"

2005年，时任美国康奈尔大学经济学系教授的洪永淼老师回国创立了WISE。当时，李老师还是湘潭大学数量经济学专业的一名硕士研究生。在经济学类的国内外顶刊上，他时常看到洪老师以及诸多国内外学者的前沿成果，好奇心使他试图抓住一切相关的信息。于是，他在机缘巧合下了解到了WISE。

2006年，由WISE承办、计量经济学国际期刊 *Journal of Econometrics* 协办的"全国计量经济学与金融计量学"暑期学校在厦门大学举行。当时，暑期学校的形式在国内并不流行，开放创新的国际化教学模式吸引了200余名学员前来参加，其中也包括李老师。四周时间，132个学时，在那个夏天、在那些课堂与讲座中，李老师见到了许多平时只能在论文里面"相遇"的著名学者。面对面的交流擦出学术的火花，点燃了李老师对学术的热情。

2007年9月，李海奇老师顺利被WISE数量经济学专业录取，以博士研究生的身份正式成为WISE的一员。彼时，WISE成立不过两年，诸多方面尚需完善建设，但李老师依旧对自己的读博之旅充满信心与期待。

当然，读博之路并非一帆风顺。"八高"——也就是八门高级经济学课程——这一道每位厦大经济学科硕博生都必须经历的坎，也让李老师和他的同学们费了不少功夫。对李老师来说，高级计量经济学和高级宏观经济学并没有那么难以掌握，但对于高级微观经济学中的模型和公式却是有些头疼。因此，遇到不懂的难题时，他经常请教其他同学，一起讨论解题。在不倦的求知态度与热烈的探讨分析中,"八高"不再是压力,而是成为学术思维的养料与研究工作中的有力工具,正所谓"工欲善其事,必先利其器"。

除了一起学习的同学们,李老师平时接触最多的便是 WISE 的老师们。WISE 的教职工均毕业于海内外知名高校,有着极高的教学水平与学术素养,和他们一起做研究是不小的挑战。但老师们也就比学生长几岁,不仅是学术上的引领者,也是生活中的知心人,与学生几乎无话不谈。在读博期间,与李老师互动最多、令他印象最深的是方颖老师和 Sung Y. Park 教授。"我入学后遇到的第一位老师就是方颖老师,他给我们上的第一门课是面板数据,除此之外还有计量经济学。有一次,我们吃夜宵的时候还碰到了方老师,方老师便坐下来和我们一起用餐,后来还抢着买了单。还有来自韩国的 Sung Y. Park 老师,我们也经常和他一起聊天吃饭。"聊起当年和老师们互动的点点滴滴,李老师的脸上始终笑容洋溢,当年夜宵店里的时光无疑是难忘的回忆。

他山之石,可以攻玉。除了校内的师资,WISE 还不断邀请各个经济学领域的权威学者前来交流分享。十多年前,由于技术和网络尚不发达,学术资源并不易获取,但 WISE 依旧努力为学生的培养尽其所能,通过邀请海外老师授课、举办国际学术会议等形式,在院内学生与世界前沿学者之间搭建起沟通的桥梁。如美国南加州大学萧政教授、英国思克莱德大学陆懋祖教授均有来厦大授课分享,让李老师受益匪浅。

读博的四年是辛苦的,亦是幸福的。这四年里,图书馆是李老师最常去的地方,他时常埋头于图书馆的藏书中探索学术的奥秘。在纷繁芜杂的环境中,书籍的浸润、同学之间的讨论、老师的指导让厦大成为一片深耕专业的净土,让李老师坚定不移地在学术的道路上继续前行。对李老师来说,"最强大的研究动力源于兴趣"。

在身份的转变中拥抱时代的"不变之变"

2011年6月,李老师从 WISE 顺利毕业。毕业后,出于对学术的热情,他来到了湖南大学金融与统计学院继续自己的经济学研究。如今,李老师不仅是一名经济学者,作为湖南大学金融与统计学院的副院长,他也是一名"985"高校的管理者,投入到了高校的学生培养与学科建设的工作中。

在管理工作中,李老师在诸多方面借鉴了 WISE 的培养经验。此前分管学院研究生工作时,他在学术型研究生和博士生的培养方案中加入了高级经济学系列课程以及方法论类的课程,旨在让学生掌握科研工作中最基础也最有力的工具,提高学生在学术方面的核心竞争力;此外,在日常教学之余,李老师也注重培养学生的国际化视野,多番联系邀请海内外知名教授前去交流,让学生们接触到最前沿的经济学研究。

从学生到教师的角色转变中,李老师对经济学有了新的认识。当还是学生时,他对自己掌握的基础知识并不自信,始终觉得是"雾里看花"。但在多轮亲身教学后,他逐渐拨开了理论知识的"迷雾",对自己的研究方向——计量经济学有了更为透彻的理解。

计量经济学是厦大经济学科的王牌专业,在李老师看来,作为经济学大类中最重要的方法论学科,计量经济学为经济研究提供了实证上的模型支持。现实世界日新月异,计量经济学也为适应现实需要而不断演变,推动了诸如劳动经济学等其他分支学科的发展。现如今,计量经济学为诸多新理论、新思想、新研究赋能,为国家与社会的高质量发展提出了新的阐述,为经济学领域创造了新的机遇。

对于经济学科而言,除了用好工具,讲好故事也尤为重要。如今,讲好一个经济故事需要深入了解其他领域的专业知识,交叉学科的重要性愈加凸显。本科学数学专业出身的李老师对此深有体会。"当前的时代下，交叉学科会越来越多，我们应该以更加开放的心态拥抱交叉学科，与时俱进。此外，不同学科背景的同学会有不同的长处和弱点，我们可以取长补短，发挥自身学科的优势，而不应该将自己限定在小小的舒适区里。"

除了拥抱交叉学科，李老师还提到了对另一个事物的拥抱——人工智能。在焦虑和内卷的今天，人工智能爆发式增长带来的是失业的风险，经济学科的招生热度也因此有所降低。但李老师认为，经济学作为经世济民的专业，热度的下降只是暂时的。经济学者更应该以开放包容的心态去接纳学习，通过应用人工智能提高工作效率，寻求创新突破。"在短暂的冲击与变化中必然存在着动态的稳定，而同学们也更应该静下心来，增强核心竞争力、增强体魄，对新事物始终保持探索的好奇心，以不变应万变，这样才能成为对社会与时代真正有价值的人。"

一入厦大情似海，不辞长做亚南人

2023年，第二届"大数据计量经济学理论与应用"研讨会在湖南大学召开。这次活动由湖南大学金融与统计学院承办，中国科学院预测科学研究中心和厦门大学邹至庄经济研究院协办。作为主持人与分享嘉宾，李老师全程参与了研讨会。许多厦大经济学科的师生也来到了岳麓山下，参加了此次研讨会。

这些年来，厦大与湖大师生之间这样的合作与互动比之前频繁了许多。其中，有许多是由李老师牵头组织的。或是出于对厦大一草一木的怀念，或是出于对母校教会他点点滴滴的感恩。他时常与 WISE 的老师们联系交流，也常常回到母校分享他的学术成果。

谈起 WISE 这几年的发展与改变，李老师说，WISE 的硬件设施更

加完善齐全，给师生带来的教学体验更好了。在师资方面，许多当年的青年教师在教学实践中成为经验丰富的资深教师，经济学科也迎来了更多朝气蓬勃的年轻力量。多年以来，这些老师与WISE培养的优秀毕业生，都为学院在学界与业界建立起了良好的声誉和口碑。

2024 年，作者在厦大经济学科 2024 级新生开学典礼上发言

在采访的最后，我们想请李老师透露下在开学典礼上他会讲些什么。李老师笑着说："我想讲的就是三个主题——兴趣、奋斗、感恩。"

在当天下午的新生开学典礼上，李老师围绕着这三个主题，将自己的人生感悟毫无保留地分享给了初入厦园的新生，助力他们在新的人生阶段扬帆起航。十多年前，他作为新生坐在台下，力求探寻人生的道路；如今，他作为老师站在台上，为新生指明前行的方向。时光流转，在时代变化的浪潮中，兴趣是锚，坚定着李老师拥抱挑战与机遇的学术决心；兴趣亦是帆，推动着李老师始终以拼搏的态度乘风破浪、不断前行。这是WISE带给他的人生启示，亦是对他人生态度的最好诠释。

校园的美好

■ 郭丰波

人物简介

郭丰波，WISE 2007级金融学硕士研究生，现任中建投物流有限公司总经理兼澳洲公司董事长。

回想在厦门大学 WISE 读书的时光，心中总是涌动着温暖与感激。那段青春岁月，不仅让我收获了知识，更让我遇见了良师益友，遇见了携手一生的爱人，也让我在最美的校园里，遇见了更好的自己。

厦门大学，魅力远不止"最美校园"。她更像是一个真正把学生当成孩子来养的家长，有"我的孩子我来疼"的酷。硬件条件没得说，依山傍海美丽如画的校园，诗意环绕的凌云、芙蓉宿舍，散发着岁月痕迹和书香智慧的嘉庚、南强教室，还有各种校园美食和独有的芙蓉湖天鹅作伴。软件方面有各种完备的学习资源和无微不至的生活关怀，厦大的学生是"惯大"的绝对不是"吓大"的。作为这种家庭出来的孩子，出了校门的我们也是满怀"吃过细糠、见过世面"的自信从容。

说到见过世面，我在 WISE 学习的经历真的是正经见过大世面的。授课教师是清一色 NYU、Cornell、UBC 等欧美经济学名校毕业的经济学、统计学和金融学 PhD。能够聆听著名经济学家洪永森教授、邹至庄教授等大佬的课程，幸哉幸哉；全英文课程设置的教学，国际名校使用的主流教材，还有让我耗尽全力去学却学不透的"三高"（高宏、高微、

高计）和其他如数理经济学等课程；学术活动包含了各种高水平的国际学术论坛和日常学术讲座"seminar"，有大把机会膜拜各种经济学大咖甚至诺奖获得者，这种世面可不是一般学校、学院能实现的。每次学术大会，我们开开心心地做志愿者，现在想来，那是多好的拓展视野、提高学术造诣的机会！

2008 年，作者（第二排左一）参加班级包饺子活动

尽管后来的我没有走上学术道路，但在亚南院读书的经历，让我在严苛的学术训练中逐步锻炼形成了做事情的基本逻辑和方法，诸如认真、严谨的做事态度和把一件事作为一个项目来完成的成事法则，对我后来开展工作大有益处。特别感谢我的导师牛霖琳教授，很荣幸成为她的第一批研究生。牛老师内心充满对学术的炽热火焰，却又有着超乎常人的沉稳与睿智。作为我们这批"开门弟子"的导师，她倾尽全力，毫无保留。面对略显青涩懵懂的我们，她没有丝毫的不耐烦，辅导我们耐心选题，引导我们寻找研究方向。组织我们进行专题分享，每次

seminar 都认真倾听我们对论文的理解并给出专业、细致的点评。对学术论文的打磨，从逻辑架构到标点符号，都细致入微。在她身上，严谨治学与关爱学生完美融合，让我们深知亚南院毕业之路虽艰，却有温暖相伴。

带给我温暖的还有我亲爱的同学们。研究生期间除了上课外多数时间可以自由安排。在清净舒服的凌云宿舍里，除了学习、讨论论文和聚在一起聊一聊课余生活，还有各种有趣的活动。波哥喜欢组织大家聚会，陈大伟热衷于喊大伙游泳，足球迷"正鹏·张"、资深曼联球迷"凯峰·李"、中医世家传人"耿明·曾"和业余球迷曹楠喜欢组织大家去上场弦 PK，篮球高手意成、守卫、文坚、舒宣、王楠等更是日日约球，我的前后两任舍友曾大禹喜欢骑车和跑马拉松，老侯同志则是国球乒乓高手，同时又和杨大侠一样沉迷于古文研究。我可爱的同学们有着不同的出身，却个个卧虎藏龙，每个人都个性鲜明、才华横溢，为我的校园生活增添了无数色彩。这些兄弟情也在我毕业后得到不断延续，还记得

2008 年，作者（第二排左二）和同学们一起去园博苑游玩

初来深圳的日子里，是兄弟们一次次的聚会为青涩的我们在踏入社会面对工作、生活的烦琐时，提供了温暖的心灵寄托。工作很忙，但同学情谊很真，在渔村的日子里从来都不孤独也不迷茫。现在的我们尽管各自忙碌，但仍保持常聚常聊的好传统，深圳小分队的友谊绝不蒙尘。我们互相见证了工作升迁、结婚、生子的高光时刻，在渔村奋斗的时光因同学们的携手共进而充满意义。

在WISE求学的时光，除了收获学业和兄弟情，我最大的收获是遇到了我的爱人尹同学，也是我的同班同学、"牛门"弟子。初到厦大我俩并不熟悉，但后来课堂上的思想碰撞、讨论作业的并肩作战，使我们彼此了解，从最初一起探讨学术难题，漫步校园谈天说地，到后来发现彼此心动。毕业前夕，轻风拂面，缘分到了，我们在校园牵起手，笃定了这份一生的约定。

时光飞逝，如今离开校园已有15年。闲暇时，我会和爱人聊起厦大的故事，讲给孩子们听，那些故事里有梦想起航的澎湃、拼搏奋进的热血、温暖人心的情谊。孩子们眼中闪烁的光，如同当年我们初入厦园时那般明亮，我知道，那段岁月馈赠的宝藏，正通过我们，在下一代心间播撒希望的种子。

感恩厦大，感恩WISE，让我在最美的年华，遇见了最好的自己，遇见了最美的爱情，也遇见了最灿烂的未来。祝福厦大和WISE岁岁桃李芬芳，年年华章闪耀，持续孕育希望，培育更多逐梦英才。

我在 Amoy 的一些回忆

■ 侯庆峰

人物简介

侯庆峰，WISE 2007级数量经济学硕士研究生，现担任中国南方电网有限责任公司北京分公司党委秘书。

随着年龄的增长，越是久远的过去越是近在眼前，越是昨天的事儿越是模糊不清。转眼间，从 WISE 毕业已有十五年。十五年的时间里，从厦门到深圳，从深圳到广州，又从广州来到北京，不论辗转到哪里，在 WISE 的时光，老师、同学和校园的一草一木都会时常在脑海里浮现，那是一段充满温暖的时光、一片繁花盛开的园地。WISE 开阔了我的视野，重塑了我的性格，使我实现了个人的蜕变。那么多人和事，我想截取几个片段，做个回忆。

南下

2007年4月2日，我乘坐从青岛到福州的绿皮车，第一次离开山东、离开沂蒙山区，第一次看到一马平川、沃野千里，第一次望见青山绿水、白墙青瓦马头墙，第一次远眺夕阳西下转眼又相逢，也第一次看见水田里小鸟惬意地立在水牛角上，一切都那么新鲜、欢快，充满希望。火车自北向南奔驰，到了福建境内，如"牛车"般缓慢，缓缓地穿过隧洞和

村庄，房子就在火车道两旁，临街是卖东西的商贩和玩耍的小娃娃，不远处可以看到一座基督教堂。到了福州再换乘到厦门的大巴车，然后从厦门汽车站乘坐到厦大西门的公交车，那时候还有厦大一条街，人来人往，特别热闹，那会儿还忧心自己的复试，无心多瞅几眼。给我面试的老师是马成虎老师和沈凯玲老师，虽然过去了十七八年了，但是我仍能感受到老师的温文尔雅、和蔼可亲。面试结束后，方颖老师和几位行政的老师还在厦大招待所为大家安排了丰盛的晚餐，来自五湖四海的我们，接下来一起度过了愉快的三年时光。

学习

时隔多年，凌云5宿舍楼灯火通明的夜晚仍然历历在目。三年在WISE的学习生活让我感觉回到了高中阶段。各门课程感觉都听不懂，似乎又有点儿懂，听得懂的是课程的名字，听不懂的是公式推导。我这个人一根筋，时间序列比较符合我思考问题的逻辑习惯，也是我觉得最有意思的课程。当时的课程作业是分析美国的零售数据并作出预测，我在学期末汇报的时候得到了Park老师的肯定，颇有成就感。课程之外，跟着学院最优秀的行政团队参与各类学术会议的筹办最锻炼人。通过参加这些活动，我慢慢改变了内向的性格，敢于主动去与外界沟通交流。能够顺利完成学业，老师的精心授课当然是最重要的，也离不开同学们的相互帮助。

作者（右二）和同学们与时任WISE院长的洪永淼老师在学院门口合影

生活

中秋博饼是厦门生活留给我最深的印记。即便毕业多年，在多个地方工作过，每到中秋都会热切期待博饼。在广州时，多次在校友会组织的中秋博饼活动上遇见朱崇实校长；到了北京，又在博饼活动中聆听到洪永淼院长的教诲。金波、王楠两位班长组织了丰富多彩的活动，南普陀寺、植物园、白城沙滩、鼓浪屿都留下了同学们的身影。这次我想翻找一些过去的照片，发现丢了许多，好在找到一张大家一起在植物园游玩的照片。学校里丰富多彩的学生活动也给我留下了许多愉快的记忆。在学院的支持下，2009年我们组建了WISE青年志愿者协会，为筼筜书院主办的第一届海峡两岸国学论坛提供志愿者服务。2017年9月3日，看到习近平总书记同俄罗斯总统普京在筼筜书院进行会晤的新闻，感觉特别亲切。

廿年逐梦，风华如新：创世界一流，树中国学派的 WISE 实践

2009 年，WISE 青协在箟篎书院前合影，后排左四为作者

工作

参加工作后，从一线水电工程工地到机关本部，从造价技术人员到党委秘书，我都深刻体会到厦门大学的校风、WISE 的学风对个人成长产生的潜移默化的作用。也许工作后，在 WISE 学习的专业内容不会被直接应用到，但是快速学习的能力已经刻在骨子里，能够适应跨领域、多岗位的锻炼；就像多次修改毕业论文，想不到为日后开展项目管理和写材料打下基础。在我即将离开校园、踏入社会的时刻，导师赖小琼老师又从乘车、用餐、交接财务等场景细节，手把手地教我如何待人接物。年龄的增长和阅历的积累，特别是秘书工作的历练，使我对老师的叮嘱感悟越来越深。

二十年的时光不算长，但是对从零起步的WISE来说，是快速成长、不断取得新成就的二十年。作为2007年入学的"老三届"，我们感到由衷的高兴。纵有千言万语，总还是写不出自己对WISE的感激、感谢和感情，我只有通过这几帧画面，既是对大家的过去做一点儿回忆，也是借着曾经的求学之路激励自己自强不息、止于至善。

侯庆峰

我在Amoy的一些回忆

廿载芳华，感恩同行

■ 黄乃静

> **人物简介**
>
> 黄乃静，WISE 2007级金融学硕士研究生，现为中央财经大学经济学院教授，经济学院国民经济系主任。

作者在厦门大学参加国际应用计量经济学会（IAAE）2024年会

二十载春秋，薪火相传。WISE自成立以来，始终秉承"国际化、研究型"的办学理念，致力于培养具有国际视野、扎实理论功底和创新精神的经济学人才。作为WISE的一员，我深感荣幸，也深知这份荣耀背后，凝聚着无数老师的辛勤付出和莘莘学子的不懈努力。

WISE是我的经济学启蒙之地。还记得初入校园时，对经济学充满好奇却又懵懂无知，是WISE的老师们，用他们渊博的学识和耐心的讲解，为我打开了经济学的大门。尤其记得大家一起在图书馆啃洪老师那本计量教材，痛并快乐着的日子。那些挑灯夜战的时光，那些为弄懂一个公式而绞尽脑汁的时刻，如今回想起来，都是那么珍贵而美好。后来去美国读博士，才发现很多知识都学过，轻松很多。这都要归功于WISE扎实的课程设置和老师们高水平的教学。

感恩老师们的教诲，不仅传授知识，更无条件支持。记得毕业时，我们想请蔡老师和方老师吃饭以表谢意，可老师们为了替我们省钱，只点了很少的菜，最后没菜了，他们便默默就着菜汤把米饭吃完。这一幕幕温暖的画面，我至今记忆犹新。更令我感动的是，毕业之后，母院始终像家一样敞开怀抱：每次回亚南院参加学术活动，周老师和牛老师总会与我们聊聊近况，从学术研究到生活琐事，言语间尽是关切。这种"回家"的感觉，是WISE赋予我们最珍贵的情感联结。

毕业后，我带着WISE的印记，投身于经济金融领域。在工作中，我始终牢记老师们的教诲，将所学知识应用于实践，努力为社会创造价值。我深知，个人的成长离不开学院的培养，离不开老师们的悉心指导，也离不开校友们的关心支持。

二十年风雨兼程，WISE始终与时代同行，与国家发展同频共振。从最初的筚路蓝缕，到如今的桃李满园，WISE走出了一条独具特色的发展道路，为中国经济学研究和人才培养做出了重要贡献。

展望未来，我坚信WISE将继续秉承"自强不息，止于至善"的校训，不断开拓创新，再创辉煌！我也将一如既往地关注和支持学院的发展，为WISE更加美好的明天贡献自己的力量！

最后，衷心祝愿王亚南经济研究院20周年生日快乐！祝愿各位老师身体健康，工作顺利！祝愿各位校友事业有成，前程似锦！

黄乃静

廿载芳华，感恩同行

访姜富伟教授：从"厦大"到"厦大"，书写人工智能金融新篇章

■ 沈康宁、魏琼

人物简介

姜富伟，WISE 2007级金融学硕士研究生，现为厦门大学经济学院与王亚南经济研究院教授，经济学院金融系主任。

结缘厦大，"一个理性人的决策"

当问及为什么选择王亚南经济研究院时，本以为会听到关于师资力

量、办学模式之类的答案，没想到只听姜富伟嘿嘿一笑回答道，"我第一次其实考的北大，每个国人都有一个清北梦嘛，但是没考上"。

当时的姜富伟根据自己的学术兴趣选定了北京大学国发院、厦门大学王亚南经济研究院（简称"WISE"）和上海财经大学三个目标，都是围绕国际化、量化的方向。在第一次考研落榜后，他重新审视这三个选项，将目光聚焦到了WISE上。彼时的WISE正值建院初期。WISE创院院长洪永淼教授选定"计量经济学"这个重点，将其当作"牛鼻子"先抓起来，以点带面带领厦大经济学科发展。WISE的教师绝大部分都有国际教育背景，研究范式现代，学术环境宽松、活跃。"这种开放包容的学术氛围和学科综合优势是吸引我的一个重要因素，我在这里可以进行多个方向的学习，也可以广交善友。"

姜富伟是山东烟台人，从小在海边长大，厦门的饮食和自然风光都和家乡很类似。综合考虑下，他在第二次考研时毫不犹豫地选择了王亚南经济研究院，并以总分410+排名第一被录取。

入学后，姜富伟迎来了和现在厦大经济学子们相同的挑战——"八高"课程，包括高级微观经济学、高级宏观经济学、高级计量经济学等。

姜富伟本科时就读管理专业，几乎未接触过定量研究，也未参与过全英文授课，这些再次增加了他上课的难度。同时，由于没进行过学术训练，听学术讲座时也是一头雾水。

他笑谈起这段经历，当其他同学在探讨论文，还是经济学门外汉的姜富伟还在困惑："这个为什么又带括号又带星星？""这个符号是什么东西？""什么叫作统计意义上的显著？"

难以想象，连最基础的统计知识都掌握不全的姜富伟经历了多么曲折的学习过程。然而，这并没有让他退缩，反而给他带来了迎难而上的斗志。英文看不懂就对照中文课本反复练习，数理不会推导就专门借阅数学系的教材从头看到尾……姜富伟笑呵呵地回忆："每天都像在过高

三的生活。"他笑谈，WISE学生喜欢去图书馆占座还成为当时"鼓浪听涛"BBS论坛的十大话题榜的常驻话题，经常排第一。在这样"而今迈步从头越"的埋头苦学下，姜富伟在结课时以高分拿下"八高"，排名全院第一，还和一起奋战"八高"的同学们结下了深厚友谊，多年后大家仍然保持着联系。也许是凭借当时的那股韧劲，同学们在各自领域都取得了不凡成就。

回想在WISE的学习生活，姜富伟感叹道，只有直面挑战、努力付出，才会得到成长，并且，恰恰是这些"困难"，使得这段回忆和与同学、老师之间的情谊历久弥新。"从经济学的意义来看，付出的所有东西都会变成我们的人力资本，都会变成未来职业发展的支撑。"

学术之路，惺惺相惜、共同前行

为了进一步提升国际视野和把握学术国际前沿，姜富伟在研二报名参加了厦大WISE和新加坡管理大学合作的金融双硕士项目，并留校攻读博士学位。在新加坡，他感受到了国际金融市场更加有活力的一面：学校距离金融街一两公里，走路就能去高盛公司楼下，通过商学院的窗户就能望见TikTok现在的总部大楼；毕业的师兄去了投资银行赚取了难以想象的高薪……

留学经历开拓了他的视野，也让他眼花缭乱，甚至一度动摇了他的"学术理想"。姜富伟曾投递简历，打算进入业界工作，不过他笑着摆摆手说道："很'不幸'，遇上了金融危机。"厘清未来规划后，他一头扎进学术的土壤，读博深造。

新加坡管理大学的金融系参考沃顿商学院的模式办学，教师多毕业于美国名校，学术交流非常活跃，师资也格外强大，但研究风格偏向应用和实证，对于已经经历过WISE严格学术训练的姜富伟来说，在博士学习阶段可以算是得心应手。于是，他在理论与实践的双重探索中找到了自己的研究方向——资产定价，研究金融资产价格变动规律和风险管理等方面的问题。在此后的学术研究道路上，他也一直坚持着这个方向，并与时俱进地优化研究方法和范式，从传统的计量经济学到机器学习、文本分析、人工智能大模型，不断更新迭代。

回顾与学术结缘的这一路，姜富伟提及最多的关键词是"帮助"。

在厦大读研时，学院人数较少，大家彼此之间都很熟悉，平时经常聚在一起讨论学术问题。钟卓大师兄，每周都会请他吃港式茶餐厅的自助，在讨论学习的同时还帮助他改善生活。留学新加坡时，初到海外有诸多不了解的地方，他就对照着学院网站上的学生信息，向师兄们去信咨询，即使素未谋面，师兄们也都会耐心解答他的问题，在生活、学业各方面提供许多帮助。

厦大的学术氛围是包容的，允许学生选择多位导师，姜富伟将三个名额全部用完，跟随了洪永淼、陈国进、任宇等三位老师学习，充分汲取着环境给予的养分，提升自己开展金融计量和实证研究的能力。在新加坡时，他选择了新加坡管理大学李光前商学院金融学终身教授涂俊老师作为主导师。涂俊老师对学生非常照顾，主动邀请自己的导师圣路易斯华盛顿大学的著名学者周国富老师加入导师组，带着他做国际前沿研究。最终，他的博士论文和衍生文章先后发表在 RFS、JFE 等金融学国际三大顶刊。

博士毕业后，姜富伟带着强烈的家国情怀，前往"财经黄埔"中央财经大学金融学院任教。中财地处首都，地缘优势明显、资源丰富，张礼卿、王广谦、李健、邹恒甫等资深学者呵护年轻人成长，学校风气务实、体制机制灵活，姜富伟在短短五年内就晋升长聘正教授、博导、系主任，入选国家重大人才计划，逐步成长为国内金融科技领域能独当一面的青年领军学者。

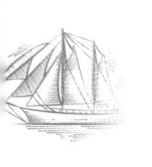

在他看来，在学术界的大家是惺惺相惜、互相帮助的，不同领域的大家汇聚在一个团队内，带有共同的兴趣和志向，能力互补，共同进步。

重返厦大，开发"人工智能+金融"的下一片蓝海

在学术道路上苦心钻研，如今以教师的身份重回厦大校园，姜富伟希望为推进厦大金融学科建设进程贡献自己的一份力量。

作为厦门大学创校学科之一，厦大金融已经走过百年辉煌历程，是厦大学科建设和人才培养的"一张闪亮名片"。然而时代的浪潮一波波袭来，互联网、大数据、人工智能的发展迅猛，像原子弹爆炸一样迅速刷新公众认知。如何抓住这片广阔的蓝海？这是一个非常值得思考的问题，也是姜富伟教研探索的方向。

姜富伟认为，AI人工智能大模型这种技术发展必然会革新金融学教育和科研，数字经济背景下金融展业方式也发生了巨大变化，金融风险监管、投资管理、银行信贷投放方式等都将发生巨大变迁，市场呼唤既懂金融又懂科技的复合型人才。

因此，教学方式也应该与时俱进，要尽快把最新的前沿科技成果纳入课堂，让学生具备这种AI赋能能力。不能一直站在既有的成就之上，要向前看。比如，厦大正在做的人工智能经济学辅修专业，就是一次非常好的尝试，他希望厦大未来能继续尝试建立人工智能金融这类融合专业，让学生读"AI赋能大学"。

怎么才叫学科融合呢？"学科融合最重要的是'问题导向、以我为主'，如果只是简单地将两个专业加总到一起，很难取得成效，仍然是'两张皮'。"要以经济和金融问题为抓手，以经济科学理论框架为骨骼，将计算机和人工智能技术春雨润无声地融入教学和科研的框架之中，培养AI意识、算法意识、数据意识，用科技赋能，才能让它变成"一

张皮"。

关于"人工智能+金融"这片蓝海的前景,他认为应该将计算机和AI技术拿来作为工具使用。经济学是关于社会和人的最优决策的科学,将人工智能改造成具有经济社会性的生产工具,在解决重大金融问题上,一定能"药到病除",他对此充满信心。

说此番话时,姜富伟面带微笑、神情坚定,一如十多年前那个选定自己研究方向的青年。在学术研究的道路上,他理性、勤奋、刻苦钻研,不断优化自己的研究方法。如今,他将带着严谨的研究范式和与时俱进的理念,深耕领域,革新学科建设,与学院发展同频共振。

我与WISE：成长的足迹与回忆

■ 汪意成

人物简介

汪意成，WISE 2007级西方经济学硕士研究生，现任北京大学汇丰商学院助理教授。

回想起2007年入学时的情景，仿佛就发生在昨天一般清晰。亚南院从建院开始就采用了一种创新的研究生教学模式，尤其借鉴了北美高校经济学博士项目的训练体系，十分注重基础理论和分析技术的培养。刚开始的高级微观、高级宏观和计量经济学等课程对我来说充满挑战，过程虽艰难，却让我获益匪浅。那时，尽管我具备一定的数学基础，但经

作者（左二）在外教 Brett Graham 家里聚会

济学理论的知识还是相对薄弱。每节课都像是一场艰苦的马拉松，然而每一段路程都帮助我夯实了经济学的基础。

现在回头看，我在亚南院期间打下的坚实基础，对我后来的教学和研究起到了至关重要的作用。如今，我自己也在教授宏观金融等课程，做着相关的研究，时常会翻看当年萧政老师、洪永淼老师、方颖老师、赵扬老师、马成虎老师等的课程材料。这些教材和笔记不仅记录了知识，更是一种时光的见证，每次温故，都有新的收获。

在亚南院的学习时光，让我难忘的是同学们之间的友谊和那种浓厚的学习氛围。无论是坐在嘉庚楼，感受着海风轻抚书页，还是在冬日暖意浓浓的图书馆里专注复习，抬头望去，满是亚南院学生们奋笔疾书的身影，那一幕幕至今仍深深印在我脑海中。课后，我们还会一起打篮球、爬山、博饼、打牌等，留下了许多温馨的记忆。现在我依然记得当时我们有很多同学身怀绝技，包括王楠、刘守卫、郭丰波、王金波、王舒宣、陈文坚等，是运动场上的风云人物；也记得旁边宿舍的丁于贞，记忆力超群，经常和我们聊聊古今诗词歌赋，乐趣无穷。在亚南院我也非常有幸遇到了我现在的爱人，亚南院见证了我们一起学习一起成长的过程。这些珍贵的经历不仅为我的学术之路带来很多帮助和支持，也成为我生活中的情感依托。

即使在我毕业离开亚南院多年后，每当遇到困难和挑战，我脑海中浮现的还是亚南院老师们的指导和同学们的支持。亚南院就像厦门这座城市一样，充满了人文气息与温馨的氛围，成为我心中永远可以依赖的精神港湾。无论未来我身处何方，这份来自亚南院的温暖与力量都会始终陪伴着我，激励我前行。

在此，真心祝愿亚南院的明天更加辉煌！愿每一位老师健康快乐、事业顺利；每一位同学勇敢追梦，梦想成真！愿亚南院，永远是我们心灵的栖息地。

廿年逐梦，风华如新：创世界一流，树中国学派的 WISE 实践

回望 WISE 岁月：
从被塑造者到塑造者的思考与感悟

■ 魏立佳

人物简介

魏立佳，WISE 2008 级数量经济学博士研究生，现为武汉大学经济与管理学院教授，数理经济与数理金融系主任。

在纽约大学访学

我还记得初次踏入厦门大学王亚南经济研究院（WISE）时，面对

114

看似"生硬"的制度和高标准、严要求：严格的招生与双向导师选择、高难度的高级宏观与微观课程、系统化的计量经济学训练，以及频繁的讲座、研讨会和国际会议，我多少有些不适应。那时的我，更多的是感到压力与焦虑，甚至暗暗质疑："真的有必要这么严格吗？"

然而，事实最能说明问题：WISE 的博士毕业生中，70% 在毕业后选择了去高校任教，其中37% 就职于"985"大学、31% 就职于"211"大学；据我所知，如此突出的表现在全国经济学博士项目中堪称翘楚。如今，我在另一所"985"高校担任系主任，回顾十多年前的博士生涯，才愈发意识到，正是当初那些"生硬"的规定与高水平训练，为每一位学生在学术道路上稳步前行奠定了坚实基础。

从"不分导师录取制"到"高水平课程"：步步扎实的学术起点

十多年前，WISE 就已经推行了博士招生的"不分导师录取制"，这也是我报考 WISE 的重要原因之一。与当时普遍实行的"先定导师"做法不同，WISE 更加注重申请者的学术兴趣、研究潜能以及对经济学的热情，保证了最终被录取的学生都是怀着相似的学术追求和研究热情踏入校园。

在正式入学之后，学院为我们安排了一整年的高级宏观经济学、高级微观经济学、计量经济学等"硬核"课程。授课教授大多拥有海外名校背景，并采用全英文教学方式，要求我们阅读原版教材、完成大量数据分析和理论推导作业。直到第一年课程结束，我们对各位老师的研究领域和风格都有了更充分的了解，才在双向选择的基础上确定自己的博士导师。尽管这一过程颇为艰辛，但回头再看，我日后能够在跨学科研究和科研项目主持中游刃有余，很大程度上正是源于当初在理论与方法

层面经历的"高强度打磨"。

高浓度的学术氛围：从研讨会到国际会议的洗礼

除了扎实的课程训练，WISE 也同样注重拓展我们的学术视野。还记得我刚入学那一年，学院便鼓励我们积极投入到各类学术讲座、研讨会和国际会议之中。最初，我还常常因陌生的环境而略显紧张与拘谨，但在一次次的报告和会议中逐渐学会了主动提问、踊跃交流，不知不觉间完成了多次"思维升级"。

我至今还记得在一场校内学术讲座上认识了纽约大学的 Andrew Schotter 教授，当时我甚至独自承担了陪同他参观鼓浪屿的任务。后来在 2011 年，Schotter 教授邀请我前往纽约大学访学，那段弥足珍贵的经历让我结识了更多志同道合的老师和朋友。

回看当时，为了参与各种学术活动，我连周末都忙个不停。然而事实证明，这一系列"学术洗礼"正是我在博士阶段就能紧扣国际前沿研究的关键所在。得益于此，我在论文选题、研究设计以及方法应用等环节，都能及时借鉴最新成果，并在与导师和同学的深入讨论中，逐步培养出更加敏锐的学术嗅觉与独立思考能力。

论文撰写：从课程作业到高水平期刊

在 WISE，学院不仅在课程设计上要求严格，对学术论文写作的训练也丝毫不含糊。回想博一、博二期间，每门课都要求完成大量的作业和文献报告——这些看似烦琐的任务，实际上为我们后续的学术写作打下了扎实基础，起到了"预热"作用。

完成课程作业后，那些被导师认可、初具雏形的研究想法，往往会在进一步打磨中成长为可投稿的论文。当时，我根据李龙飞教授暑期授课的内容，对高铁时空距离模型的研究思路进行了深入思考，并在博士毕业后完成了相关论文，最终成功发表在 Journal of Regional Science 上。

WISE 的环境与资源也为高水平研究的诞生提供了有力支撑——从文献获取与实验操作，到导师与同学们的讨论氛围，都为学术工作铺设了良好条件。正因如此，我在博二和博四分别在《经济学季刊》和 Marketing Science 上发表了（合作）论文。第一次将自己的研究成果投向国内和国际期刊，并收到修改建议时的那种紧张与兴奋交织的心情，至今让我记忆犹新。

博士论文答辩：水到渠成却仍历经"大考"

博士阶段的最后关卡，自然是博士论文的撰写与答辩。我在选题之初就与导师多次讨论，尽量让研究具有前沿性与实证意义。研究过程中，由于数据收集、模型设定等各种实际问题，我也多次推翻之前的思路。所幸 WISE 的学术氛围一向鼓励"试错"，导师和教授们给予了足够的包容与支持，使我在不断修正与完善中感受到学术研究的精益求精。

在博士论文外审和答辩的过程中，学院特别邀请了国内学术界的资深学者——清华大学的李子奈教授和中山大学的王美今教授——担任我博士论文的评审人和论文答辩委员。他们严谨而负责的态度，至今仍让我印象深刻：在答辩前，他们已经在纸质版论文上做了非常细致的批注，并在答辩后将整本批阅好的论文纸质原稿还给我，供我进一步修改完善。那一刻，我深刻感受到真正的"严谨治学"是一种内化于心的精神：既要用苛刻的标准来要求自己，也要用同样的态度来帮助和指导后辈学生。

2012年，作者（右三）参加博士研究生答辩

"生硬"的规定背后：四大核心优势的沉淀

（1）目标明确、道路一致

WISE所有的教学与科研安排，都紧紧围绕"培养高水平学术人才"的核心目标展开。学院的资源配置、课程体系、论文发表要求等，都直指如何让学生实现学术突破。因此绝大多数博士生们，不管基础如何、水平如何，都一心想为学术做出点新的工作与成绩。

虽然当年我们会被高强度的要求压得喘不过气，但今天回想，正是这份始终如一的目标，让每位老师和每名学生都清楚自己的定位与努力方向。我们不再迷茫于各种"可选项"，而是合力朝着学术高峰迈进。

（2）高度认同、同心协力

在WISE，我真正体会到"学术共同体"的含义。无论是刚入学的学生还是资深教授，大家对学院的学术理念和人才培养思路都高度认同。在课程讨论和科研项目中，我们总能获得来自师生们的真诚帮助与思想启迪。

洪永淼老师等师长时常与我们聊起他们为何回到厦门大学办学，以及在海外求学和工作的经历。也正是在这样一个富有凝聚力与合作精神的环境里，我学会了如何与同行深度协作，更深刻领悟到谦虚和交流对于学术研究所具有的非凡意义。

（3）累加效果，不走回头路

博士阶段的学术训练往往是一段不断试错、持续自我修正的旅程。回想起来，为了修正一个模型假设或一个计量细节，常常需要反复查阅文献、与导师深入讨论。正是这些"刨根问底"的过程，让我们在反思和总结中逐渐确立了更清晰的研究方向。

因为对方法论和研究路径的信心不断累积，我们面对挫折时不会轻易怀疑自己走错路，反而能够坚持下去；而每一次成功则进一步巩固了已有的学术能力，形成"累加效果"，不再走回头路。久而久之，我们愈加懂得如何在严谨的学术氛围中汲取养分，取得持续而扎实的进步。

（4）榜样效应、群星闪耀

WISE让我们见证了老师们对学术真理和教育事业的执着与热爱。也正因此，WISE培养出来的大批优秀学子如今散布在国内外顶尖高校和研究机构，他们在课堂上潜心教学，在科研中不断突破，也能扮演不可或缺的骨干力量。师生彼此间的精彩表现与共同进步，相互激荡出浓厚的学术氛围，也为新一代青年学者树立了鲜活而有力的榜样。

在这股学术浪潮中，我有幸一步步朝着学术道路坚定前行。回想当初，自己在WISE立下的那个朴素愿望——成为像老师那样的人——一路上始终在默默激励着我。

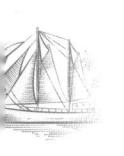

传承与延续：从被塑造到去塑造

如今，我在高校教师的工作岗位上，也试图将当年在WISE学到、从以洪永淼老师为首的塑造者们那里感悟到的精神和理念传递给更多年轻学子。这份学习与感悟并没有随着毕业而终止，反倒在我的日常教学与研究中不断深化，让我更加明白当初那些"高压"训练背后的良苦用心。回首当初的种种，若说当时是"硬着头皮"向前走，现在则是感激那段弥足珍贵的历练。我不断告诉他们："唯有经历过一定程度的'高压'和'生硬'，才能在学术研究中真正磨砺出独到的思考力与实践力。"

当我们经历过这些挑战后，才真正懂得它们背后的深意：帮助学生在最初阶段夯实学术根基，养成严谨求真的科学精神，为今后更高层次的研究与创新埋下坚实伏笔。也正因如此，我才愿将这份体验与感悟不断传承，让更多年轻人能够理解并受益于这样的"生硬要求"和"严格洗礼"，从而在学术道路上行稳致远。

我的 WISE 七年

■ 谭丽佳

人物简介

谭丽佳，WISE 2008级金融学硕士研究生、2011级西方经济学博士研究生，现为荷兰埃因霍芬理工大学助理教授。

在 WISE 的七年时光终结了我的职业懵懂期，开启了我的职业生涯。最初定下考 WISE 是我人生中第一个真正自己做的重要决定。尽管当时 WISE 刚成立三年，但其网站主页上已经显示出勃勃生机。在 WISE，有全海归教授授课的符合北美标准的经济学课程，海外教授的学术讲座，每年还有闽南特色的尾牙宴和中秋博饼活动，再加上有金融专业，WISE 便成为我的不二之选。

至今我还记得第一次到厦大面试的场景，可谓是各路好汉姐妹突破重围，终于顶峰相见，因此格外亲切。面试结束后，大家走到芙蓉湖边，一边道别一边憧憬新的征程。回到位于四川的家中，五月经历了那场地震，持续的余震让我感到恐惧，主要是担心自己不能全须全尾地去厦门上学。那一年的夏天也是沉痛的。好不容易等到开学，第一次体会到了什么是努力的差生——学习那么努力但还是挂科。第一年高强度的"三高一数"课程，全英文教学，从头到尾都是挑战。每堂课的作业，时不时的小测验，期中考和期末考，都让我们经常奋斗到半夜。即使是这样，也还可能在及格边缘徘徊。学过"三高"，或英语好，或是数学专业的

小伙伴们经常被大伙围着问各种数学证明，充分体现"知识就是力量"。

研二我迎来了人生选择的重要转折点。一位实验经济学专业的教授从新加坡国立大学转到 WISE 任职，他是我之后的导师 Jason Shachat。因为他的机缘，我看到了一个实验经济金融实验室（FEEL）从无到有的完整过程。在他的引导下，我真正接触到了学术研究。实验经济学自然要做实验。经过一年的准备，我的第一场实验刚好在平安夜那天进行。原以为会是学术生涯的美妙开端，谁想到竟是学术生涯的第一个教训。当时的实验是做逆向拍卖，参与者们需要在价格下降的过程中按退出按钮进行投标，价低者胜。设计实验的时候，需要设定参与者没有按按钮的情况下的投标价。我为了"惩罚"没有及时按按钮的情形，将默认投标价设定在最高值，让该参与者直接出局。Jason 当时在实验室坐镇，顺口问到了我的这一设定，十分生气，立马废止了那场实验，训了我一顿后夺门而出。我心想，完了，把导师气走了，以后实验还咋整。谁想半小时过去，Jason 拎了一袋零食回来了。一切恢复平静，警报解除，看来还能继续做实验。后来我每次做新的实验设计都会仔细斟酌细节的设定。

在研三大家找工作的那年，我发现我更喜欢实验室的工作，于是决定继续在 WISE 读博。博士四年，严谨的研究让我看到了自己的价值和潜力，也喜欢上了可以时而埋头苦干，时而满世界跑的工作模式。在 Jason 和蔡宗武老师的支持下，我光荣毕业了，并获得了校级、省级乃至全国范围的优秀论文奖。此后，我的学术生涯新篇章也正式开启。

在 WISE 的七年对于我有着深刻的意义。刚构思此文，10 多年前的许多回忆都涌上心头，篇幅所限，只能择其一二叙之。除了职业选择，真挚情谊也是从 WISE 获得的宝贵财富。这些情谊来自同学、师兄弟妹、老师和教秘。许多友谊持续至今，给予我不少精神动力。这些都要感谢 WISE 将诸多优秀真诚的人才汇聚在一起，让我们得以结识，真诚对待，互相鼓励。以此文特别纪念已故挚友苏佳。最后感谢鲍未平老师的约稿。

2008年，作者（第一排左四）和同学们参加学校运动会

2011年，作者（第一排右二）与同学们硕士毕业留影

2015年，作者（左二）与同学博士毕业留影

WISE，一个令人怀念的地方

■ 易金超

人物简介

易金超，WISE 2008级金融学硕士研究生，现为招商证券机构业务部私募业务负责人。

时光如梭，岁月如歌。回首往昔，2008年从厦门大学本科毕业时，我带着对未来的憧憬与期待，踏入了WISE，开启了研究生阶段的学习与探索。这段旅程不仅让我收获了知识，也让我在生活和工作中增添了许多美好的回忆。如今，站在WISE成立20周年的节点上，往事历历在目，那些关于校园、宿舍、同学、老师的美好记忆，始终伴随着我，成为我人生中不可或缺的一部分。

尽管毕业多年，辗转多个城市，但每次搬家时，亚南院的书籍、画册等我依然会随身携带。它们作为青春岁月的一部分，始终保留在我身边。虽然许多当年课堂上学到的知识现在大多已忘却，甚至回忆模糊，但学院严格的学术训练所带来的理性思维与思辨能力却让我终身受益。回想起来，学院的课程的确有一定难度，尤其是在如今火热的量化投资、人工智能等领域，很多基础性知识都源自统计学和计量经济学。当时若能更加努力一些，也许能更早接触并掌握这些知识。例如，当时我对资产定价这门课程中的FAMA三因子模型等概念一知半解，直到工作多年后才渐渐理解，只能怪我当时悟性不够。

除了学术,学校在提升学生身体素质方面的工作也做得很出色。在我们读书的年代,厦大除了常规的体育课程外,还开设了马拉松、爬树、潜水、高尔夫、帆船、舞龙舞狮等特色课程。我曾选修马拉松课程,并参加过几次厦门国际马拉松比赛,至今仍记得那时的成绩是我的"巅峰之作"。对比现在马拉松比赛一票难求的窘境,我们那时的比赛还算"纯粹"。研究生阶段,我住在凌云四宿舍,翻过山道便能到达厦大水库。夏天时,我和同学黄晶一起去玩过几次皮划艇,至今回忆起录制的视频还是有点滑稽。此外,我也曾跟几位师兄一起去厦大水库游泳(尽管水库旁有警示牌,但我们还是偷偷去了)。那时水库常有几位大叔,身穿泳衣在水中自由游动,蛙泳蝶泳交替进行,健硕的胸肌让我印象深刻。毕业后,运动的习惯依旧伴随着我,跑步、游泳和打网球成了我生活的一部分,而这些习惯多多少少都受到当时学习阶段的影响。

2009年,作者(右一)和同学们参加厦大环校跑

　　我非常幸运,在研究生第三年有机会前往欧洲交流学习。这个机会

来之不易，我要特别感谢 WISE、洪永淼院长以及 EITEI（现在改名为 EGEI）项目的各位老师。它不仅让我拓宽了视野，也让我增长了见识。那是我第一次出国，从厦门到深圳，再飞往北京，经过莫斯科转机最终到达布鲁塞尔。到布鲁塞尔后，我乘坐火车前往安特卫普。当飞机从布鲁塞尔上空下降，火车驶入安特卫普时，我被国外的现代化程度深深震撼。那一年，我在法国里尔、比利时安特卫普和捷克布拉格学习，认识了很多来自不同国家的人，也逐渐改变了许多观念。回国后，我又多次前往欧洲，对比的强烈感不再那么明显，这也与国内这些年飞速的发展息息相关。如今，空气质量改善了，街道更干净了，公园等基础设施也日益完善。

2011 年，作者（中）和 EGEI 项目班同学合影

工作后，生活变得像机器一样忙碌，就像这篇文字也拖延了许久。许多事情渐渐被遗忘，但某个瞬间，它们又会串联起来。兜兜转转，很多人内心的底色依旧是从学生时代留下的印记。WISE 学院以厦大老校长王亚南的名字命名，王亚南校长与陈景润教授共同代表了厦大"四种精神"中的科学精神。这种科学精神，强调理性与思辨，在如今信息爆炸的时代，弥足珍贵。我至今还记得当年读过的钱颖一教授的《理解现

代经济学》和洪永淼教授的《理解现代计量经济学》两篇文章，尤其是关于资源禀赋、偏好、约束条件、分析工具等概念。这些思维框架和分析范式，不仅在当时适用，至今依然适用。

后来我了解到，伊拉斯莫斯（Erasmus Mundus）硕士项目是为了纪念文艺复兴时期尼德兰地区著名人文主义者 Desiderius Erasmus Roterodamus 而设立的。他的思想对欧洲产生了深远的影响，强调理性与自由意志的重要性，主张通过和平与宽容解决社会问题。人文主义强调回归人性本身，关注内心世界的感受，这在当下依旧具有重要意义。在 WISE 和伊拉斯莫斯项目中的经历，让我更深刻地理解了理性主义和人文主义的价值。

告别青葱岁月，离开了"面朝大海、春暖花开"的校园，带着 WISE 留下的底色，我踏上了新的人生旅程。正如美国诗人弗罗斯特在诗歌中所说："林中两条路，我选择了人迹罕至的那条，从此与众不同。"这条路上，有迷雾、有孤寂、有彷徨，但也有喜悦、有风景、有归途。甚好，旅途中有王亚南校长的科学理性主义和伊拉斯莫斯的人文主义精神，让我学会用理性去思考问题，用人本去温暖他人，终身受益。

在 WISE 20 周年生日到来之际，我作为她一路成长的见证者，见证她从一棵小树苗变成现在的参天大树，衷心祝福她生日快乐！

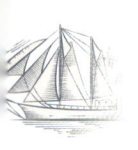

WISE：托起我的学术梦

■ 王 霞

人物简介

王霞，WISE 2009级数量经济学专业博士研究生，现为中国人民大学教授，入选教育部长江学者奖励计划青年项目。

时间飞逝，转眼间，WISE 即将迎来成立二十周年庆，而我从 WISE 毕业也已经十多年了。

我于2009年进入 WISE 攻读博士学位。当时在选择报考院校时，WISE 已经在国内学界初露锋芒。我还清楚地记得，翻阅 WISE 博士生名录时，发现其中有不少来自"双非"院校的学生。对于本硕阶段均就读于非"211工程"高校的我来说，这无疑点燃了内心的希望之火。幸运的是，当时的博士招生尚未采用申请考核制，凭借着题海战术，我顺利通过了笔试和面试。至今，每当我自己参与硕博士招生时，总是心怀感恩，感激当年的 WISE 并未因我本硕"双非"院校的背景而有所偏见。

入校后，第一个学期的学习过程既痛苦又枯燥。当时 WISE 的博士课程与硕士课程是合上的。虽然我在硕士期间学过"三高"（高级微观经济学、高级宏观经济学、高级计量经济学），但 WISE 的课程难度完全不同。大家都觉得，洪老师几乎将康奈尔大学的培养标准直接搬到了 WISE。特别是"三高"和数学，难度很大。更令人绝望的是课程采用全英文授课，一节课下来能听懂的单词寥寥无几。然而，随着时间的推移，我逐渐摸索出了适合自己的学习方法：课前认真预习，课堂上专注记笔记，课后整理复习、完成作业。这种学习方式虽然极其耗时，但逐渐让我适应了高强度的学习节奏。再加上每周繁重的作业任务和随机的小测验，同学们几乎每天都泡在图书馆。我记得图书馆早晨八点开门时，总能看到WISE的同学早已在门外等候。有段时间，晚上十点图书馆闭馆后，大家还会一起转战南强的教室继续学习。回过头来看，第一年的"八高"学习虽然辛苦，但正是这段经历奠定了我们扎实的学术基础，并培养了"坐得住、沉下心"的能力。

从博士第二年开始，课程与科研逐渐步入正轨。当时WISE博士的课程需要上到第三年，而从第二年开始会有方向性的选修课。我主修计量经济学方向，先后选修了"金融计量""宏观计量""微观计量""面板数据""时间序列"等课程。相较于当时许多高校博士仅在第一年学习课程，我们的课程设置无疑更为系统，这些专业前沿课程不仅对博士阶段的研究选题大有助益，甚至直接孕育出了许多研究问题。得益于WISE国际化的平台，我们在求学期间就有机会参加国际学术会议，与国际一流学者交流，聆听高水平的学术报告。这些经历让我在读博期间得以赴康奈尔大学交流学习，博士毕业后又前往新加坡管理大学从事博士后研究。这些学术经历使我接受了系统的计量经济学训练，也坚定了我从事学术研究的决心。此外，WISE制定的一系列制度，包括导师组制度、学术讲座签到制度等，为我后来培养学生和形成学术习惯提供了宝贵经验。

如今，博士毕业已有十多年，我却从未觉得与WISE疏远。我在各类学术会议上经常见到WISE的师长与校友，时常有机会回到母校，并经常受到各位师长的关心与支持。从博士期间扎实的学术训练到毕业后源源不断的关怀，这一切托起了我的学术梦想，让它在现实中开花结果。每次在学术会议上看到WISE博士生年轻自信的面孔，听到他们激情澎

湃地报告自己的研究成果，我仿佛看到了当年的自己。

感谢 WISE 一直以来的培养与陪伴，衷心祝愿母院未来继续蓬勃发展，为更多学术追梦人提供沃土，助力他们追寻梦想、实现理想！

2013 年博士毕业之际，作者（左）和萧政教授合影

2023 年，作者（左）在厦大参加学术会议时与萧政教授合影

青春同行，时光有声：对 WISE 有感

■ 张 扬

人物简介

张扬，WISE 2009级数量经济学硕士研究生，现任职于美国互联网科技公司 Meta Platforms（原名 Facebook），曾在美国经济咨询公司 Cornerstone Research 就职。

入学 WISE，已经是十五年前的事情了。

最早听说洪老师，是我在武大读本科的时候。大概2006年，邹恒甫

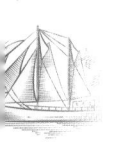

老师有一次跟我们班上的同学讲话，他鼓励学生本科毕业后去跟随像洪老师这样在国内开拓经济学教育的"学术大牛"学习。那时候王亚南经济研究院（WISE）刚刚起步，我心里有了这个苗头。到考研择校的时候，我决定报考WISE。考研的时候，通过备考专业课，我对经济学真正地有了一些了解，克服了本科前几年囫囵吞枣的很多缺陷。我期待着去WISE之后能够遇到良师益友，希望着或许有一天可以出国攻读经济学博士。

在WISE的前两年，就学业而言，其实并不好过，因为课程设置对数理的要求很高，作业和考试很有挑战性。同学们虽然都很努力，但也经常有焦头烂额之感。在这样"残酷"的训练过程中，大家互帮互助。一个人的成长，有一大部分取决于在旅程中你认识的人。我庆幸在WISE遇到一群勤恳、聪明、踏实、真诚又有趣的同学，虽然大家后来选择的职业路径各异，但是在一起学习的过程中，大家共同克服困难的勇气和毅力，尤为珍贵。

在WISE，我慢慢了解学习的目标并不是每门课都拿A。因为如果只看重成绩和排名，担心"挂科"，就失去了探索经济学本身的乐趣。学习本应顺着兴趣而来，而成绩应是享受学习过程水到渠成的反映。读书时如果过分看重短期的成绩和排名，而非沉心静气于对经济学本身的理解，会"因小失大"。

在WISE，我开阔了眼界。我参加英文讲座与学术会议，也经常作为志愿者接待来校的"大咖"。通过和这些来访老师的接触，我或多或少地了解了他们的成长历程和研究兴趣。原来对经济学高堂之上的理解，也转化为慢慢地领悟到研究本身是不易的过程。

我在WISE的学业得到许多老师的提携帮助。老师们在学业上给我指导，给我创造各种机会，在我参加学术会议时给予资助，在我提出出国申请时提供支持（包括来访WISE的老师），这些我一直铭记在心，感恩在心。

学业之余，我在 WISE 交到很多朋友。班上的同学自不用说，活跃的班干部组织了很多活动，大家还经常一起参加学院会议的志愿活动。通过 WISE 的青协，我和许多其他院系的同学一起参加了许多有意义的活动。在 WISE，有许多老师和同学报名参加厦门马拉松赛。我和 WISE 的同学一起训练，跑完了全程。这对于从小体育就是弱项的我，之前是不可想象的。我也有幸和 WISE 办公室的许多老师们熟识。那时候她们与我年龄相仿，现在回想起来，我很感激那时候她们对我各方面的帮助。

三年的 WISE 求学时光，也让我愈来愈喜欢厦门这座城市。大三暑假时我第一次来厦门，就对依山傍海的厦大留下了很深的印象。这里的植被、地貌、食物、建筑等都独具特色，能在这样得天独厚的环境求学，安能不感到幸运？

我进入 WISE 时，WISE 才刚满四岁，很多东西都还在试验探索，像是牙牙学语的孩童。但是 WISE 自建立之初，就怀抱崇高的使命，致力于创造一流的国际化学术氛围。毕业之后，学院的发展日新月异。值此 WISE 成立二十载之际，特向学院送去衷心祝福，希望学院继续发展，振兴经济学，为助推祖国繁荣发展更进一步！

我和 WISE 的故事：那些青春奋斗的岁月

■ 白钧仁

人物简介

白钧仁，WISE 2012级数量经济学硕士研究生、2012届金融学（数理）本科双学位，现就职于国家开发银行厦门市分行。

在刚收到院庆约稿时我内心既惭愧又忐忑，因为我不是学术大牛也非业界大佬，目前的岗位工作与经济金融专业也差别较大，甚至我还是一名毕业多年仍时常会被未完成硕士毕业论文噩梦惊醒的"学渣"。但作为一名历经 WISE 本科双学位、硕士研究生项目的平凡学子，我愿意与大家分享在 WISE 学习生活、奋斗成长的点滴。

一、青春逐梦场——WISE 本科双学位

作为一名厦大工科本科生，对 WISE 的初印象是从学长学姐和同学们的口口相传中得来的，WISE 双学位是"精品双学位项目，是全校各院优秀学子聚集地"。带着对自身发展规划的迷茫、怀着对经济学的向往，在漳州校区我就慕名报名了 WISE 双学位项目，待搬回思明本部正式上课后，我真真切切地体会到之前的传闻诚不我欺也。当来自各学院的众多国奖学霸津津有味品尝知识盛宴时，毫无经济学基础的我正费力地理解全英教学环境下的各种专业术语名词；周一至周五努力完成本专

业授课及设计任务后，周末又紧张地投入 WISE 双学位的课程与作业。大三大四脸上络绎不绝、相继爆发的青春痘就是当时学习生活状态的真实写照。经过两年周末无休的学习，我有幸获得过 WISE 的双学位奖学金，也在导师的悉心指导下初尝学术甜头，WISE 对学生的培养关爱、激励引导的用心程度从本科双学位项目就可见一斑。这段繁忙紧张、拼搏奋斗的青春岁月是我本科生活里面最为充实无悔的时光。

二、学术朝圣地——WISE 硕士研究生

得益于获得双学位的经历，我有幸通过暑期夏令营正式进入 WISE 硕士研究生项目学习。令人刻骨铭心的是高强度、"魔鬼式"的严谨学术训练，首先迎接的考验就是如雷贯耳、声名远扬的"八高"课程。面对源源不断的系统前沿的经济金融理论、科学缜密的计量体系、高效有用的程序工具等知识的冲击，我只能在压力甚至煎熬中竭尽全力。也许是大脑有选择性遗忘的自我保护功能，关于当时的学习记忆只剩下些画面式的片段：骑着自行车穿过芙蓉隧道匆忙赶往经济楼上课，背着书包穿梭在经济楼、南强楼或图书馆寻找自习座位，寒假留校在电脑前挑灯夜战编写程序、撰写论文。但当逻辑缜密地演练推算出某个 test 的全过程的时候，当茅塞顿开地领悟到学术文章中提出的 idea 的片刻，当久经调试的数据程序在学院的 HPC 上跑出了理想结果的瞬间，那种拍案叫绝、妙不可言的兴奋感、成就感仍镌刻于心，我也才后知后觉地体会到 WISE 严谨治学的良苦用心。

让我感受颇深的还有 WISE 的国际化，除了日常的全英授课、国际化名师团队、国际交流学习项目以及各种 seminar 上研讨的国际前沿学术热点外，还有课堂上与韩国双胞胎学习交流的点滴、学院篮球赛上与蒙古大汉同场竞技的热血酣畅、假期里与来自欧洲的朋友同游出行的国

际友情。最难以割舍的是并肩作战的师生情，互称"渣渣"的同学们能戏谑地调侃打趣、吐槽抱怨，也能正经地促膝深谈、加油鼓劲，有过深入交流研讨、畅想未来的时候，也有围炉同聚、作伴共游的时刻；老师们既在课堂传道授业、解惑答疑，又在工作中身体力行、模范表率，不仅在学业研究中倾囊相授，还在人生规划上指点迷津。

毕业多年，回首那段痛并快乐的日子，心里还是充满感恩，特别是每当有人用欣赏赞许的口吻说出"哇，你是亚南院的啊"，心中总是会泛起浓浓的自豪感。WISE教授我们很多关于如何在一定的假设前提下，选择一个合适的理论模型去量化分析预测复杂的经济问题，实现效益最大化、统计推断最优化的内容，给予了我们深厚的经济理论思维、严谨定量的分析方法、宏阔的国际化视野、深厚的师生情谊等宝贵财富。这些财富也给了我们充足的底气，在面对人生中复杂多变的形势环境时，科学理性地选择一种合适的方式路径去应对挑战，实现个人价值最大化、人生幸福最优化！

王亚南校长为WISE注入了开拓马克思主义经济理论中国化的先驱血脉，以及追求真理、严谨求实的科学精神基因。在WISE二十岁生日之际，祝愿她在马克思主义中国化、时代化的经济理论创新研究的最前沿续写辉煌！在践行科教兴国、人才强国战略，为国培育堪当中国式现代化建设重任的人才主阵地再立新功！

2011年，WISE本科双学位商务沟通与交流课程班师生合影，后排左二为作者

2013年，WISE青协同游植物园，后排左五为作者

白钧仁　我和 WISE 的故事：那些青春奋斗的岁月

致 WISE：我的青春纪念册

■ 郭俊杰

人物简介

郭俊杰，WISE 2013 级金融学硕士研究生、2015级西方经济学博士研究生（硕博连读）。现为中南财经政法大学会计学院教授（准聘），中南财经政法大学"文澜青年学者"，"武汉英才计划"优秀青年人才。

时光如沙漏里的细沙悄然流逝，转眼间毕业已六载，今年恰逢 WISE 建院二十周年。透过岁月的轻纱回望：WISE 不仅是我求学的殿堂，更是我青春的纪念册，承载着我人生最珍贵的记忆。

学术之路

作为 WISE 众多学子中的普通一员，我们调侃自己的"一入 WISE 深似海，从此学妹是路人"犹在耳畔。全英文的教学模式、繁重的课业、"八高"的挑战，构筑起我们三点一线的求学生活。而今细数，才懂得这份"深似海"的珍贵。

那些曾令我疲于奔命的小学期课程，是海外名师亲授的学术盛宴；那些应接不暇的学术讲座，教会我思考与表达的艺术；每周的"seminar"不仅锻炼了我的学术报告能力，更让我领悟到"好文章是改出来的"。

能够在浓厚的学术氛围中度过自己的硕博生涯，是一件多么幸运的事情！正是这段时光的淬炼，培养了我勤于思考、勇于探索的学术品格，为我日后的科研之路奠定了坚实基础。

爱情见证

在 WISE 的岁月里，我又何其特殊。芙蓉湖的黑天鹅、白城沙滩的夕阳、情人谷的晨雾、芙蓉隧道的涂鸦……不仅见证了我的学术成长，更见证了我与妻子从相知、相恋到步入婚姻殿堂的甜蜜时光。

凌云七宿舍的阳台是我们最爱的去处，海风轻拂，阳光明媚，我们在那里畅谈理想与未来。WISE 见证了我从学生到丈夫，再到父亲的身份转变，承载着我人生最重要的角色蜕变。

2015 年，作者（左）与妻子在芙蓉湖畔

同窗情谊

读博之路虽如苦行，幸得六位同窗相伴。我们七人虽少，却常在激烈的学术讨论中碰撞出思维的火花，在信息分享中互帮互助，在八卦闲聊中缓解压力。这份同窗情谊不仅丰富了我的读研时光，更让我的求学之路不再孤单。如今我们虽各奔前程，但那段并肩作战的岁月将永远珍藏在我们记忆深处。

2019 年，作者（右一）与同窗博士毕业留影

师恩永铭

在 WISE 最幸运的际遇，莫过于得遇良师。方颖老师不仅是我学术生涯的引路人，更是我心目中师者风范的完美写照。记得初入 WISE 时，

我怀揣着成为一名教师的梦想，却对"师者"二字的内涵懵懂无知。是方老师用他的一言一行，为我点亮了为师之道的明灯。他以身作则，在百忙之中仍悉心指导；他润物无声，从论文写作的字斟句酌到学术报告的演讲技巧，从审稿意见的应对策略到职业规划的长远考量，乃至治学为人的处世之道，无不悉心指导，倾囊相授。

如今我也踏上讲台，才真正理解"师者，所以传道授业解惑也"的深意。每每指导学生，总能想起方老师的教诲。当年那句"我想成为您这样的导师"不只是一时感言，更是我毕生追求的目标。

2019 年，作者（左）与方颖教授合影

结语

WISE 于我，是学术的殿堂，是爱情的见证，是友情的港湾，更是师道的传承。六载光阴，我在这里完成了人生最重要的蜕变。值此建院二十周年之际，谨以此文献给培育我的 WISE。

在 WISE 的岁月：
一场重塑思维的学术启蒙

■ 林志帆

人物简介

林志帆，WISE 2015级西方经济学博士研究生，现为北京师范大学人文和社会科学高等研究院"青年英才"长聘副教授。

2015年秋天，当我拖着行李箱到厦大海韵园区报到时，海风裹挟着水汽掠过棕榈树叶，远处白城沙滩的浪声若有若无。那一刻的我并不知道，未来四年的博士生涯将彻底改变我对经济学研究的认知，而这座以经济学家王亚南名字命名的学院，会成为我学术生涯的起点。

课程学习：从"知识容器"到"思维训练场"

开学第一周，当高级微观经济学老师开始写板书时，我才猛然意识到自己过去对经济学的理解多么浅薄。在粉笔与黑板的摩擦声中、在课后作业和随堂小测密集的数学证明中、在期中和期末考试前揉红了眼睛熬夜复习的锤炼中，我们悄然完成了思维模式的蜕变，实现了从直觉向结构化的跃变。

WISE 的学术训练为我的教研工作铸就了方法论基石。当我走上北京师范大学的讲台讲授计量经济学时，博士期间积累的数理知识让我得以在理论推导和软件代码中游刃有余地穿梭。当我组织研讨会指导学生论文时，我总会以"识别策略是否可靠？变量构造和数据处理是否严谨？研究结论是否有学术和现实价值"作为评价标准，而这种思维恰是当年在龙小宁教授指导下打磨博士论文时烙下的学术印记。

学术生态：在集体审视中校准研究刻度

学院 N 栋四楼的研讨室，是应用微观师生们思想碰撞最密集的场所。每周三中午的论文午餐会，二十多位师生齐聚研讨最新的工作论文。某次我刚汇报完的实证结果就受到大家连珠炮般的质疑："这个工具变量如何满足外生条件？是否充分考虑了替代性解释？如何以情理之中的理论去解释意料之外的发现？"这种集体审视看似严苛，却让我们养成了"把论文放在学术共同体天平上称量"的习惯，极大地提升了论文 R&R 过程的换位思考能力。

更难忘的是在导师办公室门口"候诊"的时间。龙老师每周二会专门放下手头工作，用一小时帮我们梳理逻辑并解答问题。我与同门们抱着电脑排队汇报研究进度，从一开始的战战兢兢、汗流浃背，到后来的胸有成竹，这一切都离不开导师的悉心指导。这种严谨而不失温度的学术生态，正是洪永淼教授所倡导的"用科学方法讲好中国故事"的真实写照。

廿载薪传：向新而生的学术灯塔

值此王亚南经济研究院建院二十周年之际，翻阅学院公众号上记录的那些熟悉的教室、新建的计量实验室、新晋教师们朝气蓬勃的学术动态，我恍然惊觉：这座学术殿堂早已超越物理空间的界限。那些在自习

室推导模型的深夜、在芙蓉湖畔争论理论逻辑的清晨、在图书馆期刊区研习前沿论文的午后，共同构筑起 WISE 学子们的精神原乡。

在数字经济、大数据和人工智能重构学术范式的新时代，相信这座始终矗立在方法论前沿的学院必将孕育出更多融通中外、扎根祖国大地的经济学研究。愿白城海滩的潮声永远伴随求真者的脚步，愿 WISE 的思想火种照亮中国经济学自主知识体系建设的壮阔征程。

与 WISE 的奇妙缘分：
一路幸运，一生珍藏

■ 李长洪

人物简介

李长洪，WISE 2016级西方经济学博士研究生，现就职于暨南大学经济学院。

与 WISE 的缘分

2015年，研二在读的我怀揣着对学术研究的浓厚兴趣，决定继续我

的科研之旅。在向师兄师姐咨询关于不同高校博士项目申请情况的过程中，我得知同院的师兄已经成功通过厦门大学 WISE 的申请考核，并即将前往 WISE 攻读博士学位。他热情地向我介绍了 WISE 的基本情况及其拥有的优越科研环境和顶尖学术水平。受他启发，我在研二下学期便向 WISE 提交了博士申请材料，并幸运地进入了复试。

然而，命运似乎想要考验我与 WISE 的缘分。本来，我买了复试前一天从广州出发前往厦门的高铁票，但发车的前一天，我看到了发车当天台风来势汹汹的新闻。与另一位同样进入 WISE 复试的同学紧急讨论后，我们果断决定即刻动身，改签当天的高铁前往厦门。当我们匆匆赶到高铁站时，发现广播播放着隔天前往厦门的高铁班次因台风而停售停运的消息。这无疑是命运的眷顾，让我能够如期抵达 WISE 参加复试，并最终成功通过申请考核。这份幸运，我现在回想起来仍感慨万千。

在 WISE 的科研之旅

入学 WISE 的第一个月是我最为愉悦的时光。那时，我尚未充分认识到即将面对的课程挑战，还沉浸在厦大优美的校园环境及周边的南普陀寺、白城沙滩、植物园、环岛路等秀丽风景中。入学的第二个月，我才逐渐感受到 WISE 课程的繁重。在随后的两年时间里，我基本上是"连轴转"，每天都在上课和写作业中度过，还要应对课程论文汇报以及期中、期末考试。第一年，我主要学习了"八高"等必修课程：高级微观经济学Ⅰ和Ⅱ、高级宏观经济学Ⅰ和Ⅱ、高级计量经济学Ⅰ和Ⅱ、数理经济学、高级金融经济学。第二年则转向选修课，我当时不仅选择了与我的研究兴趣紧密相关的课程，如劳动经济学、应用微观计量经济学，还选修了高级宏观经济专题、应用非参数统计等课程。尽管学习过程倍感艰辛，一时也难以将 DSGE 模型、非参数方法等内容与我的论文研究相结合，但这段高强度的学习经历，让我初步掌握了各个领域的基础原理，这为我日后参加学术讲座奠定了坚实的基础，使我在聆听其他领域研究者的见解时不至于茫然无措，能够大致跟上他们的思路。

在 WISE 四年的学习生涯中，给我留下最深刻印象、让我学到最多的，莫过于与我的博士生导师赵敏强老师每周至少一次的"一对一"午餐讨论。我依然清晰记得，每次讨论前夜我都会失眠，不断猜测赵老师在听取我的汇报内容后可能提出的问题，以及自己该如何回应。我们的讨论通常从上午11点开始，强度不小，一般是在勤业餐厅边吃边讨论，持续两个小时。但有时吃完后还未讨论结束，我们便边散步边讨论，一直到走回赵老师办公室，再继续讨论，持续到下午5点左右才结束。在与赵老师不断交流讨论的过程中，我会逐渐明白自己想法的可行性以及论文逻辑的合理性。

2020 年作者博士毕业时在芙蓉隧道留影

WISE 四年：回忆与展望

在 WISE 度过的四年时光中，有太多美好回忆，不仅有与教授们在课堂上的深入讨论、聆听专家学者的精彩演讲，还有与同学们共同在环岛路骑行、在上弦场夜跑的欢乐时光。这些宝贵的回忆，将是我一生永远珍藏的财富。

昔日青春岁月，我在 WISE 求学起航。未来漫漫长路，愿 WISE 更加灿烂辉煌。最后，衷心祝愿 WISE 成立二十周年庆典圆满举行！

岁月悠悠，WISE 情深：一段成长的旅程

■ 熊 琛

人物简介

熊琛，WISE 2016级金融学博士研究生，现为武汉大学经济与管理学院副研究员。

12年前暑热尚未消退的9月，我从武汉来到厦门大学报到，从此开启了我的研究生生涯。彼时，经历了24小时绿皮火车之旅的我在踏进经济楼之时并未想到，我在这"南方之强"一待就是七年。一开始，我就读于经院的经济系，尚未与 WISE 结缘。不过那时两院其实已经深度融合，基础课程全部打通，给我们上课的老师几乎都是 WISE 或者两院双聘的老师。三年后，我通过申请考核进入 WISE 博士项目就读。在 WISE，几乎所有的学生和老师都以自己是 WISE 人而倍感骄傲。在校内外的交流中，我们会很自豪地报出家门，甚至在毕业多年后仍是如此。

在厦大经济学科就读研究生最让人"闻风丧胆"的就是"八高"。在这里，有一套非常严格且前沿的基础课程教学体系，这一体系在中国乃至全球范围内都是领先的。所有研究生在进入学院后的第一个学年，都必须完成包括宏观经济学、微观经济学等在内的八门高级经济学课程的训练。这种高水平的课程体系不仅能为学生打下坚实的学术基础，也为他们未来的学术和职业发展奠定坚实的基础。尽管对于许多刚进入研究生生涯的同学来说，这八门课程的学习非常艰难，甚至有些

同学并不理解其意义。但从长远的教育视角来看，这是一个非常明智且必要的选择。这种严格的课程体系帮助学生夯实基础，扩展并深化思维体系，为他们未来从事更深入的学术研究和其他职业发展提供了坚实的支持。通过与其他学校的交流和对比，我深刻感受到，WISE早在20年前就开始建立起这样一个国际化且严格的教学体系，这一成就不仅在国内外都备受推崇，更为中国的经济学教学提供了可贵的参考和范本。

WISE有非常宽松灵活的导师组制度。在我在WISE的求学经历中，周颖刚老师和金昊老师是我的导师组成员，他们的教诲与帮助对我影响深远。周老师是我博士阶段科研学习和职业发展的引路人。没有周老师的倾力相助，我的职业发展之路可能会困难得多。他的关怀不仅体现在学术和职业方面，更是一种长辈般的提携与成全，让我在关键节点上走得更加稳健。而金昊老师在学术上事无巨细的指导则是我博士科研学习中进步的基石。每周一次和金昊老师的讨论时间总是过得很快，经常是不知不觉一个下午就过去了。周老师更像是一个可亲可敬的长辈，而金老师则像是学术伙伴。这段求学与成长的经历，让我深深感受到导师对于学生成长的重要性。

在WISE最受用的，除了严格的课程体系、导师的悉心指导和学术引领之外，还有各种各样丰富的学术活动。按照培养计划的要求，我们需要在每学期参加包括学术会议以及"seminar"在内的十次讲座活动。在这里，我们不仅可以聆听学界大咖的精彩讲座，还能领略海内外青年才俊的学术风采。说句大实话，虽然大部分内容都听不太懂，但在这样的环境里潜移默化地受到熏陶，我逐渐开阔了视野，也对学术研究的深度和广度有了更深的体会。对于学生尤其是博士生来说，最重要的学术活动之一可能是在院内BBS上讲论文了。在校外学术会议上演讲论文的机会比较难得，因此在院内BBS上讲论文的机会就显得尤为重要。

在 WISE，不同系列的 BBS 给研究生们提供了展示自己研究成果的机会。相比于正式的校外学术会议，院内 BBS 的氛围更为宽松，交流更为直接，虽然有时候会被问得哑口无言，但这确实帮助我们跨出了应对学术交流场景的关键一步。

在 WISE 的几年里感触非常深的还有学院行政团队的专业和高效。WISE 的行政团队非常敬业，这是学院能够实现高质量发展并获得崇高学术声誉的重要因素之一。在我的求学经历中，我能深刻感受到 WISE 行政团队在支持学院运作和提升学术水平方面发挥着至关重要的作用。无论是学术会议的组织，还是各类学科活动的安排，行政团队都提供了高效且周到的服务。此外，他们对学生和教师的支持也非常到位，确保了每个人都能顺利开展工作和学习。无论在国内还是国际上，WISE 的行政服务都是首屈一指的。

2023 年，作者（右一）与导师周颖刚教授合影于武汉大学

最后，我想对面临升学的高中生、本科生以及研究生说，如果你对经济、金融及统计等领域感兴趣，那么在中国，WISE 绝对是最好的选择之一，也绝对是不会后悔的选择。WISE 当之无愧是中国经济学教育改革的先锋与最耀眼的旗帜。

正是厦园好风景，凤凰花开又逢君

■ 詹涵淼

人物简介

詹涵淼，WISE 2017 级金融学硕士研究生，现为国泰海通证券股份有限公司投资银行部经理，保荐代表人。

WISE 之行是我的成年加冕礼

毕业后参加工作至今四年有余，我时常回想起我的成长之路，思考每一段人生经历是如何塑造出如今的我。今天，我之所以有机会站在中国金融市场的最前线，坐看经济金融形势风起云涌，作出专业判断，都离不开学院对我的悉心培养。

和很多同学一样，刚读研时候的我踌躇满志，又踟蹰不前，这种矛盾的心理状态主要是因为：一方面，能进入我国最好的一批大学攻读，无疑体现了大家的优秀；但另一方面，未来如何择业、就业，还须认真、严肃地规划。读本科时候的我是个没怎么考虑未来的孩子，从小镇走到大城市，我给自己定下的目标是：见一见城市的繁华，多认识些志同道合的伙伴，仅此而已。而到了即将读研的时候，我明白了一件事，那就是当时所学不足以致用，因此提升自身能力就成了我最期待也最焦虑的事情。

完成研一学业的那个夏天，我有幸结识了王或老师，一位温文尔雅的学者。王或老师对我悉心的学术指导自不必说，这里我更想跟大家聊的是，一位优秀的老师，在学术之外，可以如何改变一个人。我认为，关键在于性格。王老师是一位做事非常具有计划性，目光长远，性格沉稳的老师。而彼时的我，经常因陷入对未来的迷茫而倍感焦虑，经过他的多次指导，我开始更早地准备课程、实习、论文，更踏实地一点一滴做好手头的工作，放宽心态，迎接确定的毕业和不确定的未来。到今年，我已经工作四年，实话说，"八高"的内容确实忘得差不多了，但这段求学经历已然使我脱胎换骨，那是一点一滴积累的结果，直到新生。如果说思维逻辑训练和学术训练是提高能力的基础，那么成熟稳重的性格更能扩宽能力的边界。

能力得到提高、性格得到锤炼，是我在 WISE 的最大收获。古人说，"三十而立"，硕士毕业的时候刚好就是我的而立之年，我想，这才是我真正的成年加冕礼。

WISE 呈现了真正的学术之美

WISE 的讲座举办频率绝对是高校里首屈一指的，这非常有意义。刘禹锡言"谈笑有鸿儒，往来无白丁"，正是与名家学者的近距离接触，我得以见识到那些改变世界、改变业界的重要观点是如何一步一步形成的，也得以见识到经济学、金融学是如何真正从实际出发经过学术探讨后最终解决现实问题的。我想，在不断认清生活的真相后依然热爱它并改变它，就是 WISE 教会我的人文关怀和学术理想。在这里，我想对所有在 WISE 学术路上辛勤付出的师生表达感谢，学术之美是你们呈现给世界最好的礼物。

回想起一个小插曲：当时我一直没有确定论文选题，在我无数次天

马行空、脱离实际的想法都难以成文时，是我的导师王㦿带着我多次参加学术讨论会。会上，老师和同学们对大家的每个想法都敞开讨论，讨论选题意义、论证方法、数据搜集、结论的可行性。这一过程使我深受启发，最终，我完成了一篇探讨我国金融深化如何影响经济发展的毕业论文，也算是做到了从实际出发，最终回到实际，不枉 WISE 的一番栽培。

追求学术的道路无疑是辛苦的，但每一位学者并不孤独。每当在前人的文章里看到和我类似的想法时，我颇有一种"日日思君不见君，共饮长江水"的欣慰之感；每当我带着学术进展请教老师和同学们的时候，亦有"如沐春风、君知我意"的畅快心情。虽然毕业后就参加工作了，我还是经常想回到那个学生时代，享受那些纯粹的思考和交流。现在的同事们经常说工作以后就不太喜欢动脑子了，其实是因为现在很难享受到当年的乐趣了。

WISE 延续了我的青春

"延续青春"这个表述看着似乎有些令人伤感，事实上，校园时光确实是一个人一生中最无忧无虑的时光了，没有生活的压力，也没有理想尚未实现的沮丧，更多的是志趣相投的伙伴们济济一堂。在校期间，我参加了很多高质量的校内活动——校运会、篮球赛、羽毛球赛、马拉松等，是个活动积极分子，这让我的校园时光非常充实，认识了很多好朋友。尽管毕业后天南海北，我和很多同学至今仍保持着相当好的关系，我相信我们会成为一生的好伙伴。

毕业后我居住在上海，但长期前往南京、杭州等地出差，闲暇之余，我参加了多地的校友会。印象最深刻的是2024年在杭州的校友会，声势浩大，参加的校友超过千人。最有意思的是，厦大校友会结束后，周颖刚院长召集 WISE 的院友开了个小会，周老师给大家单独发放了 WISE 的暖心纪念品。学校和学院的师生们很有凝聚力，这一点令我非常动容，不论身处何地，我都知道这里有我的伙伴们，他们会支持我、鼓励我前进。

结语

絮絮叨叨地回忆了这么多，时光还是把我拉到了30岁的现在，三年时光一晃而过，却一辈子都回味不完。在厦门大学这个中国最美校园里度过了难忘的三年，在亚南院这个中国最优秀的学术平台熏陶了三年，在这么多上进勤恳的师生们陪伴的三年，我都满怀感激。祝福厦门大学，祝福 WISE，越来越好！

廿年逐梦，风华如新：创世界一流，树中国学派的 WISE 实践

凤凰花下，念 WISE 旧时光

■ 潘姝宇

人物简介

潘姝宇，WISE 2021 级统计学硕士研究生，现就职于华泰证券股份有限公司。

六月，凤凰花再度盛放，经济楼前的树木在微风中摇曳生姿，似在娓娓道来二十载的悠悠岁月。2025年，恰逢王亚南经济研究院（WISE）建院二十周年，亦是我自该院毕业的首个年头。回溯在 WISE 的三年求学生涯，那些忙碌、充实且令人难以忘怀的时光如同一帧帧画面在脑海中徐徐铺展。

2021年，我凭借保研夏令营的契机顺利踏入WISE统计学专业的大门。彼时便听闻WISE虽规模有限，却在学术领域成就斐然，其国际化的教育理念与多元化的科研培育体系深深吸引着我。同时，我也知悉这里课业任务繁重，毕业标准颇高，特别是WISE的学术型硕士项目，以其学业难度著称。

入学后，我切实领略到了这里的学习强度。课程编排紧凑，内容广博且深奥，考核频繁且严格。课后，一张张草稿纸上满是密密麻麻的公式推导；"八高"作业，动辄需手写十几页乃至二十几页的公式；深夜时分，助教学长学姐们耐心答疑解惑的场景至今历历在目。在WISE的研究生阶段，无疑是一场严苛的学术锤炼。

若问这三年是否疲惫艰辛，答案是肯定的。然而，正是这些成长的磨砺，让我收获了诸多难能可贵的品质。在繁重的课业与学分要求之下，我学会了调适心态，合理规划学习与生活。这不仅助力我顺利完成学业，还使我在求职过程中从容不迫，为今后在工作中有序安排任务、高效达成目标奠定了基础。大量的公式推导与论文研读，极大地提升了我的逻辑思维与学习能力。如今，面对新知识，我能够更为迅速地掌握。WISE对学术规范的严格要求，促使我养成了严谨、细致的研究习惯，在撰写文章时，能够做到一丝不苟。此外，WISE课程设置的高自由度，使我得以将统计学与经济学、金融学有机融合，既夯实了数理基础，又掌握了经济金融理论，从而在就业市场中拥有了更为广阔的选择空间。

在WISE，最令我难以忘怀的，当属这里的师生。老师们皆睿智且富有风趣，他们治学严谨，对学术满怀纯粹的热爱：冷旋老师在高等概率论课堂上，眼中闪烁光芒，赞叹"大家不觉得这个公式很美吗？"的情景，我至今铭记于心；钟威老师在SDA（统计数据分析）课程上反复追问p值定义的画面，亦仿若昨日之事。同学们同样热衷于学术，乐于

分享。WISER CLUB 每周自发组织的分享会，让我汲取了丰富的数据科学知识。在这里结识的学长学姐们，在我的学术研究与后来的求职道路上，都给予了我无私的帮助。

如今，我们这些从 WISE 走出的学子，带着"自强不息，止于至善"的精神，奔赴五湖四海。无论身处何方，每当在异乡邂逅凤凰花绽放的美景，那些被知识照亮的岁月便会涌上心头。那是 WISE 赋予我们的，永不黯淡的光芒。值此 WISE 建院二十周年的特殊时刻，衷心祝愿其蓬勃发展，培育出更多杰出人才，在学术之路上稳步前行，铸就更加辉煌的成就。

启智筑梦 创新领航
——经济学本科国际化试验班

王亚南经济研究院经济学本科国际化试验班（现名"王亚南经济学本科拔尖创新实验班"）于2011年创办。项目以服务国家重大战略需求、培养新时代经济学国际化高质量人才为目标，进行了颇具中国特色的本科国际化人才培养模式改革。

项目强调深厚的经济理论思维和严谨的定量分析方法的训练，建立起一套立足中国国情，借鉴国外一流研究型大学学术标准的本科课程体系。项目学生在学期间海外交流率超50%，毕业后升学率接近70%，境外升学率超50%，多数进入海内外一流高校深造。2020年，以经济学国际化试验班学生培养模式为样本申报的厦门大学经济学拔尖学生培养基地入选教育部首批基础学科拔尖学生培养计划2.0基地。2021年，项目获教育部首批新文科研究与改革实践项目立项。2023年，项目创新培养模式荣获2022年高等教育（本科）国家级教学成果一等奖，经济学本科国际化试验班更名为王亚南经济学本科拔尖创新实验班，配合邹至庄经济学专业本科拔尖创新实验班，共同成为厦门大学教育部基础学科拔尖学生培养计划2.0基地的重要组成部分。

献给 WISE 二十周年：
那些塑造我的幸运与温暖

■ 韩心语

人物简介

韩心语，WISE 2012级经济学本科国际化试验班学生，现就职于哔哩哔哩，担任战略分析师。

本科毕业已然九载，WISE 即将迎来二十周年庆典。回想起 2012 年的夏天，加入 WISE 是我本科阶段所做的第一个决定，也是最重要的决定。在毕业之后的岁月里，我依然能够感受到，当初加入 WISE 是何其幸运的一件事。

这份幸运，源于 WISE 老师们的严谨治学之风。在 WISE，每一门课程、每一节"lecture"，老师们都会精心筹备，内容兼具趣味与价值；我们在"office hour"提出的每一个问题，都能得到认真详尽的解答。我曾在许多场合提及此事，他人都觉得不可思议。我也是在毕业之后才意识到，这有多么难得。在此，要感谢我的老师们，即便面临科研压力，也依然将教学视为重中之重。尽管有关课程的诸多具体细节已渐渐模糊，但老师们严谨认真的治学态度一直影响着我后续的学习和工作。

除了学业上的收获，WISE 还在自我探索之路上为我指引方向。WISE 的课程体系以扎实的数理知识为基石，为有志于科研的同学铺就道路，但并不强行将同学们驱往科研的单行道。犹记得参加学院分享会时，一位刚从企业回到教学科研岗的老师以其自身经历鼓励我们去亲身体验、自主判断。投身业界，还是深耕科研，不同的人会有不同的选择，并无绝对优劣之分。正是这种开放包容的态度，影响了我后续的诸多选择。在大三已无法获取双学位时，我加修了自己感兴趣的统计学课程；研究生时，我申请了非热门的德国商科项目；在实习与工作期间，我不断尝试不同的职能与方向，放弃功利性更强的机会，追随兴趣，挖掘自身真正的兴趣所在。WISE 这种开放包容的氛围，给予了我不断探索的勇气。在毕业之后的职业生涯里，能够做自己感兴趣的事情，便是这份幸运最真实、最生动的体现。

2016 年，作者（左一）与同学在厦大上弦场毕业留影

此外，我还特别幸运地遇到了一群可爱的同学。想用一个有些俗套却无比珍贵的词语来形容大家——善良。WISE 2012级的"神兽"们，都是善良、包容、温暖的人，是互相支持、互相理解、互相祝福的伙伴。这不仅是因为大家的性格底色，也是因为 WISE 包容开放的氛围、

公正严谨的办学态度，以及那些默默为我们提供各种支持的行政和秘书处老师。在这样的环境里，我们才能自由又健康地生长。谢谢在 WISE 遇到的每个人，他们让我始终愿意用最大的善意去面对生活中遇到的人和事。

最后，我想用 2015 年 WISE 成立十周年时我所发的朋友圈动态来表达我对 WISE 的深深谢意。即使十年后的现在再看，那时写的话依然无比准确——"谢谢 WISE，大概理想的大学生活就是这般！"

恰同学少年

■ 李雪婵

人物简介

李雪婵，WISE 2012级经济学本科国际化试验班学生，2016级金融学硕士（厦门大学－福特汉姆大学金融双硕士项目），现就职于中国建设银行。

"恰同学少年，风华正茂；书生意气，挥斥方遒。"这句话总能唤起我对大学时光的美好回忆。四年的大学生活，我们在这里学习、成长，从青涩走向成熟。我们的青春岁月宛如一幅绚丽多彩的画卷，而王亚南经济研究院则是这幅画卷上最为耀眼的色彩。在毕业季，我们每一位同学都怀揣着对未来的美好憧憬，带着学院对我们的殷切期待，即将踏入人生的新阶段。我们心中百感交集，既有期待，也有彷徨，但更多的是对大学生活的不舍和怀念。

2016年，WISE 2012级经济学本科国际化试验班学生在上弦场毕业留影

那天，阳光温暖而明媚，我们聚集在上弦场拍摄毕业照。身为经济学专业的学子，我们希望通过一种别出心裁的方式来怀念我们的大学四年——用身体拼字造型的方式来呈现学院和专业的名称"WISE IUEC"，同时还融入了经济学最重要的工具需求供给曲线。这一创意不仅是对我们所学专业的致敬，更象征着我们与学院之间牢不可破的纽带。

我们依照精心策划的图案，井然有序地躺在各自的位置上，有的同学勾勒出字母的轮廓，有的同学则稳稳地支撑起字母的骨架，我们彼此协助，不断调整姿势与角度，以确保在镜头前能够呈现出完美的画面。阳光下，我们的身影相互交错、融合，寓意着来自五湖四海的我们，在学院的怀抱中相遇、相知，共同书写着青春的篇章。

当看到照片的那一刻，我们所有人的心中都充满了自豪和感动。毕业照上的图案不仅仅是一个简单的名称或曲线，它还代表了我们对学院的敬意、对专业的热爱以及对未来的向往。在求学的道路上，我们深知离不开学院的悉心栽培与关怀。而当我们步入社会、投身职场之际，我们也将时刻铭记学院的精神与教诲，不断努力提升自我、追求卓越，以期有朝一日能成为学院的骄傲，为社会贡献我们的力量与智慧。

拍完毕业照后，我们围坐在一起，分享着大学四年的点点滴滴。我们畅谈各自的梦想，规划未来的生活。虽然我们知道不久后我们就要各奔前程，但这份友谊、这份回忆将如同在学院里学到的知识一样，作为宝贵的财富永远伴随着我们。

如今，每当我看到这张意义非凡的毕业照时，心中总会涌起一股暖流。它不仅定格了我们的青春岁月，更承载着我们对学院的深深怀念和感激之情。无论我们走到哪里，学院永远是我们心灵的归属，是我们永远的家。

时光荏苒，感恩 WISE 的四年

■ Ng Chin Boon

人物简介

Ng Chin Boon，WISE 2012级经济学本科国际化试验班学生，现就职于 Fipper Marketing Sdn. Bhd.

光阴如梭，转眼间，我已经毕业九年了。厦门大学始终是我心中一片充满美好回忆的天地。作为一名来自马来西亚的留学生，我怀着期待与忐忑来到厦门大学王亚南经济研究院。这四年的求学之旅虽充满挑战，但正是这些经历让我变得更加坚韧。

刚踏入 WISE 时，一切对我来说都充满了新鲜感，但也伴随着不少困难。身为留学生，我不仅需要适应全新的学习环境，还需要面对文化上的差异和学术上的高要求。尤其是与数学相关的课程，是我最大的难题。记得刚开始上课时，老师在黑板上快速推导公式，我常常跟不上节奏。课后，我只能不断翻阅教材、查阅资料，并向同学请教以弥补不足。有时看着自己的练习题满是错误，我甚至怀疑自己是否能坚持下去。

幸运的是，我并不是孤军奋战。无论是老师还是同学，都给了我无尽的支持与鼓励。老师们总是耐心地在课后为我答疑解惑，而同学们也乐于和我一起复习讨论。记得一次计量经济学考试前，我遇到了一道解不出的难题，正感到焦虑时，一位复习小组的同学不厌其烦地为我讲解了多次，直到我彻底弄懂。这些温暖的瞬间让我在面对困难时依然充满

力量，并逐渐对经济学与数学建立起兴趣与信心。

虽然这段求学路并不轻松，但正是这些挑战让我不断突破自我。毕业后，我常常感激 WISE 赋予我的这份成长经历。每当生活或工作中遇到困难时，我总会想起在 WISE 学习时的那段时光，只要全力以赴，任何问题都能找到答案。

厦门大学不仅是我求学的地方，更是我梦想启航的地方。在这里，我不仅收获了专业知识，更学会了坚持和感恩。无论岁月如何流转，每当我回想起在厦大的点滴，心中总是充满温暖与归属感。得知 WISE 即将迎来建院二十周年庆典，我倍感骄傲与欣喜。我深深感谢母院的培养，也衷心希望 WISE 能培养出更多优秀的学子，将跨文化的包容与开放精神传递下去，我也期待有朝一日能再次踏上厦大的土地，走过熟悉的芙蓉湖畔，重温那段无比珍贵的青春时光。

芦叶满汀洲

■ 王雪原

人物简介

王雪原，WISE 2012级经济学本科国际化试验班学生，现为美国对冲基金Snowflame Partners LLC管理合伙人。

回忆在厦大念书的日子总是件令人愉悦的事情。

这并不是说过得有多么轻松悠然，恰恰相反，对我而言，那是尤其折腾、尤其精彩的一段时光。如今从 WISE 毕业近十年，其间，我辗转过许多国家，担任过许多职位，一级市场与二级市场都经历过了，转头看才发觉，对后面人生影响甚大的思想课题都萌发于在 WISE 自由生长的日子，今选取个别于此文中记录，希望能抛砖引玉，为师弟师妹们提供一些借鉴。

第一，持续的努力需要牢固的动机，这个动机必须自己去找。接受义务教育的时候，有一个似乎不容置疑但令我始终困惑的问题：一个人为什么要努力？尤其是当主流观点将努力与功利主义在某种程度上挂钩时，这种困惑更加明显。"寒窗苦读—名校深造—高薪职位—成家立业"固然是一条值得肯定的道路，但走这条路是人的主观选择。既然是主观选择，就应该有一套较为完善的道理来说明如此选择的合理性，而不应不求甚解，把选择直接当作结论来用。从众是一种省力但高风险的行为，省力是人性的天然喜好，但高风险却不是每个人都能看懂的——十几年前的我也看不懂，我只是觉得困惑：既然生活中每件事都存在原理层面的不确定性，金融市场里的每一只股票走势都包含不可消除的随机变量，那么那一种高度规整的人生轨迹，看起来至少不应该是"理所当然"的。换句话说，游戏世界里的 NPC（非玩家角色）机械地执行任务，因为它们的行为是被代码设计好的。如果人对自由意志还有那么一点信心，那就应当对此发起质询。

这一困惑萦绕于我的大学生涯初期。彼时的我如野草般肆意生长：打辩论赛，做演讲，在图书馆里"刷书"，去异国他乡做交换生，天南海北地交友。越是拓展认知边界，这个关于人生驱动力的疑问就越发变得丰富而有趣。读祁克果觉得答案是"leap of faith"，到加缪又相信世界上本没有先验的"faith"，只有更多的体验；儒家告诉你经世济用，兼济天下，佛家说破所知障，自性本空。

我找到当时自己满意的答案的过程颇为波折，现在想起来甚至有点浪漫主义。在 WISE 的最后一年，我找到的答案是这样（这里直接引用从 WISE 毕业时写的原文）：

"我的目的是拥有实现个人意志的自由，也就是说我能靠自己的能力，去自由地做我想做的事情。对于这种想法的表述，王小波《黄金时代》里有段不错的话："那一天我二十一岁，在我一生的黄金时代。我有好多奢望。我想爱，想吃，还想在一瞬间变成天上半明半暗的云。后来我才知道，生活就是个缓慢受锤的过程，人一天天老下去，奢望也一天天消失，最后变得像挨了锤的牛一样。可是我过二十一岁生日时没有预见到这一点。我觉得自己会永远生猛下去，什么也锤不了我。"

我要做的事情，就是在我真正老下去的那天来临之前，能靠我自己的能力，一直维持着二十一岁的样子。我想爱，想吃，我有好多奢望，这些奢望总有一天会因为生理和心理的衰老而真的变成奢望，在这之前，我要一样一样地实现一遍。

为达到这一点，我要有足够的物质资本和社会资本，足够的思想和阅历。因为周围的世界还是很现实主义的，现实到你自己得在现实层面足够独立，才能坚持住你的浪漫。因为只有自己挣来的，才是自己的，才无所谓别人怎么说，才有资格相信什么也锤不了我。

这个答案伴随我度过了刚从学校毕业走进社会的几年，效果不错。后来年纪渐长，版本上迭代过几次，但这一部分的内核依然保留了下来。于我自己而言，WISE 在我最需要自由生长的时候给了我一座自由活泼的象牙塔，一定程度上容我暂时规避了功利角度的焦虑和由此引发的欠

考虑的行动，这是这所学院相当与众不同的气质，这种气质直到今天尚在我的生活中留有余韵。

第二，在必要的时候追求舒适，但对舒适圈本身要始终抱有警惕。顺遂的日子很容易淡忘，精彩背后一定充满波折。我从小就想成为一个精彩的人，当海盗横跨四大洋，或者当职业旅行家周游列国。

没有人告诉过我精彩的代价是什么，导致我在挺长一段时间内以为聪明加运气好就可以，电影里都是这么演的。

金融学里有一个基本原理，风险跟收益成正比。茨威格说，"上帝给每个人的礼物背后都标注了价格"，当一个人懂很多东西，掌握某些出色的能力，取得不错的成就或者有很多故事可以讲的时候，他一定也付出过至少等量的成本。所以每次遇到麻烦事的时候，我都这样安慰自己——或许这恰恰证明自己走在正确的道路上。

甚至有的时候，为了成为想成为的人，还要不断地逼自己跳出舒适圈子，待站稳了，抬头看到新的远方，再循环往复。

每个人都有强大的惰性以及适应性本能，前者告诉你要找熟悉的、安全的、温暖的地方老实待着，后者告诉你在遇到各种恶劣情况的时候，你实际上比你想的强很多。苦难可以终究毁掉一个人，也可以终究成就一个人。苦难是中性的、"不仁"的、"无分别"的，既不应该被歌颂，也不应该被恐惧。造成不同结局的从来都不是苦难本身，而是苦难施加的那个人。

从 WISE 离开之后，我去过很多地方，遇到过很多麻烦，但从未觉得不可逾越。相反，天底下绝大多数事情都有解决办法，但蜷缩在角落里一定不是其中一种，因为绝大多数的麻烦，不能指望超人从天而降或者有什么带来幸运的小精灵围着你飞。这次躲起来，下次还要找地方躲，时间久了，你会发现自己能够生存的空间只剩下一间壁橱。

从壁橱的小窗望出去，草地、田野与湖泊，阳光不要钱一样地洒下来，有人正向着更远的地方肆意奔跑。

  我一直认为，别人的生活经验是不可能直接拿来用的，听完觉得再有道理，到实践的时候也必然还是会继续走自己的那一套。只有撞南墙撞出来的道理，才是自己的。直到今天，我偶然还会回忆起十周年庆时的场景，想起自己那时作为 WISE 学生的所思所想，如今恰逢 WISE 二十周年庆典，想借这个机会，给师弟师妹们写一点东西，如能帮上你们一点忙，那于我是开心和荣幸的一件事。

  最后，感谢洪永淼老师，以及建院时的诸位师长前辈。前人栽树，泽被后世。

王雪原

芦叶满汀洲

情系 WISE：那些年，那些人，那些事

■ 彭 鹭

人物简介

彭鹭，WISE 2014级经济学本科国际化试验班学生，现为对外经济贸易大学国际经济贸易学院讲师。

2014年，我怀揣着对知识的渴望与对未来的憧憬踏入了厦门大学王亚南经济研究院的经济学国际化试验班，就此开启了一段深刻影响我人生轨迹的旅程。直至2018年毕业，我前往清华经管学院攻读博士学位。

在 WISE 的这四年，是我成长路上的关键一程，我遇见了众多优秀的老师和志同道合的同学，真切体会到了学术的严谨纯粹以及人情的真挚温暖。

WISE 的培养计划精准且多元，赋予了我们广阔的发展空间。扎实的数理基础课程，让不少同学选修统计双学位后成功转入统计学或计算机领域读博深造。R 语言学习俱乐部，为我们提供了丰富的学习资源和实践机会，引领许多同学踏上量化学习的道路。导师团队更是一大助力，WISE 为班级配备的海归青年学者刘鼎铭老师，以及为每人配备的学习导师，如我的学习导师韩晓祎，定期与我们交流互动，分享学术前沿动态和海外留学经验。任课教师们也大多有着海外留学背景，这使得我们毕业时出国深造率显著提高。同时，厦大经济学科每年举办的国际学术会议，会邀请到托马斯·萨金特、萧政等顶尖学者，为我们创造了真实的学术座谈与轻松的"tea time"交流机会。WISE 是我学术的启蒙之地，我的第一篇学术论文是与周颖刚老师和蒙丽娜老师合作完成的。

强大的校友网络是 WISE 给予我们的又一宝贵财富。在博士毕业求职之际，我得到了 WISE 老师们和师兄师姐们的热心帮助。入职贸大后，发现身边不少同事都来自 WISE，他们在我初来乍到之时热情相邀，共叙情谊。在学术会议上，与众多 WISE 出身的老师相遇，那种源自同一学术家园的亲切感瞬间拉近了彼此的距离。2021年，北京 WISE 校友会举办的中秋博饼聚餐，有幸邀请到洪永森老师，现场精英荟萃，来自各行各业的校友们齐聚一堂，共叙情谊。正如洪老师所言：WISE 院友遍布全球，涉足多元领域，犹如一张庞大而紧密的网络。这无疑是我们共同的宝贵财富，为我们的职业发展与个人成长提供了源源不断的支持与机遇。

廿年逐梦，风华如新：创世界一流，树中国学派的 WISE 实践

2015年，作者（前排左五）参加班级活动留影

而 WISE 的小班制教学模式，则充满了温情与欢乐。我们在固定的小班中共同学习、共同成长，朝夕相处间，小组协作成为常态，学习上彼此扶持，竞赛中互为坚强后盾，生活中则是亲密无间的饭搭子和旅游伙伴。班委组织的活动丰富多彩，女生节的校园寻宝、男生节的温馨祝福、海边篝火晚会的温馨浪漫、毕业前的真人 CS 和帆船游，都成为我们青春记忆中最亮丽的色彩。毕业之际，班长郑临风和团支书林晴精心策划，对每位同学进行采访，精心剪辑成纪录片《重逢》，还制作了毕业纪念图册，每一页都珍藏着一位同学的照片与深情寄语，这些美好回忆成为我们青春岁月中最珍贵的宝藏。

在 WISE 的四年，是知识积累的四年，是情谊沉淀的四年，更是梦想起航的四年。感谢 WISE 给予我的这一切，值此二十周年院庆之际，衷心祝愿厦门大学王亚南经济研究院生日快乐！愿其在未来的征程中，继续秉承卓越学术传统，培育更多优秀人才，在学术领域不断攀登新的高峰，书写更加辉煌灿烂的篇章。

廿载韶光映初心，十年同行暖征程：
我与 WISE 的双向成长

■ 齐　斌

人物简介

齐斌，WISE 2014级经济学本科国际化试验班学生，香港科技大学2019级国际管理硕士，现就职于 Harmolands Capital，任研究分析师 (Research Analyst)。

时间过得真快，一晃 WISE 已经20岁了。突然间接到班主任的邀请为 WISE 的二十周年庆写点什么，不胜惶恐。本想写点慷慨激昂之语，但在字斟句酌间，很多沉于心湖的画面隐隐浮现，更触动我的还是曾经那些点点滴滴。

和其他院系不同，WISE 经济学本科国际化试验班一开始就固定有40多人，很多课程、活动大家都一起参加，也留下了不少宝贵的回忆。印象最深的是2015年女生节，我们在课前课后猜谜，在整个校园内寻宝，所有的谜底汇聚起来，是最终 party 的时间地点。我们在别墅里烧烤、包饺子、互换礼物，整整玩闹了一月有余。这场活动至今令我印象深刻，后来工作后我也组织参与过不少更大型的活动，但那一次永远是我最喜欢的。同学们毕业后多次相聚，线上线下互相闲聊，偶尔也会提及。我想，我们虽已各奔东西，但这共同的回忆，会永远镌刻在记忆里，天南海北有所牵连。

令我怀念的还有敬爱的恩师们。巧的是，我们这届入学之年，也是很多优秀的年轻教授初入教职之年。印象中，老师们并无威严肃穆之感，而更像亲切的"大师兄""大师姐"。无论是学术研讨、职业发展，还是生活的烦恼，都能找到前辈倾诉。老师的"office hour"常常成了"coffee hour"。还记得我多次没有预约就直接找到老师请教，他们也永远温暖微笑着为我答疑解惑。即使到今天，我们仍然常常沟通。许多曾经的老师们，如今已经成为知名教授、学术专家，而我们也渐渐成为10年前的他们，在自己不断努力的同时，也温暖着身边人。我想，这也是WISE精神的一种传承。

印象里还有很多值得怀念的事情，例如老大难的"数学分析"、新颖的"导师制"、第一次小组作业和全英文的"presentation"、神奇的"Business English"和大学物理课程种种，历历在目。

离开WISE已经7年，虽说已褪去了不少当初的青涩，但在尘世的风雨中，我们还是"小学生"。每每回忆起WISE的点滴，心头仍有甘甜。思者常新、恒者行远的WISE精神也一直影响着每一个WISE人。我很庆幸在自己的18岁遇到了WISE，十年了，WISE和我都在成长，而那四年的生活好像一面镜子，回头看能看到懵懂的自己；向前奔跑时，背后也一直能感受到它折射出来的暖洋洋的光。

献给 WISE 二十周年

■ 孙 岵

人物简介

孙岵，WISE 2014 级经济学本科国际化试验班学生，2018 级美国密歇根大学安娜堡分校硕士，现就职于 IMC Trading，任量化研究员（Quantitative Researcher）。

回忆起十年前的大学时光不是一件容易的事。写下这些文字之前，我在电脑的旧文件夹里翻找着在 WISE 读本科时留存下来的东西，尝试给自己找到一个和过去对接的时间入口。

在这些文件里，我找到了和同班同学的一张合影，一张 C 语言课程结课时的全班合照。曾经一起在校园骑行去南强上课的伙伴们，现在大多已步入职场多年。包括我自己在内，很多人都在外资金融企业工作。职场上英文主导的工作环境，高度重视金融、数学和编程能力的氛围，总让我想起十年前在 WISE 经济学本科国际化试验班时打下的基础。那时候初次接触经济学的全英文教学，还有全英文的线性代数和统计推断课程。那是一段艰辛的，却收获满满的青春岁月。之后的出国留学，包括现在的职场生涯，我无时无刻不感受到当年在 WISE 读书的日子带给我的帮助，也感受到许多 WISE 的师长带给我的榜样的力量。

今年是 WISE 成立二十周年。这二十年经济学科的发展很快，世界的变化也很快。一个愈发重视统计、编程和量化研究的时代已经到来，

并且渗透到学术研究和各行各业。毕业之后我还经常翻阅 WISE 的官网，看到许多新的研究成果，看到学院引入了更多统计分析、机器学习的内容，看到厦大传统的优势学科焕发了新的生机。作为一名已经毕业的学生，我虽无法再以学生的身份回到母校去感受这些变化，但是每每回想起自己在 WISE 的那四年，在那个洒满阳光、开着火红的凤凰花的校园里，自己也曾和一群严谨认真的同龄人一起学习进步，就有一股动力一直驱动着我去追赶时代的浪潮，去和母校与 WISE 一同成长。这段回忆，这个永远值得我追随的 WISE 群体，是我一生的财富。

2015 年，WISE 2014 级本科国际化试点班结课留影

WISE 回忆录：四年青春，一生情深

■ 郑临风

人物简介

郑临风，WISE 2014级经济学本科国际化试验班学生，2018级美国加州大学圣地亚哥分校硕士，现就职于 Sojern APAC Pte. Ltd., 任资深数据分析师（Staff Data Analyst）。

时间是一台收割机。若不是收到鼎铭和安语两位老师的邀请，我很难相信自己与 WISE 的缘分竟已跨越十年。十年之后回望，我愈发觉得大学四年的经历弥足珍贵。趁着这次机会，我想分享几个小故事，既是回忆，也是炫耀。

初入 WISE：一次"侥幸"的开始

大一刚入学时，WISE 从经济学大类五百多人中选拔学生。因为是全英文教学，所以选拔流程包含英语面试。为了锻炼口语，我那段时间逢人便以英语交谈，弄得室友和几个朋友莫名其妙。面试当天，我和后来成为同学的俞方舟分在一组，面试官是我后来的导师鲍小佳。当她们用流利的英语对话时，我的手心已经开始冒汗。然而，幸运之神最终眷顾了我，我以倒数第二名的成绩进入了 WISE，签下那份被我们戏称为"卖身契"的加入通知书。

当时的我未曾预料到，在这份"卖身契"背后，全英文的教学环境与重数理的课程设置将对我未来的职业发展产生如此深远的影响。如今，英语已成为我日常工作的语言工具，而四年在 WISE 的训练自然功不可没。

课堂：打开眼界，锤炼思维

WISE 的课程设置很有意思。全英文的授课方式、外教与在海外学习工作背景的老师，让我们得以接触更广阔的世界，用全新的视角学习先进的学问。

大一第一学期，茅家铭老师的经济学原理课让我印象深刻。除了讲解课本知识，茅老师还分享了很多有趣的经济学现象：为什么麦当劳和肯德基总是开在一起？在光棍节那天，他还讲解了择偶"三七定律"。他娓娓道来的讲课方式，像父母在给小朋友讲故事一样，将我们带入经济学的广阔天地。

然而，茅老师对我们的要求却非常严格。每周，我们都需要阅读英文著作 *New Ideas from Dead Economists* 并撰写读书笔记。这本书在我们这些刚从高中毕业的大一学生眼里简直是一本"灾难书"，甚至被戏称为"死经济学家"。此外，学期末的经济学英文展示更是让人心跳加速，大家轮流登台展示，挑战重重。然而，这门课不仅助我入门经济学，更重要的是，它让我形成了一种全新的思维方式，这种影响一直延续至今。

同窗情谊：小班教学带来的独特温度

除了学术上的成长，WISE 带给我最宝贵的财富莫过于同窗情谊。大学里，很多人对于"班集体"没有太多概念，但 WISE 的小班教学却给了我这样的特权。

大一、大二期间，我们几乎所有课都一起上，这使得同学之间都十分熟悉，也让我们的集体活动格外丰富。从温馨的女生节、欢乐的中秋博饼，到年末聚餐、毕业纪录片的拍摄，这些活动不仅增进了彼此之间的感情，也成为我们大学生活中最温暖的回忆。

四年的 WISE 生活，不仅给予了我专业知识，更塑造了我的思维方式和人生观。而这段经历中那些闪光的时刻、那些温暖的人情味，已然成为我人生中不可替代的一部分。十年一晃而过，在我心中，WISE 始终是一座温暖的灯塔。感谢那些悉心教导我的老师们，感谢陪伴我一路走来的同学们，也感谢那个曾在课堂上努力跟上全英文讲解的自己。愿 WISE 继续培养出更多有才华、有格局的青年学子，续写下一个辉煌的二十年！

闪光的回忆

■ 安 鹏

人物简介

安鹏，WISE 2018级经济学本科国际化试验班学生，现博士就读于厦门大学经济学院。

四年的WISE生涯充实、安静，苦乐参半。如今回想起来，苦的细节已经模糊，只剩笼统的感受。一些琐碎而平淡的快乐却愈发清楚，粼粼地泛着光在脑海里浮现，让人回忆起来不自觉带着微笑。借着WISE二十周年院庆的机会，将这些闪光的回忆形成篇章，聊表心意。

那是大二上学期的考试月，一段辛苦又温暖的日子。一学期的"草堂春睡"换得考前一个月奋笔疾书的昏天黑地。拿一杯咖啡坐在阅览室固定的座位上，听着固定的歌单，半天半天的学习时间就如水一样流走。再抬头时已是晚霞满天——可以喘口气了，于是拉着李轲和林俊炜去"富万邦"觅食。12月的厦门终于降温，李轲叫嚷着"吃点热乎的"，加了藤椒辣油的鸭血粉丝汤就成了天冷时的首选。一来二去和老板相熟了，不用点单就知道我们要些什么。吃饱喝足，身子也暖了起来，带着一点温暖的困意，再回去慢悠悠地学到闭馆。

离开图书馆，在芙蓉湖边稍坐片刻，三个人就一路闲聊，从后山的小路走回宿舍。相比于勤业方向的大路，后山小路更长却也更平缓，月光映照之下，能看见路边种着的大花紫薇、龙眼和低矮的四季桂，常常是一路花香。途经材料学院，还要点上一杯"八婆婆"烧仙草，再多要一袋花生撒进去，和着温热的奶茶喝下，咀嚼之间满口生香。路上无非是些嘻嘻哈哈打打闹闹，偶尔担心着复习的进度，都是些微不足道的烦恼。后山的路灯很昏暗，走的人也少，冷冷清清的，现在想起来却是欢声笑语而闪闪发光的景象。

美好的回忆不一而足，这里也就不再赘述了。感谢 WISE 为我们提供了像家一样温暖的班级，萍踪偶聚的三十几人，彼此陪伴着度过了成年之后最美好的四年光阴。愿我们带着彼此赠予的闪光的回忆，一直朝气蓬勃地走下去。

作者（左一）与同学的毕业照

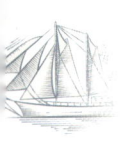

从白城潮声到建南灯火：
我在 WISE 的蜕变之旅

■ 楼帅舟

人物简介

楼帅舟，WISE 2019级经济学本科国际化试验班学生，现博士就读于上海交通大学安泰经济与管理学院。

回想起我在厦大 WISE 学习、生活的四年时光，好像有说不尽的故事、感激不完的人，正值 WISE 建院二十周年，我便联想起当时在校读书时的一段特殊经历。

大一升大二的那个暑假，我被临时招进了《遥望海天月》剧组，并饰演主角王亚南校长。当时觉着可能因为我既是 WISE 的学生又是校主持队成员，有点朗诵与主持的底子，所以才被安排饰演王亚南校长。那时候，这部话剧还在创排阶段，所以一开始我的任务就是坐在台下看指导老师在台上的表演，然后模仿他。前期因为我不太了解王亚南，所以总被导演说是一个只会朗诵台词的机器，演得太"白"了。无数人向我强调，这个角色至关重要，若诠释不当，整部戏或许都难以呈现在观众眼前。这些话如巨石般压在我心头，令我陷入巨大的压力与极度的焦虑之中。每日，沮丧如影随形，自信心也在日复一日的挫败中逐渐消解，导致前期的表演进步极为缓慢。

然而有一天，我突然意识到我应该真正沉下心来去理解这个人物，而不是每天自怨自艾，浪费时间。于是，我开始大量阅读与王亚南与郭大力翻译的《资本论》有关的文献与书籍，反复研读台本。王亚南校长的一生与大海紧密相连，而我却对大海知之甚少。为了贴近角色，我常独自前往学校白城沙滩，静静凝视大海的波涛起伏、奔流不息，还对着大海练习台词，想象着王亚南校长当年将自己绑在船上读书翻译的场景，在这样的情境中慢慢找寻表演的感觉。

这些努力让我逐渐走进了王亚南校长的内心，感受到他从一个失魂落魄的书生成长为杰出经济学家的伟大历程。而真正促使我蜕变，达到与角色共情的，是剧组的生活。开学前，我们几乎整日泡在建南大礼堂里。由于这是一部边创作边排练的话剧，常常需要推倒重来，所以每天结束时，大家都累得瘫倒在舞台上。开学后，我们白天上课，夜晚排练，每日睡眠时间不足五小时，课业繁重，十分辛苦。但令人感动的是，剧组中没有一人想要放弃，大家相互鼓励，即便筋疲力尽，在联排时仍能展现出最佳状态。这些经历让我深刻体会到王亚南校长与郭大力先生合力翻译《资本论》时的艰难。他们十年如一日，坚守理想，克服重重困难。相比之下，我们剧组要完成的事虽远不及他们的事迹那般宏大，经历的磨难也无法与其经历相提并论，但大家为完成这部作品所展现出的

楼帅舟

从白城潮声到建南灯火：我在 WISE 的蜕变之旅

笃定信念和甘愿付出的精神，深深感染着我。

随着时间的推移，这些点滴悄然改变着我、塑造着我，让我真正理解了这部作品和王亚南校长的科学精神。当舞台搭建完成，舞美布置就绪，我走上舞台的那一刻，仿佛与角色融为一体，不再是生硬的模仿，台词也仿佛成了自己的肺腑之言，尤其是最后一段独白，就像是对自己一生的总结和对台下观众的寄托。在全剧结尾，当我再次深情望向王校长的画像时，内心充满了底气与信心，我知道，我已真正走进了他，在舞台上成为他，他的精神也融入了我的生活与生命，让我在前行的道路上更加坚定。作为一名 WISE 的学生，我也一直牢记着王亚南校长的嘱托："要用理论去解决中国的问题，即以中国人的立场来研究中国的经济学！"

话剧《遥望海天月》剧照，作者（后排左三）饰演王亚南

今年恰逢 WISE 建院二十周年，献上一首贺诗，祝 WISE 越办越好，再创辉煌！

《致 WISE 廿年》

小楼曾望海天月[a]，

涛声漫卷书页白。

廿载经纶织锦瑟，

一舟风雨济世来。

杏坛灯暖春泥润，

数理星明真理开。

莫道讲台三尺窄，

心随帆影到云台。

楼帅舟

从白城潮声到建南灯火：我在 WISE 的蜕变之旅

---

a 取自王亚南校长写给女儿王岱平女士的一封信，那封信的末尾附了他亲笔所作之词："人生无处不作客，莫谓有家归不得。小楼遥望海天月，不嫌窄，古稀之年早不惑。"

廿年逐梦，风华如新：创世界一流，树中国学派的 WISE 实践

鹭岛潮声，廿载华章

■ 姜皓天

人物简介

姜皓天，WISE 2019级经济学本科国际化试验班学生，现博士就读于美国哥伦比亚大学经济学系。

WISE即将迎来二十岁生日，这二十年时间的沉淀，让学院不断壮大，愈加璀璨。王亚南经济研究院是我梦开始的地方。从教室到图书馆，从导师耐心的点拨到与同学热烈的探讨，这里的一切为我的学术道路铺就了坚实的基础。更重要的是，它教会了我如何去探寻真理，如何在面对未知时保持好奇与勇气。怀着对 WISE 的感恩与眷恋，我想通过我的文字，回忆和分享那一段宝贵的学习时光，同时也表达对 WISE 未来的美好祝愿。希望这些记忆和思考能为二十周年庆典增添一份属于学子的深情厚谊。

初识 WISE

大一刚入学，学院举办了本科国际化试验班的宣讲会，那是我与 WISE 的第一次邂逅。那时对大学生活无比憧憬、懵懂的我被 WISE 的前沿办学理念和国际化课程设置吸引，于是报名参加了 WISE 本科国际化试验班的选拔考核，并且幸运地进入 WISE 学习。这也许是我大学生活之中最重要的几个选择之一，若是当时没有选择参加国际班的选拔加入 WISE，我的大学生活和本科毕业后的路径一定会与现在大不相同。我想感谢在大一选择加入 WISE 的那个懵懂的自己。

加入 WISE 之后的第一年，学习生活十分繁忙。当时的我们和数学科学学院的同学一起修读基础课程，加上全英文的经济学课程，对初入大学的我而言自然是一个挑战。但那时候的我好像并没有思考很多，更多的是在琢磨着怎么更好地利用时间，如何从紧凑的课程安排之中收获自己想要学到的东西。换句话说，那时的我好像并不太知道策略或者计划，更多的是一种埋头苦干的冲劲。也正因为如此，我探索了学校不同的图书馆和图书馆中不同的阅览室和自习室，慢慢找到了自己喜欢的地方和学习的节奏。正是这一年的忙碌，让我打下了良好的数理基础，也让我对学术英文更加熟悉。在第一年的学习中，无论是对数理基础知识的学习，还是向全英文学术交流环境的过渡，推着我进步的是心态上的改变和对方法的探索。从高中走向大学，这对每个人而言几乎都是一个

巨大的转变——周围的环境变得更加自由，生活中瞬间充满了各种选择，每天可支配的时间非常多，也不再有老师或家长督促学习。自由当然带来了许多轻松快乐和成为自己生活主人的满足感，但同时也为自己学习生活的安排带来了新的挑战。面对不同的教材和课程，以及不同课程知识的相应特点，并没有一个学习方法模板供我选用，这时不断试错、不怕试错的心态让我收益良多：勤在网络上和图书馆寻找相关资源，并尝试着在学习过程中运用这些资源来帮助自己，如果尝试不成功，那就再尝试另一条路。就这样，我慢慢探索出了适合自己的学习方法，获取了相关资源，并明确了自己对什么类型的信息输入更加敏感。这个探索自我、了解自我的过程不仅让我平稳完成了向大学的过渡，也对我未来的交换以及现在博士阶段的学习起到了巨大的帮助和促进作用。

探索 WISE

当时间如快进般进入大二，WISE 的课程安排也逐渐从基础课向专业方向课过渡。这一阶段，正是经济学的学科大门向我慢慢打开的过程。让我印象最深刻，也是收获最多的是 WISE 独特的新生研讨课。研讨课由一学年的经济学学科入门讲座组成，每一场讲座是对某一个经济学前沿的研究领域的介绍，由学院里在相应领域做研究的教授主讲。正如美食的吸引人之处不仅在于每道菜的精致，还在于多样的选择可以提供不同的风味，每一场入门讲座、每一个主讲的教授，都让我领略了经济学研究的不同视角与方法，以及不同的研究者所关注的问题和切入点的细微不同。这种学习模式和博士项目中的研讨会非常类似，研讨会和讲座的目的更多的是帮助学生了解研究的主题和方法，和自己的兴趣及研究建立联系，以及试图探索新的兴趣和话题，而不是对细节100%的掌握。学科入门系列讲座让我很早就开始了对这一能力的训练，同时博览了经济学科海纳百川的壮阔图景。

  WISE 在注重学术理论培养的同时，也会提供机会培养我们更好地关注社会生活，立足中国国情的能力和意识。我在大二期间参加了不少学院的业界讲座和一些跨学科的论坛，当时去听这些讲座更多是出于好奇，或者是学习感到疲惫，想换换思路。我已经不再记得这些讲座的具体内容，但即便如此，这些讲座仍然在潜移默化中影响着我。我可能记不清具体的内容，但我清楚地记得某些讲座激发的思考和讨论。这些跨学科的交流让我逐渐意识到，经济学不仅仅是数学模型和理论推演，它与社会现实、政策制定、产业发展等方方面面都有着紧密的联系。回过头来看，当时那些不经意听过的讲座，反而成为我学术成长的重要拼图。它们让我更早地接触到了不同领域的研究问题，也让我学会了如何将经济学的思维与现实世界相联系。这种能力在后来的研究中不断发挥作用，甚至影响着我现在博士阶段的研究方向。

现代和国际的 WISE

  大三这一年我参加了 WISE 的院际交换项目，前往德国曼海姆大学经济学系交换学习。第一次在国外学习与生活，让我在体会到新鲜感的同时也面临不少的挑战。在全新的文化环境和学习系统里，跨文化交流的能力和国际化的视野就变得格外重要。WISE 其实在培养项目伊始就十分注重国际化视野的培养。在语言能力培养之外，让我真正在国外生活之中受用的还有大一一年贯穿的"Business Communication"课程（简称 BC 课）。相比于专业课程的学术体系构建与基础知识的夯实，BC 课更关注口头与书面表达能力的训练以及对不同文化的了解和欣赏，我们通过互动情景模拟、跨文化案例分析以及小组讨论，不仅提升了自身的沟通能力，也逐步建立了对多元文化的敏感度和适应力。当我真正身处

国外的全新学习环境时，曾经 BC 课堂内的互动情景和小知识，便外化成为真实生活中我所能使用和依赖的锦囊妙计。而且正是在这种国内学习经历与国外生活体验的交融和碰撞中，我才逐渐体会到国际化的内涵与意义。国际化不仅仅意味着走出国门，置身于异国的文化环境之中，更重要的是培养一种开放、包容、适应性强的全球化思维方式。在全球化的今天，仅仅依靠跨国流动已经不足以真正实现国际化，真正的国际化体现在一个人的思维深度、文化理解能力以及在多元环境中的沟通与协作能力。每种文化都有其独特的价值观和行为方式，国际化并不意味着单纯地迎合某一种文化，或者盲目地推崇某种生活方式与思维模式，而是在理解彼此差异的同时，学会尊重、欣赏并包容不同文化的存在，能够在文化的交融与碰撞中不断学习、反思，并调整自己的认知模式。国际化的内涵，不仅仅是"走出去"，更是在多元文化的交流中塑造更开阔的视野、更包容的心态和更强的跨文化适应力，从而在全球化的浪潮中不断成长、突破和创新。

2022 年，作者（右一）与各国同学在曼海姆大学主楼前合影

本科第四年，我获得了一个校际访问的机会，从德国前往英国牛津大学进行了为期一年的访问。牛津大学作为世界上最古老的大学之一，为我展开了一张写满历史的广阔画卷。每走进一幢建筑，可能就打开了一个装有百年历史的八音盒，仿佛穿越了几个世纪的时空，每一处细节都承载着深厚的历史印记。牛津大学不仅仅是一座大学，它更像是一座活的历史博物馆，见证了无数思想的碰撞、时代的更迭以及人类知识体系的演变。在这样的生活和学习环境里，我开始思考历史和现代的联系与对话：历史如何塑造现代世界？我们如何从历史中汲取智慧，并将其与当代的挑战相结合？国际化的真正价值不仅在于走多远，更在于看多深。历史不仅仅是过去的遗产，更是一种活生生的力量，它塑造了今天的世界，影响着我们的思维方式、社会结构、经济体系乃至全球化的进程。从历史的视野望去，国际化不仅仅是一个空间上的跨越，更是一个时间上的延展。它要求我们不仅要学会适应和欣赏不同国家的文化，还要能在历史的维度上思考现代世界的问题。在牛津那些古老学院的日子里，我慢慢明白，现代社会中的每个人在全球化的浪潮里，不只是观察者，更是思考者与创造者。

结语：风雨二十载，慧眼向未来

回望这段在 WISE 的旅程，我看到的不仅是个人成长的轨迹，更是一个学院二十年来不断耕耘、探索、壮大的缩影。从最初在国际化试验班的懵懂起步，到在研讨课上对经济学广阔世界的初探，再到德国的交换经历与牛津的学术浸润，直到现在在博士项目中的日夜求索，这其中的每一步都让我更加深刻地理解，何谓真正的学习，何谓真正的国际化。学习的意义不仅是知识的累积，更是思维的拓展、眼界的开阔，是在不断的探索与碰撞中，塑造属于自己的认知体系。二十年的时光，让

WISE 从一株幼苗成长为一棵枝繁叶茂的大树，而我们，正是这棵大树上结出的果实，承载着学院的精神，向世界各地播撒智慧的种子。未来，世界的版图仍在变化，知识的疆域仍在扩展，而 WISE 的故事也将在一代代学子中继续书写。在 WISE 建院二十周年之际，我愿将心中最诚挚的祝福献给我的母院，也献给所有在这片沃土上播种梦想的人。愿 WISE 在未来的岁月里，继续承载求索者的好奇，启发思想的火花，培养更多能够穿越学科、文化与时代边界的世界公民。

星霜荏苒，初心未改，愿 WISE 继续闪耀，如灯塔般照亮求知者的路，也如渡船般载着一代代学子远航，驶向更广阔的世界与未来。

博学旁通　赋能卓越
——本科辅修学位项目

为了培养了解中国国情，具有深厚经济学、金融学、统计学理论素养，熟悉现代经济学分析方法、数理统计分析方法，具有国际视野和能参与国际竞争的高素质复合型人才，WISE从2008年起面向厦门大学校内学生启动经济学（含金融学）（数理）本科辅修学位项目，并于2011年起启动统计学（数理）本科辅修学位项目。目前，WISE本科辅修学位项目共有经济学（数理）、金融学（数理）和统计学（数理）三个专业。课程设计参考美国著名研究型大学经济学本科教学模式，结合中国实际并考虑现代经济学、金融学与统计学的特点，通过跨学科课程设计和国际化教学模式，致力于培养能灵活运用经济学、金融学和统计学知识的交叉学科人才。

弱冠弄柔翰，卓荦观群书：
记在 WISE 辅修项目学习的二三感受

■ 肖宛远

人物简介

肖宛远，WISE 2016级本科辅修项目金融学（数理）专业学生，现就职于易方达基金。

在辅修金融学专业时，我从未认真想过它能给我带来什么。但当结束了在 WISE 的学习生活，拿到辅修学位，并前往英国继续在经济金融的领域里打怪升级，我突然发现在 WISE 的修习不仅给我带来了扎实的数学和经济学基础，赋予了我与本科主修经济学的同学们交流讨论的底气，提前帮我适应了国际化的教学方式和思维，还在很大程度上帮助我找到了热爱的学科和前进的方向。

与 WISE 结缘前我对经济学只有一个模糊的印象，那时我已经在主修的自动化专业中积累了一定的数学基础，在微积分、线性代数等基础课的学习上也算是小有心得，但对要用它们来分析什么样的问题感到困惑，于是在一位朋友的邀请下，我去听了 WISE 辅修项目的招生宣讲会。一位老师在宣讲会上说，经济学研究的对象无所不包，从供需关系到财富的增长、积累和分配，我们几乎可以用经济学研究所有人类社会的运行规律和法则，并且能"经邦济世"，用我们的知识去改造这些规律。那时我的想法是，既然还不知道自己感兴趣的是什么，那为什么不多尝试尝试新的方向，尤其是经济学这种博大的学科呢？

让我没想到的是，第一学期的学习就给了我巨大的挑战。风度翩翩的张括老师在"Financial Economics"这门课上将各国金融市场的发展和各类金融产品的特点讲得深入浅出。在我自认为这门课学得很好时，却意外地收获了上学以来最惨烈的期中成绩。在那之后我才发现原来老师在课程网站上留了很多阅读材料，并且多次强调学习不只是课堂和作业。这次惨痛的教训帮我养成了积极阅读课外文献的好习惯，这些看似无用的阅读帮我积累了丰富的经济学直觉，并为我现在与各国同行交流提供了坚实的基础。另一门让我印象深刻的课程是李培老师的"Chinese Economy"。这门课更像是一个每周一次的讲座，李老师和我们分享了他在研究中所见的中国经济的每一个剖面，从财政制度的改革，到地方官员的绩效，我在这门课上感受到了一个学者的情怀和智慧。这门课是我在大学参与度最高的一门课，李老师不仅在课堂上鼓励我参加辩论，交流自己的观点，还在课下和我一起探讨自己对企业就业需求的想法，这些想法后来启发我将对中国工业企业就业需求弹性的研究作为毕业论文。李老师还鼓励我继续在经济学领域深造，并为我申请英国的研究生撰写了推荐信。他不仅是我在学业上的导师和引路人，也是我在经济研究领域的榜样。我想加入 WISE 最大的收获，不只在于具体学到了哪些知识和模型，还在于我有机会认识了一群专业且热心的老师，他们用知识和情怀帮我找到了值得投入毕生精力去学习和热爱的事业。

当初邀请我去听宣讲会的同学对我说，在 WISE 读辅修项目意味着扎实的基本功和丰盈的思想。如果最后一定要用一句话回答 WISE 给我带来了什么，我想，在此引用陈平原教授的一句话来总结最合适不过："聪明、博雅、视野开阔，能读书，有修养，善表达，这还不够吗？"。

WISE：我心中永远的白月光

■ 巨心怡

> **人物简介**
>
> 巨心怡，WISE 2017级本科辅修项目经济学（数理）专业学生。现就职于杭州热联集团股份有限公司。

我于2016年9月份来到厦门大学，在外文学院学习英语语言文学专业，毕业后保研至浙江大学外国语学院国际组织与国际交流专业，研究国际经济法，是个扎扎实实的文科生。在WISE辅修经济学（数理）专业的周末，是我求学7年中唯一的理科时刻，也是课业难度最高的时光。

选择周末辅修 WISE 的专业，是出于十分朴素的目标：利用好厦门大学最优秀的资源。没有想要跨专业搞经济，没有想要出国读经济学硕士，更是压根没想过做经济金融方面的工作。就是想再学点东西，让这四年过得精彩一点。

目标显然是达到了，哪怕是本科的辅修课程，WISE 也不遗余力地派出优秀师资授课：陈海强老师、刘鼎铭老师、朱浣君老师、岳阳老师、周斯凡老师、刘拓老师等，以及我印象深刻但是叫不出名字的两名外籍教师。如果给我一叠老师的照片，我一定可以清晰地指出来是哪位老师教了哪门课！硕士毕业后我才认识到，留在厦门大学这样的高等学府教书，需要多么出众的履历及研究能力！

WISE 在课程设计方面也是相当用心，由浅入深，由宽泛到细致，至今我的电脑里还保留着每一门课的"lecture slides"和"notes"。有一些课程非常有趣、轻松，是我经济学兴趣的启蒙者；但有一些扎实硬核的难题，比如计量经济学、金融时间序列分析，显然是每周的"噩梦"。在主修专业中，我很少考虑某位老师的给分偏好，即便是为了保研，也无须过于担心 GPA 的排名。但在 WISE 不一样，我需要四处打听，如何才能在平时多拿点分，以避免考试实在答不出的情况。

但我也要感谢这些高难度的课程，让我结识了一批可以抱的"大腿"。有一些数学、物理、化学专业的同学也同期辅修。计量、数理经济学的课程对他们而言确实轻松很多，于是我常常厚着脸皮向他们请教。有几位甚至成为我大学期间不可多得的好朋友，现在仍保持联系。当然也有本院一起啃硬骨头的队友们，他们中有很多志向明确，通过辅修项目的跳板走上了经济学的道路。

WISE 教给我最重要的是学习方法。学院与国际接轨的模式，让我习惯了全英文授课，学会预约"office hour"，学会找办法搞懂课上没听懂的东西。我相信这些学习方法才是最珍贵的，一辈子的。

我要谢谢那时候的自己，在那段时间，没有周末，上课、学习，像海绵一样吸饱知识。现在工作了，若有人让我在工作日之外的周末继续加班，应该是无论如何都坚持不下来了。说到工作，毕业后的我兜兜转转进入了大宗行业，目前在杭州做黑色（钢材）的国际业务员，涉及期货现货，应该多少也有些WISE的功劳在。另外，公司的高级副总裁劳洪波先生也是厦门大学经济学院的校友，这一背景让我对公司又增添了几分信任。

我一直不敢对WISE有太多的归属感，因为它实在是太优秀、太高不可攀了，在我心里像是白月光一般的存在。邀稿的通知里写着："学院现在选拔一批优秀的毕业生，诚挚向你们邀稿"，我自觉普通，不够优秀，怕是不够资格，却收到老师回复"我们的学生都是优秀的"，瞬间泪目。

能被WISE想起来是我的荣幸，也在此为WISE建院二十周年庆典送上我最真挚的祝福。

忆苦回甘，记辅修的三年

■ 童弋馨

人物简介

童弋馨，WISE 2019级本科辅修项目金融学（数理）专业学生。现就读于北京大学。

假如人生可以回到参加高考的那年夏天，我可能会对几道选择题再三思考。但遗憾终究是遗憾，而遗憾的另一面，是我在 WISE 的三年。第一次听说双学位项目，是在一次本专业的大一新生交流会，学长学姐向我们做了重磅推介。那时候的我，正试图让内心从那个未能如愿学到金融学的遗憾中平静下来，在听到这个机会的瞬间，仿佛看到了隐藏的副本。于是，我怀着"不尝试便会后悔"的心情，字斟句酌地填写了申请，从此开启了三年酸甜苦辣交织的学习之旅。

一开始的我，对金融学的热爱大于对它的理解，直到我面对着一黑板一黑板的数学推理和概念理解，才意识到跨专业学习远比想象中艰难。最显性的成本是牺牲自己的闲暇时间，周末和假期就此远离，还要学着平衡本专业的学习和辅修专业的学习，这一点在考试周显得尤其重要也尤其令人头疼。除此以外，因为是文科背景，高中和大学阶段的数学学习都有所欠缺，而在金融学（数理）专业的课上，最不会缺席的就是数学推理；英语虽还不错，但全英文上课也是一项巨大的挑战。因为这些我可没少在课后偷偷努力，预习课件、自学高数，有机会就向金融

廿年逐梦，风华如新：创世界一流，树中国学派的 WISE 实践

专业的同学请教询问，一番操作下来终于慢慢习惯了，自主学习的功力也得到了极大的提升。尽管现如今回忆起来只压缩为这三言两语，实际的过程中可没少经历熬夜、焦虑，甚至掉过眼泪，但好在从未动摇坚持的决心。也正是因为这样的坚持，我得以收获了更加珍贵的东西。

第一珍贵的，是各位老师带来的精彩纷呈的课程。我至今犹记得周斯凡老师用最贴近生活的例子讲活了经济学原理上的抽象概念，让我时常能体验"顿悟"的感觉。每次上课她都不厌其烦地停下来询问我们是否听懂，为我们讲透讲清楚每一个知识点，还时常用自己上学时学习的经历鼓励我们。龙老师的中级宏观经济学课上，我得以见识到简单的模型与复杂的现实之间的联系，这种联系使我更清楚自己在学什么，学了能怎么用，这对于学习者是十分重要的，也是经常被忽视的。除此以外，龙老师堪比雅思听力的英文发音也令我印象深刻。文老师的微观计量作业和考试题目常常取材于学校生活的真实场景，如此贴近生活的题目再一次拉近了复杂的数学推理和真实生活的距离……这样的例子还有太多太多。这三年学习之旅中，每位老师都极尽所能地帮助和鼓励我们，这里没有知识的堆砌，只有知其然也要知其所以然的学习过程。

第二珍贵的，是通过辅修项目收获了难忘的同

2022 年，作者（后排中间）与辅修学位互助小组全员顺利毕业合影

学情谊。因为辅修的缘故，我们几个同样是文科专业背景的同学组成了坚固的学习互助小组，合作共赢。我们互帮互助，为彼此解释没有理解的概念，互相补充没来得及记下的笔记，在考试周一起攻坚复习，加油打气。我们通宵自习，琢磨从未使用过的R语言，在本专业考试周结束后空旷的图书馆天台准备还未结束的资产定价考试。正是有了并肩作战的伙伴，学习才不再孤单。

最后也是最重要的，是通过WISE辅修项目跨专业学习，我见识到了更有可能性的自己。学习过程中，崩溃和突破总是交替出现。记得数理金融考试前的一天，我对着一堆公式边哭边记，脑海里飘过无数"要不放弃吧"的念头。第二天还是硬着头皮去了考场，考试结束那一刻，勉强算是活着出来了，人生又多了一件战胜似乎不可能完成的事的难忘经历。也记得大二下学期四门考试穿插在本专业5篇论文中的艰难时刻。考试集中在6月6日和6月7日两天，我们苦笑着说"只要专业选得好，年年都能来高考"，但最终还是在极限的时间管理和周末的复习规划下

WISE 2023届辅修项目毕业留念

做了系统的复习，有惊无险地完成了考试，甚至计量经济学还拿到了99分的意外成绩……这样的时刻贯穿整个学习的过程。在辅修项目的学习过程中，我得到的不仅是知识，还有肆意拓展自己学习潜力的宝贵机会，我一点点领悟如何自主学习、如何管理时间、如何应对压力，这种对学习能力的锻炼使我长久受益，也成为我日后追求热爱不断探索的底气。

　　回望这三年的旅程，有汗水、有泪水，也有许多值得铭记的瞬间。我想感谢每一位老师的引导和鼓励，是你们使我用更有乐趣和更坚实的方式接近自己的梦想；感谢陪伴我一起努力的伙伴，是你们的帮助和鼓舞让我觉得这段路程并不孤单；也感谢当初那个带着遗憾却仍然勇敢尝试的自己。因为这一切，让我在这三年旅程中，在学科交叉中发现了更广阔的世界，也遇见了更好的自己。2025年，WISE将迎来建院20周年，衷心祝愿WISE越办越好，愿这片充满匠心的沃土能孕育出更多梦想！

学术立基　逐梦世界
——海外硕士留学预备课程班

　　WISE 国际教育合作中心是在厦门大学经济学科充分利用国际教育资源，坚持国际化办学的发展理念下应运而生的。2007年以来，中心携手美国、加拿大、英国、法国、瑞士、爱尔兰、澳大利亚、新加坡等地的海外名校共同推出了一系列高质量的硕士留学预备课程班，为有意向赴海外攻读经济、金融、管理、统计和大数据等专业的同学提供学习机会与平台。学生出国前需在国内完成一年预备课程学习，由海归师资全英文授课，以帮助同学们在学业、语言、文化上夯实基础，做好准备，让同学们能够在国外获得更好的留学体验。硕士留学预备课程班旨在培养并为社会输送一批掌握现代经济金融知识、熟悉国际规则、具有国际视野的高级经济金融及统计类专门人才。

我与厦大 WISE 的情缘

■ 周　厦

人物简介

周厦，2008级 WISE-新加坡管理大学应用金融硕士项目班学生，现任新加坡雅润投资有限公司执行董事。

回望与 WISE 共同走过的时光，我内心充满了感激，这段时光改变了我的人生道路。

师长引航，逐梦前行

WISE 本身具有国际化的基因，它像一座明亮的学术灯塔，吸引全球顶尖大学的优秀老师们纷纷前来。这些老师带着先进的学术思想和丰富的教学经验，打破地域的限制，汇聚在这里，为 WISE 带来了活力。

WISE 老师对学生的爱，更是让我深受触动。他们无私地付出，全心全意地为学生着想，给予我们无微不至的指导与关怀。洪永森教授、陈国进教授、方颖教授、陈蓉教授都曾悉心为我答疑解惑，引领我探寻知识的奥秘。在上海班，行业一线的资深讲师通过理论与实践的结合，帮助学生从更深层次理解金融知识及其实际应用。学院精心安排的开放日活动，让家校沟通更紧密，细腻的关怀无处不在。

崭新的起点

通过 WISE 入读新加坡管理大学（SMU）的硕士，对我亦是崭新的起点。SMU 是一个卓越的平台，汇聚了众多业界经验丰富的教授。他们不仅学术造诣深厚，而且行业经验丰富，为学生构建了系统的金融学框架。在 SMU 的小班教学模式下，高师生比让每位同学都能得到充分的关注与指导。

此外，SMU 为学生提供了多种国际化的资源与机会：全球交换项目、国际会议参与，以及丰富的社团活动和强大的校友网络。这片土地不仅是学习与实践的沃土，更是职业发展的加速器。

新加坡是个多元、和谐、包容的国家，也是全球金融的枢纽，东盟经济的桥头堡，聚集着世界顶尖的企业与人才，本身就是非常好的事业发展的平台。随着 AI 等新兴科技的迅速发展与世界产业链转移加剧，

新加坡在全球的枢纽地位愈发凸显。在这样的环境中学习与成长,为我职业生涯注入了无限可能性。

知识赋能,持续成长

WISE-SMU 的课程与备考 CFA 的经历,为我搭建起扎实的专业知识框架。在随后的15年工作中,随着企业的发展,我接触的领域不断增加,一项项知识被激活,包括债券、权益、另类投资、衍生品等。当遇到债券投资、上市公司投资、衍生产品投资、汇率业务、期货套期保值等相关的场景的时候,原先学习的基础知识被激活,再结合工作中的实际案例,非常有帮助。

老师们不仅教授专业知识,还注重职业技能的全面培养。从商务礼仪到正式场合的表达,从中西餐桌文化到跨文化沟通细节,方方面面的培训帮助学生更快地适应国际化职场氛围。在"networking"能力的训练方面,课堂上的演讲与小组讨论强化了思辨能力与表达能力,专业素养和资源整合能力得到了同步提升。这些历练让人在职场中能够更从容地面对挑战,抓住发展机遇。

在老师和校友身上,我看到的是他们对世界的好奇心,以及持续学习和成长的能力。世界在快速变化和发展,知识也在不断更新,学校的考试和 CFA 等证书只是阶段性的成果,持续学习的能力与对未知的好奇心,才是职业发展的永恒动力。

友情长存,温暖如初

厦大的校友有着独特的校友情结,这份情感源于师长的关怀与母校的熏陶。在周颖刚院长与黄鸿德老师的积极推动下,经济学科校友会成立并持续发展壮大。无论身在全球何地，这份校友情谊始终是心中的温暖所在。

SMU 汇聚了众多怀揣雄心壮志、充满活力且务实的青年学子，他们来自全球各地，为我们带来了体验多元文化的机会。在 SMU 校友总会的大力支持下，我与同仁们携手发起成立了 SMU 中国校友会，为校友们搭建起交流互动的平台。经过 15 年的持续发展，校友会愈发兴旺，成为校友们情感交流、资源共享的重要阵地。我也有幸被选为校友总会理事，为整个 SMU 校友群体提供服务，创造更多价值。

公益之路，善举传承

厦门大学校主陈嘉庚先生的精神，以及厦大校友的奉献情怀，深深影响着我的价值观。秉承"勿以善小而不为"的理念，我努力做一些力所能及的事情，在厦大和 SMU 等学校设立奖学金项目，为更多学子提供支持；同时参与设立产学研基金，搭建高校与企业之间的桥梁，推动科研成果转化，为学生创造更多的实习与就业机会。

我相信善的力量可以传递，当一个人充分感受到被给予的温暖时，也会产生与爱同行的力量。

愿 WISE 越来越好。

由此启程：我在 WISE 的学习与成长

■ 洪少新

人物简介

洪少新，2010级 WISE-英国北卡罗来纳大学夏洛特分校数理金融硕士（mathematical finance）项目班学生，曾为山东大学经济研究院副教授，现为厦门大学经济学院副教授。

时光荏苒，转眼间距我在厦门大学王亚南经济研究院（WISE）学习、生活已过去了十三年。正值 WISE 建院二十周年之际，回忆起在

WISE 学习的点点滴滴，如同昨日重现一般，历历在目，内心充满了感激。我希望通过这篇文章为自己记录，相信这段宝贵的经历将伴随我的一生。

我初识 WISE 于 2009 年，当时正在读大学的我从网上了解到 WISE 与国外几个高校合办硕士留学项目班的信息，其中包括了与 UNCC 合办的数理金融硕士项目（该项目在 2024 年全美国最佳金融工程研究生项目中排名第十名）。这对于有计划申请硕士留学但信息相对匮乏的我而言，无疑是一个好消息。申请通过后我带着对未来的憧憬，在 2010 年踏入了 WISE 的大门。这对我来说既是一个全新的起点，又是一个巨大的挑战。现在回想起来，这一步彻底改变了我的人生道路，它为我的未来带来太多的可能性，这些并非当时的我能够预见，直到现在回忆起来才有更深的体会。

在 WISE 的学习生活是丰富而又紧凑的。WISE 提供的课程设置具有国际视野，培养计划则以学术研究为核心。课程设置的优势在我正式开启留学之旅后变得尤为显著，而培养计划的妙处，在我多年后进入教育行业工作时感受更加深刻。当时我所接受的课程使用全英文授课，主要包括了经济、金融、统计等方面的全方位训练。语言的障碍与课业的压力对我来说并不容易，也曾让我感到迷茫。但如果你和我一样看到过老师、助教和教学秘书们的努力，你一定不会轻易放弃。我依然清晰地记得，在厦门这个南方城市闷热而潮湿的夏季，老师们在课堂上即便汗水浸透了衬衫，依旧不懈地为我们阐释理论的推导过程；温暖的冬日里，老师们在黑板上板书时，不慎折断粉笔扬起的粉笔灰，在窗外洒进的阳光下仿佛化作了光的粒子。望着这飘动的粉尘，我天真地想过这是否就是肉眼可见的布朗运动呢。学习期间对 WISE 的一个深刻印象是其拥有极为丰富的学术资源，与老师和同学们的互动极大地促进了我对科学问题的理解和思考。同时，汲取来自不同学科领域教授们的见解，也锻炼

了我从多角度分析问题的能力。这段经历让我学会了如何适应和克服，也让我开始萌生进行学术研究的想法，后来我在留学的七年间常感慨这样的经历真的弥足珍贵。

WISE 带给我的远不止如此，还包括 WISE 在内的整个厦门大学经济学科为青年科研人员提供了一个学习、成长的平台。2018年博士毕业后，我有幸参加了邹至庄经济研究中心（现邹至庄经济研究院）、中国科学院预测科学研究中心与 WISE 共同举办的第二届中国计量经济学家师资培训班。培训班不仅帮助我提升了教研水平，提供了一个与本领域学术大师和领军人物深入交流、聆听学科前沿领域研究进展、探讨计量经济学教学方法的宝贵机会，而且帮助我提前适应了国内高校的教学和科研环境。在后来的工作中，我也有幸参加了在厦大经济学科举办的国内、国际学术会议。每次参会我都很受启发，在准备会议报告的过程中，我学会了如何更清晰、更有逻辑地表达自己的科研工作。在与其他学者的交流中，我学会了如何聆听、如何提问、如何接受批评。这些经历不仅锻炼了我，还拓宽了我的研究视野，使我能够更有效地解决科研过程中遇到的难题。

如今，当我回首在 WISE 的岁月，心中充满了感激。感激 WISE 给予我的知识，感激导师们的教诲，感激同学们的陪伴。祝愿未来的学子们，在学术旅程中同样能够获得知识的积累、友谊的深化以及个人的成长。

木棉花开时节的转身：
与 WISE-SMU 相遇的五年

■ 郭铭婧

人物简介

郭铭婧，2019级 WISE-新加坡管理大学应用金融硕士项目班学生，现任职于厦门象屿金象控股集团有限公司。

我与 WISE 的相遇，始于2019年的春天，那时的我攥着 WISE 项目的招生简章，带着对金融学科的向往做出了跨专业求学的决定。随之而来的是四面八方的质疑，但我似乎从小就不是一个走寻常路的人，越是被质疑越要去做。"我一定能考上"，我铆足劲备考，最终拿到了 WISE 的录取通知书。

破茧：在数学符号中重构认知

从汉语言文学到金融学的跨专业学习，其中的艰辛仍然在记忆里颠簸，无数个日夜，我就像种在图书馆座位里的种子一样生根发芽。尽管 WISE 的基础和衔接课程设置给了我莫大的信心，但文科生的思维宫殿里，存放着文字的韵律与文学的魔幻，却唯独缺少数学的精密齿轮。第一次翻开《概率论与数理统计》的时候，全英文的公式推导过程仿佛天书，解题时手心沁出了汗珠，第一次拿到不及格的成绩时更是让我产生严重的自我怀疑。

来不及难过和感伤，助教和教授便注意到了我的成绩落差，主动联系我并为我答疑解惑。补考后看着高分通过的成绩单、满是助教为我写下答题过程的厚厚一本错题集、邮箱里深夜与教授的邮件往来，我想这就是 WISE 关怀的具象化。跨越山海的征程里，WISE 帮助我泅渡了内心的暗潮。

淬炼：在申请季的烈焰中锻造

在准备留学申请材料的那些日子里，我同时在准备 WISE 预备课程的结业考试，一刻也不敢耽搁。个人陈述的每个单词都需要反复斟酌，既要展现跨学科思维的独特，又不能失却金融的专业底色。为我书写推荐信的教授将我的跨界求学比作"用文学叙事解构金融现象"。

从文学性阐释中获得的研究灵感，正是跨界的价值。我在与新加坡管理大学的面试官对话时，借着这句话向他解释了我跨专业的原因，看似对立的学科之间，却存在着千丝万缕的联系。最终，当新加坡管理大学的 offer 如约而至，用现下流行的话来说，命运的齿轮开始转动了。

绽放：在南洋的季风中舒展枝叶

初到狮城的日子，湿热的海风裹挟着陌生的学术术语扑面而来。我不再恐惧全英文授课，因为 WISE 已经为我打好了基础，连珠炮似的专业词汇我也能快速掌握。但国内外教学逻辑的差异和跳跃性再次将我击垮，看着第一次"quantitative quiz"后的成绩 F，我隔着大洋对着视频里的妈妈大哭，说出来有点不好意思，妈妈的模样在我的眼泪里模糊成了马赛克。

但人生不就是关关难过关关过嘛，在 SMU 的图书馆里我再次扎根，带着五颜六色标注的"notes"叩响教授办公室的门。学习上的付出永远不会辜负自己，当再一次"quiz"成绩的"A-"出现时，电脑屏幕的蓝光仿佛与厦大图书馆的台灯光轨重叠——原来跨越山海的年轮里，所有深夜的星光都会在某个清晨结晶。

2024年，毕业3年后我再次回到新加坡、回到 SMU，站在 SMU 图书馆的落地窗前，北纬一度的阳光穿过玻璃幕墙，这抹金黄似乎与厦大经济楼走廊里跳跃的晨曦重叠——那时我正抱着《概率论与数理统计》，在晨光中默记令人头疼的公式。从汉语言文学到金融学的跨山越海，从芙蓉湖畔到狮城海岸的学术跋涉，WISE 不仅照亮了我的求学之路，更赋予了我踏出舒适圈的勇气。

今年春天，当 WISE 二十周年院庆的通知抵达时，我已踏入金融的

职场将近三年。此刻我终于懂得，所谓"跨界"从来不是对过往的背叛，而是在更广阔的坐标系中，让不同维度的知识产生更加美妙的量子纠缠。这或许正是 WISE 赋予我的最珍贵的礼物——在理性的严谨与人文的浪漫之间，搭建起通向真理的桥梁。

融汇中外　育才全球
——国际硕博项目

中国积极融入世界经济并参与全球治理，不仅需要提升国内学生的国际视野，也需要加强与国际经贸伙伴国家的人才交流与培养。为充分发挥厦门大学经济学科的优势，吸引海外学生到厦门大学深造，经济学院和王亚南经济研究院分别于2007年和2008年开设了国际硕士项目。该项目充分结合海归教授全英文授课的优势，课程设置与国际一流大学金融学与商务经济硕士项目接轨，紧跟全球经济变化，响应经济发展的需求，旨在培养具有国际视野和现代经济学、金融学素养的高素质应用型国际人才。为了优化资源配置，2011年，王亚南经济研究院与经济学院统一管理国际硕士项目；2017年，经济学科设立国际博士项目，统筹国际博士的招生、教学、科研及毕业就业等培养工作。目前，经济学科国际硕博士项目已培养毕业生278人，他们活跃于全球金融机构、跨国企业及政府部门，部分毕业生在国际经济学术舞台上崭露头角，为全球经济发展与学术进步贡献厦大力量。

A Life-Changing Journey: My Time at WISE and Beyond

■ Michael Garcia

人物简介

Michael Garcia，WISE 2013级国际硕士，现就职于澳大利亚储备银行(Reserve Bank of Australia)。

My time at WISE changed my life, both personally and professionally. The education I received there gave me the skills and knowledge to start my career in finance and has supported me ever since. During my studies, I discovered my passion for finance and economics, which set me on the path to where I am today. Thanks to what I learned at WISE, I was able to get a job at the Australian Securities Exchange (ASX) and later completed a PhD in Australia. None of this would have been possible without the strong foundation WISE provided.

I'll always remember my first class at WISE: Macroeconomics 101 with Professor Marcel. That class changed everything for me. I found it so fascinating that I read the entire course book. Another class that had a big impact on me was a financial markets subject taught by an American lecturer. It helped me imagine a future work in the financial industry—a dream I'm proud to say I've achieved.

The friendships I made at WISE are some of my most cherished memories. I think back to the times when my friends and I met in the canteen after class for meals, followed by walks along the beach. Those simple moments of connection and happiness stay with me and remembering them always makes me emotional. The professors at WISE are also incredibly inspiring. They are smart, passionate, and dedicated, and I feel so lucky to have been taught by them.

After graduating, I moved to Australia to work for the ASX and pursued further studies. Today, I work at the Reserve Bank of Australia (RBA) in the portfolio risk management team. The lessons I learned at WISE, especially in portfolio management, are things I use in my job every day. I also get to share my knowledge of the financial industry through seminars and conferences, something I'm very proud of. WISE gave me the tools to succeed and the belief that I could make a difference.

Looking back, I feel so grateful for my time at WISE. It gave me amazing opportunities, wonderful friendships, and the foundation to build my future. As WISE celebrates its 20th anniversary, I'm honored to share my story and to be part of its legacy. This institution has had a profound impact on its alumni, and I'm proud to be one of them.

Exploring, Learning, and Achieving: How WISE Shaped My Path

■ Wong Kar Xiong（黄嘉祥）

人物简介

Wong Kar Xiong（黄嘉祥），WISE 2022级国际硕士，现就职于蚂蚁集团。

A Humid Winter's Beginning

The winter at Siming Campus was different—humid and cold,

the kind of chill that got into your clothes but never quite made your breath visible. I still remember it clearly: October 22, 2022, the day I first arrived at Xiamen University. My suitcase bumped along the stone paths as I took in my surroundings, a foreign Chinese student in a place that felt both strange and familiar. I came with quiet determination. This wasn't just about getting a degree—it was about finding my path in the world of finance, here in China and beyond.

The semester began as a mix of the usual and the unexpected. Some classes were held in lecture halls, while others took place on the small screen of my laptop. This mix of online and in-person classes wasn't what I had imagined for graduate school, but it was the reality, and I had to make it work. My days shifted between long online lessons and moments of quiet thought, trying to connect what I was learning to how I could use it.

Mornings were simple but comforting. I'd pick up a warm cup of soymilk and a crispy youtiao from a campus stall sometimes a baozi when I wanted something more filling before heading to class. Some times I ate slowly, enjoying the peaceful start to the day.

Evenings had their own rhythm. The campus came alive with joggers running on paths around the lakes and courtyards. I often stopped to watch them, their determination was reminding me of the energy of the students around me. Sometimes, I joined in, walking casually along the tracks. Back in my dorm, under the soft glow of my desk lamp, I spent hours reviewing lectures and reading course materials, trying to make sense of econometrics and mathematical theories. It often felt like I was just keeping my head above water—not failing, but not mastering the subjects either. Still, I was learning to adapt, to accept the struggle, and to find meaning in the journey.

Discovering the World Beyond

When I needed a break from studying, I walked around campus. Wandering through its historic buildings, I admired their beauty and felt the weight of the university's long history. The library was always full until closing time, buzzing with students hard at work. In the evenings, many students jogged around the campus, taking advantage of the cooler weather. These moments reminded me that I was part of something bigger—a group of people chasing dreams with determination.

Exploring the city was also part of the experience. One of my favorite trips was to Gulangyu Island, just a short ferry ride away. Its quiet, car-free streets and old-style buildings gave it a unique charm. I wandered through its winding alleys, enjoying the peaceful atmosphere and watching couples pose for wedding photos with the sea or historic buildings as their backdrop. From Gulangyu, I could see the mainland and the tall statue of Zheng Chenggong, standing as a symbol of the city's history.

International students' autumn tour in Wudianshi traditional blocks, Jinjiang City on November 26th, 2022

Another favorite spot was Zhongshan Road, a lively street full of lights, crowds, and delicious smells. I tasted local dishes like "shacha" noodles and oyster omelets, each bite was full of bold flavors that seemed to capture the city's character. These outings gave me a deeper connection to the place I was calling home.

Guidance and Growth

The difficulty of my coursework often pushed me to my limits. Stress felt like a constant shadow, following me even during moments of rest. But I wasn't alone in facing these challenges. The teaching assistants, who were PhD students, became my lifelines. They were more than just helpers—they were mentors who had been through the same struggles. Their clear explanations made complicated ideas easier to understand. With their help, I passed some of my tests with an unexpected confidence.

In my second semester, I met my thesis supervisor, Professor Wang. His guidance was a turning point in my studies. "Start with the problem", he told me in our first meeting, "and the solution will come naturally". He helped me find direction for my thesis, guiding me on how to collect data and focus on my research. His advice turned what seemed like an impossible task into something manageable. Under his guidance, I learned to ask better questions and think more deeply about the world of corporate finance.

Unexpected Triumphs and Bittersweet Goodbyes

The semester also brought unexpected opportunities. I joined the Internet+ Innovation and Entrepreneurship Competition, an exciting but nerve-wracking experience. Working with my team, we developed our project, polished our ideas, and practiced our presentation. As the competition went on, I realized how much I still needed to learn—about technical skills, public speaking, and solving problems under pressure. When we won the 1st runner-up in the provincial round, I was both surprised and proud. It wasn't just about the achievement; it was about how much I had grown during the process.

At the same time, I faced emotional challenges as friends I had grown close to prepared to graduate. Our last week's get-together was filled with long talks, sharing stories about why we came to WISE and what we hoped for in the future. Their courage inspired me, but also made me think about my own path. Soon, it would be my turn to leave, and the thought of job applications and career decisions made me both excited and nervous.

Looking Back, Moving Forward

As I reflect on my time at WISE, I see it as a journey full of growth. The guidance from professors like Professor Wang, the encouragement from teaching assistants, the lessons I learned from my friends, and even from the challenges—shaped me into a better version of myself. WISE was more than just an academic institution; it became a part of who I am.

As WISE celebrates its 20th anniversary, I feel proud to have been part of its story. I hope the faculty continues to guide and inspire students, helping them reach even greater heights.

Here's to WISE—may it continue to thrive and lead the way in finance education for many years to come.

Happy 20th Anniversary, WISE!

两岸融通　才聚海峡
——台港澳博士专班

　　WISE自2011年起开设台港澳博士专班，面向台港澳地区业界的中高层管理人员（包括大陆台港澳商人）招生。学员为具有多年从业经验，具备一定中高级管理经验的台港澳业界人士，他们都是拥有经济金融业界实际管理经验，熟悉两岸经济金融政策与市场，具备较高现代经济学、金融学理论素养，具备国际视野与两岸经济洞察力的高级应用型管理人才。在学习过程中，台港澳博士专班的同学积累了扎实的经济金融理论知识，学会了政策研究及创新，并得到了清晰的实务指导，拓宽了国际视野，深入了解了中国国民经济以及两岸经济金融。

我在厦大 WISE 的日子

■ 庞淑芬

人物简介

庞淑芬，WISE 2011 级台港澳博士班学生，现任桃源纺织股份有限公司财务长。

在东方成长，受过西方教育的洗礼、生活的淬炼，再绕过大半个地球回到东方，回到原乡。生命随着岁月的流逝，逐渐从多彩走向平淡。

2011 年，已是含饴弄孙年龄的我，某个夏日，被朋友燕玲问了一句："要不要一起去厦大念博士班？"不假思索，我立即回答："好啊！"回到家向家人报告时，先生泼了我一盆冷水，他说："你已经离开校园很久很久了，不需要花太多时间、精力去重拾书本，念你不需要的博士学位。"倒是我的婆婆和母亲非常雀跃，异口同声大力赞成。

公公是福建永春人，婆婆在永春、福州、厦门都还有亲戚，她对故乡、亲人的思念是无时不在、与时俱增的。母亲满心欢喜地想看到我继续深造念书。我告诉自己及先生，我只是单纯想挑战自己，重回校园，继续年轻时停止的求学生涯。接下来，在全家人全力支持下，我往厦大的校园迈进。

2011 年，婆婆和先生陪着我去香港参加厦大王亚南经济研究院（WISE）博士班入学考试，他们笑称是去香港陪考。记得考试的前一晚，在香港酒店里，我像首次赴京赶考的考生，努力认真地挑灯夜读，生怕第二天考试成绩不理想。这一切，婆婆都看在眼里。还好，我以优异的成绩考进厦大。

以正式学生身份进入校园后，只觉得校园好大，我常常搞不清楚教室的东南西北，跟着活力十足的同学们东闯西窜，才不致迷失方向。我充分感受到他们的热情。同学们大部分在金融界任职，除了分享友谊，还不吝于分享他们在实务工作中的经验与心得。谢谢雅斐、惠芬、姿锜、燕玲、万金、清文、人祥、邱升、俊宏、定科、兆阳、怡成、学尚、祥麟、山河、懋楠，感谢在厦大的求学阶段有你们同行相伴，你们的活泼搞笑，增添了我在厦大求学的欢乐。尤其要谢谢燕玲，偶尔在台北补课的时候，她二话不说，一肩扛起开车载我一起去上课的任务。不过，她总纳闷为什么只有我敢搭她的车，有一次同车路过红绿灯，我不疾不徐地跟她说："你知道刚才你闯了红灯吗？"她真的事情太多太忙，还好后来请了司机。

除了同学是益友，更感受到良师们的和蔼可亲。第一次上王起老师的课，他就称赞我的财务报告功课做得很好，让我信心倍增；郭晔老师初访台北时，指定要去诚品书店买书，果然是清新有人文素养的老师；郑鸣老师不分师徒，对每个学生都笑嘻嘻地给予指导；韩乾、Brett 老师像大家的朋友；陈国进、蔡立尚老师上课都认真严谨；洪院长学识广博、温文尔雅，能与学生打成一片。

赖小琼老师成为我的导师、恩师，真可谓一段奇缘。记得初见面时，赖老师、燕玲和我因为年龄相近，又都是有孙子女的阿嬷，三人颇有话可聊，后来很自然的，燕玲和我这两个阿嬷都成为赖老师阿嬷指导的学生，三个阿嬷成为博士班师徒，不知在厦大 WISE 是否史无前例，也算是一段佳话吧！

到厦门读书的日子，家人是永远的陪读者。在我上课时，婆婆会去探视亲友，先生会自己搭公交车到处看看风土民情。空档时，我们去了

南普陀寺、鼓浪屿、中山路、筼筜湖、西堤咖啡一条街，也去了永定土楼参观及买画。

2013—2014年是我最忙碌的一年，工作及求学之余，我经常带队到偏乡救济、关怀独居弱势老人，也申请到全球奖助金，与日本、韩国等国团体致力于反毒活动。其间，我也募集了奖学金，通过赖老师致赠给厦大学子，略尽绵薄之力。当时，赖老师举办了一场简单的致赠仪式，并由学生代表致答词感谢。学生代表炯炯有神的眼睛及流畅自信的口条让我看到了厦大年轻学子的光明未来与生生不息的希望传承！

写论文是最辛苦的一个阶段，在这忙碌的一年中，我以最有限的时间，尽全力完成了不可能的任务。当时感觉到蜡烛两头烧，思绪被掏空，很累很辛苦，但是想到婆婆陪读的耐力、母亲殷切的期待与盼望，我咬着牙告诉自己，拼了！

历经千辛万苦后，论文终于赶完了，接着是口试，记得当天大家都非常焦虑，害怕不能过关，朋友谢邦昌教授特地赶来给我们加油打气，甚至帮我拉着随身的手提行李，这让我们忐忑的心情放松了不少，谢谢谢教授的关心与相挺。

毕业典礼是我家里的一件大事。除了最盼望参加却因身体欠佳因素无法成行的母亲之外，浩浩荡荡一行共十人从台北来厦门参加我的毕业典礼。包括年龄最小的孙子，似懂非懂的他，听着妈妈告诉他阿嬷到厦门念书的故事，还有他的阿祖也是从厦大毕业的故事。我的媳妇Amy对于我这个婆婆及她的阿公都是从厦大毕业的特别有感触，觉得与有荣焉。婆婆几年来全程陪读，她的兴奋不在话下，我笑称她应该得到全勤奖，获得一半学位。2014年我从厦大毕业那年，婆婆89岁，今年2025年她已将近100岁，听说我将再访厦门，她眼睛一亮又想随行。

我们2011级学生从WISE毕业后，后继的学弟学妹们陆续登场。很高兴与美东、晴媛、才丕、锓铭等优秀精英相识结缘，有活动大家会互相支持、情义相挺，也很荣幸有机会与敬重的周咏棠老学长相聚一堂，他的倾囊相授与他的无私奉献，把"知无央，爱无疆"的精神发挥得淋漓尽致，让人动容！

厦门大学由爱国华侨领袖陈嘉庚于1921年4月创办，距今104年了；以"培养具有家国情怀的人才"为办学目标，以校训"自强不息，止于至善"为情怀，让人感受到前人远大的理想与远见。

王亚南经济研究院成立于2005年6月，今年正值二十芳华，在此祝福王亚南经济研究院20岁生日快乐！

WISE有着青春的活力、前瞻性的远见、优秀的师生人才，我以成为厦大人为荣！我以成为WISE毕业生为傲！

2021年，厦门大学台湾校友会祝福母校百年校庆合影，作者为前排（右四）

廿年逐梦，风华如新：创世界一流，树中国学派的 WISE 实践

博士生求学生涯心路历程

■ 胡晴媛

人物简介

胡晴媛，WISE 2012级台港澳博士班学生，现任晴逸国际有限公司总经理。

厦门大学是中国近代教育史上第一所华侨创办的大学，在国际社会学术领域影响广泛、深远。学校依山傍海、风景秀丽，被誉为世界上最美丽的大学校园之一。当学校于台港澳地区进行博士生招生时，我毅然决然报考，并有幸被录取，踏上了这场学术与个人成长的旅程。

攻读博士学位是一段充满挑战、成长与自我探索的历程，除了专业知识的深化，更涉及学术研究方法的掌握，作为一名来自台湾的在职博士生，我面临的挑战尤为艰巨。求学过程中，我很感谢赖小琼老师，也非常珍惜与同学相聚研修的时光，这是一段非常难忘的回忆与学习心路历程。2012年，我初入WISE，成为不折不扣的博士生，带着热情与期待进入神圣的学术殿堂！

随着时间的推移，博士生学习的现实慢慢在我身上体现，对于来自台湾的我，酸甜苦辣的感受特别明显。我是一名职业女性，平衡学业与职业对我而言是一大考验。我平时在台湾工作，周末跨海前往厦门修课，这样的生活模式持续数年，身心压力逐渐累积。工作日因上班常须早出晚归，星期五下班后，好不容易有喘息、放松的时间，却必须赶赴机场搭机飞往彼岸厦门，星期日晚上又飞回台湾接续隔日工作。周而复始，一年又一年，从不间断。这种日子本就充满压力，加上学习中目睹学长学姐不断发表论文，我逐渐开始怀疑自己的能力，闲暇时总会独自思索，扪心自问："我真的适合做研究吗？""每周劳碌奔波来此到底为了什么？""是不是应该放弃呢？"……自我怀疑与身体倦怠持续了好一段日子，无形中的压力、挫折及孤独感更是接踵而来。正当我迷茫时，我获得了来自赖小琼老师的指导与鼓励。她不仅在课业与研究方向上提供悉心指导，还在生活上关心我们这些远道而来的博士生，让我能够在挫折与挑战中坚持下去，重新找回研究的热情。她是我学习生涯中最敬爱的老师之一，可以说是我们的良师益友，悉心竭力协助我们解决问题，对我们视如己出，堪称人师表率。因此，班上所有同学都特别敬爱尊崇她。虽然我们毕业多年，但仍然保持密切联系，师生情谊历久弥新，永难忘记。

作者（前排右一）与同班同学合影

  念博士过程中，最艰难的任务是写论文和准备答辩。启动博士论文的写作是所有博士生最关键的一个阶段，当我脚步刚踏出去的时候，和很多同学一样，面临论文写作不知如何下笔的窘境。所有同学都出现"博士生忧郁期"的病状，终日惶惶不安，面带倦容，看起来没有精气神。记得当初我着手写论文时，总觉得自己不够聪明、不够努力，甚至考虑退学或休学。但是这种感觉其实是博士生学习过程中普遍存在的，几乎每位博士生都会经历。所幸，在老师的引领开导及同学的相互鼓励打气之下，我在经历迷茫期后，慢慢找到适合自己的研究节奏，学会了如何处理挫折，接受"研究就是一连串的试错与改进"的过程，学会了独立思考，最终找到适合的研究策略及框架。当我完成论文时，我感受到了自己的成长，体验了从一个"学习者"变成"研究者"的过程，这段过程实在不容易，令我印象非常深刻，这是难得的人生经历。研究过程当中，我整理过去几年的研究成果，发现资料还不够完整，需要补充量化分析的数据。搜集数据的过程既漫长又痛苦，对统计资料的取舍又让我陷入了"完美主义"的情绪，进退维谷，同时还有交稿截止日期的压力。当时，一方面担心论文审查、答辩过程会被刁难，另一方面身心又无法平静、烦躁不安。

在博士论文答辩顺利通过，拿到学位的那一刻，我的心情五味杂陈，第一时间与赖小琼老师及台湾家人分享我论文通过的喜悦。这不仅是个人成就的象征，更是人生旅途中的一个重要里程碑。这些年付出的一切，终于开花结果。

人生是不断学习的过程，博士生涯只是其中的一个阶段，它不只是学术训练，更是一种心智与能力的锻炼。这5年的博士生涯，提升了我思考与解决问题的能力。在求学过程中，台湾校友会成立，为感恩母校，我也积极参与厦门大学台湾校友会的活动。

2022年，我被推选为理事长。作为校友会代表，我有机会参与上海举办的全球校友会，与来自世界各地的校友交流，汲取他们在社会各领域的经验与见解及学术上的成就和生活经验。虽然毕业后没走学术路线，但是这段经历仍然成为我一生的养分。未来，期盼学弟学妹们能够勇敢面对博士生涯中的挑战，充分运用学术资源，积极向师长与同侪请教，并在研究的过程中找到属于自己的学术定位。博士学位不仅是个人成就的象征，更是一种思考方式与精神的体现。愿所有的博士生，都能在未来的道路上不断探索与前行，最终发挥所长，回馈社会。

智汇产教　实效致远
——高层教育发展（EDP）中心项目

　　EDP中心项目于2011年成立，凭借广泛的社会资源、紧密的政府联系、强大的专家智库与全国性市场调研网络，携手政府、行业协会、实业界及研究机构，开展多元业务与技术合作。依托厦门大学经济学院和王亚南经济研究院的雄厚师资，以及知名外部专家，以突出的科研与教学实力，提供国际化教育培训与管理咨询专业服务。中心积极融合国内外企业管理理论、方法及工具，深刻理解中国企业现状与经营环境，注重培训与咨询方案的整体性、创新性与可操作性，助力客户提升战略制定、实施及绩效提升的综合管理能力，致力于与客户建立长期合作关系。

从厦大 WISE 起航：知识照亮商业征途

■ 侯虹丽

人物简介

侯虹丽，EDP 国际资本运作总裁班（二期）学生，现任番茄女王（天津）医疗科技有限公司董事长。

时光的洪流滚滚向前，在记忆的堤岸之上，总有一些深刻的印记，如同璀璨星辰，在岁月的长河中熠熠生辉。厦门大学王亚南经济研究院（WISE），无疑是我人生旅途中一座耀眼的灯塔。2025年6月，WISE 即将迎来20周年华诞，这不仅是研究院发展历程中的重要里程碑，更是我回首往昔、感恩奋进的珍贵时刻。

初遇：智慧的启迪

2010年，那是一个充满希望与未知的年份，怀揣着对投资未知行业——医疗产业的无限憧憬，以及初涉其中的懵懂困惑，我有幸再次踏入厦门大学。彼时，番茄女王（天津）医疗公司项目正在筹办之际，而我也迎来了一次宝贵的学习机会——参加由时任厦大经济学院和 WISE 院长洪永淼教授带领的国际顶尖教授团队所组织的 EDP 国际资本运作总裁班。

尽管曾在厦大学习过、奋斗过，再次以学生身份踏入校门，少年时的回忆涌上心头。红墙绿瓦与椰林树影相互映衬，古老的底蕴与现代的活力在此交融，每一寸土地都仿佛在诉说着知识的传承与创新。而WISE，这座中国著名的经济学研究学术殿堂，更是散发着独特而迷人的魅力，尤其地处南普陀寺这座千年古寺旁，跟年少时的感觉又有所不同。

在学习的时光里，我仿佛置身于一场知识的饕餮盛宴。国际顶尖教授们凭借其渊博的学识、丰富的实践经验以及独特的思维视角，为我们打开了一扇扇通往世界前沿学科和商业模式的大门。从宏观经济学高屋建瓴的战略布局，到微观经济学细致入微的剖析；从金融市场波谲云诡的风云变幻，到企业管理中蕴含的智慧谋略，每一堂课都让我沉醉其中，每一次思考都使我收获颇丰，思想得到了升华。

洪永淼院长的课，至今令我记忆犹新、印象深刻。他以严谨的学术态度、深入浅出的讲解方式，将计量经济学等复杂深奥的理论知识，生动形象地呈现在我们面前。在他的课堂上，我第一次领略到了经济学那严谨而又美妙的逻辑之美。犹记得在一次关于金融市场波动分析的课程中，洪院长通过大量翔实的实际案例和精准的数据模型，抽丝剥茧般地深入剖析了市场波动的内在原因和规律。他的讲解让我深刻认识到，在看似无序混乱的金融市场背后，实则隐藏着深刻的经济逻辑和规律。唯有掌握了这些规律，才能在商海的汹涌浪潮中找准方向，稳健前行，不被风浪所吞噬。

我到第二节课才来，错过了许小年老师的课，但我记得一次聚餐，大家问他当时最好的投资是啥？他说："买房、买房！"大咖还有梁小民，我还留有一本他送大家的书——《走马看商帮》，后来备考博士才发现我们考试的教科书——曼昆的《经济学原理》，他竟然是第一翻译！十几年过去了，回想当年，厦大国际资本运作总裁班的大咖教授们丰富了我的人生阅历，开阔了我的眼界。

EDP 国际资本运作总裁班的同学们来自五湖四海，不同的行业和领域赋予了他们丰富的实践经验和独特的见解。课堂上，我们热烈讨论，各抒己见；课后，我们深入交流，分享心得，共同探索商业世界的奥秘。这种思想的激烈碰撞和深度交流，不仅极大地拓宽了我的视野，更让我结识了一群志同道合的挚友，为我日后的商业发展奠定了坚实而广阔的人脉基础。

成长：知识的实践

结束了在厦大 WISE 充实而难忘的学习后，我满怀信心地回到了工作岗位，迫不及待地将所学的知识运用到公司项目的运营之中。在项目的筹备和发展过程中，我深切体会到了更新知识所蕴含的强大力量。曾经在课堂上学到的市场分析方法、商业模式设计思路以及企业管理理念，此刻都成为我手中的有力武器，助我在商业的战场上披荆斩棘，勇往直前。

在市场分析方面，我熟练运用所学的数据分析工具和科学的市场调研方法及眼界，对医疗行业的市场需求、竞争态势进行了深入细致的研究。通过市场定位，找到了公司项目的切入点。在商业模式设计上，我借鉴了课堂上学习的众多创新商业模式案例，结合医疗行业的特点和自己曾经投资过素食餐厅及在外资银行工作8年、在戴尔工作2年的经验，大胆提出了"线上线下相结合"，并独创了线下素食药食同源的养生。这种创新的商业模式，不仅显著提高了患者通过科学数据分析病因的效率，还为他们找到了合适的就医渠道。

在厦大 WISE 学习的知识，为我后续运营的各个公司和项目提供了宝贵的经验和深刻的启示。在这些项目中，我不断运用所学的知识，迎接一个又一个的难题，实现了一次又一次的自我突破和跨越。

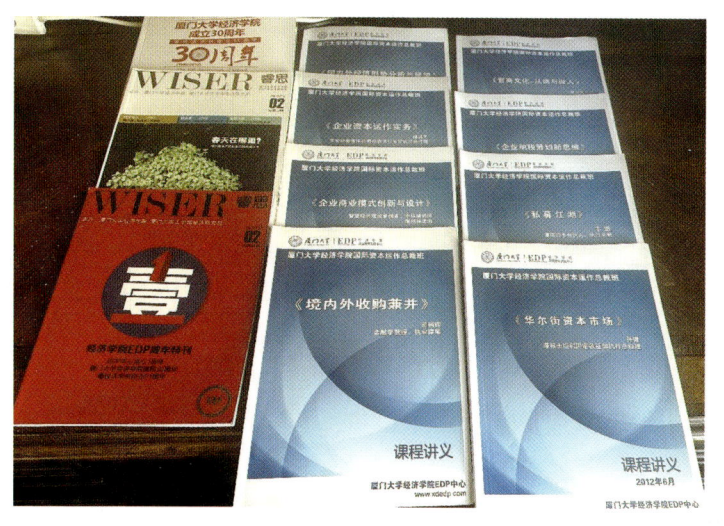

在 WISE 上课使用的部分讲义及部分刊物

重逢：智慧的升华

时光飞逝，如白驹过隙，14年的岁月转瞬即逝。在商海的浪潮中摸爬滚打多年后，我内心深处再次涌起对知识的强烈渴望，渴望得到新的滋养和提升。就在此时，一个令人振奋的消息传来：洪永森院长到任中国科学院大学经济与管理学院院长，其带领的教授团队更是群星璀璨，实力非凡。"数字中国"领军企业家高端研修班，首期"闽商数字化转型研修班"开课了！我毫不犹豫地选择再次"回炉"深造，开启一段崭新而充满期待的学习之旅。

再次踏入课堂，仿佛时光倒流，我又回到了那个充满激情和梦想的青春岁月。然而，与14年前相比，我有了更为深刻的感悟和更为丰硕的收获。随着商业经验的不断积累，我对课堂上的知识有了更加透彻的理解和认识。曾经在实践中遇到的种种困惑和难题，如今在课堂上找到了理论的支撑和精准的解答；而课堂上学习的新理论、新方法，又为我照

亮了未来商业发展的道路，让我有了更清晰的方向和更完善的规划，尤其人工智能和数字化浪潮已势不可挡。

记得在一次关于人工智能在医疗行业应用的项目研究中，我和团队成员们深入探讨了人工智能技术在医疗诊断、疾病预测等方面的应用前景和挑战。通过查阅大量的文献资料和实地调研，我们提出了一套基于人工智能技术的医疗服务创新方案。在这个过程中，我深刻体会到了跨学科知识的重要性。经济学、管理学、医学、计算机科学等多学科的有机融合，为解决复杂的商业问题提供了新的思路和方法，让我看到了更广阔的发展空间。

2024年11月，"数字中国"领军企业家高级研修班首期·闽商数字化转型研修班结业合影，作者为前排（左二）

除了专业知识的学习，这次"回炉"还让我对人生有了更深刻的思考。我们参访了杭州的"阿里巴巴"、青岛的"青岛啤酒""青岛海尔"和中国科学院的"两弹一星"纪念馆及许多重点实验室和在国科大孵化的项目。国家纳米科学中心的胡志远博士还邀请了厦门国贸集团原董事长何福龙和象屿集团原董事长王龙雏进行实战案例授课。在与教授和同学们的交流中，我感受到了他们对知识的执着追求和对人生的积极态度。他们的言传身教，让我明白了在商业的道路上，不仅要有敏锐的市场洞察力和卓越的管理能力，更要有坚定的信念和高尚的品德。只有这样，才能在商海的浪潮中保持初心，行稳致远，不迷失方向。

感恩：智慧的传承

回顾在厦大 WISE 的学习经历，我的心中满溢着感恩之情。感谢厦门大学王亚南经济研究院，为我提供了一个学习和成长的优质平台，让我能够不断提升自己；感谢洪永淼院长和众多国际顶尖教授，他们用自己的智慧和汗水，为我点亮了知识的灯塔，指引我前行的方向；感谢一起学习的同学们，在我人生的道路上，给予我支持和鼓励，让我不再孤单。

厦门大学王亚南经济研究院即将迎来20周年华诞，这是研究院发展的重要时刻，也是中国经济学教育和研究发展的重要里程碑。20年来，WISE 培养了一批又一批优秀的经济人才，他们在各自的领域发光发热，为中国的经济发展和社会进步做出了重要贡献。在这个特殊的时刻，我衷心祝愿 WISE 在未来的发展中，能够继续秉承"自强不息，止于至善"的校训，不断创新，勇攀高峰，培养更多具有国际视野和创新能力的经济人才，为中国的经济发展和世界的经济繁荣做出更大的贡献。

同时，我也将以自己的实际行动，传承和弘扬 WISE 的精神。"路漫漫其修远兮，吾将上下而求索。"在商业的道路上，我将永远怀揣着对知识的敬畏之心和对未来的美好憧憬，不断前行。而厦门大学王亚南经济研究院，将永远是我心中的精神家园，是我人生道路上的指引明灯，照亮我前行的每一步。

凤凰花开处，廿载弦歌长

■ 熊贻德

人物简介

熊贻德，EDP 国际资本运作总裁班（三期）班长、第二届经济学科同学会会长，现任中关村股权投资协会联席会长。

鹭江深长，凤凰花开。2025年6月，厦门大学王亚南经济研究院（WISE）将迎来二十周年华诞。当鹭岛的晚风拂过芙蓉湖畔，凤凰花一年又一年簌簌落在经济楼前的石阶上时，不觉已二十载春秋更迭。这里的红砖飞檐始终浸润着海风与书香，能有机会在此学习、受教，心中始终怀着感动、感激之情！回首往昔，展望未来，衷心祝愿学院桃李天下，前程远大！

二十载春秋，WISE 始终秉承"自强不息，止于至善"的校训，以"国际化、现代化、规范化"为办学理念，致力于培养具有国际视野、创新精神和社会责任感的经济学人才。学院汇聚了一批海内外知名学者，构建了与国际接轨的课程体系，打造了浓厚的学术氛围，为学生提供了广阔的发展平台。

特色办学，铸就辉煌

WISE 的特色办学之路，可谓独树一帜。学院始终坚持"小而精"

的办学模式，注重学生的个性化培养，为学生提供全方位的学术指导和生活关怀。记得洪永淼院长在科艺中心作"计量经济学的诗与远方"讲座时，曾指着窗外的白城海滩说："真正的学术视野要像这片海，既看得见潮间带的微观生态，又容得下太平洋的惊涛骇浪。"正是这种兼具精微与宏大的治学理念，让WISE的基因里镌刻着"立足中国，对话世界"的密码。学院还积极开展国际交流与合作，与多所世界知名高校建立了长期稳定的合作关系，为学生提供了丰富的海外学习和交流机会。

在科研方面，WISE始终坚持以问题为导向，注重理论与实践相结合，取得了一系列具有重要影响力的研究成果。学院还积极搭建学术交流平台，定期举办高水平的学术会议和讲座，为师生提供了与国内外顶尖学者交流学习的机会。

持久关怀，温暖人心

WISE不仅注重学生的学术培养，更关心学生的成长成才。刚柔并济的育人智慧，恰是对马云所言"用教育唤醒生命"的最佳诠释。学院设立了多项奖学金和助学金，鼓励学生勤奋学习，刻苦钻研。学院成立的院友会，为众多院友搭建了沟通交流的平台，提供职业发展、创业指导等方面的帮助！

作为第二届经济学科同学会的会长，我深切感受到学院对校友的持久关怀。学院定期组织校友返校活动，邀请校友分享职场经验，为在校学生提供职业规划指导。学院还积极整合校友资源，为校友提供创业支持和合作机会。

校友成就，熠熠生辉

二十年来，WISE 培养了一大批优秀的经济学人才，他们在各自的领域取得了骄人的成绩，为社会经济发展做出了积极贡献，为厦门经济特区、八闽大地乃至全国各地各行各业的发展，提供了有力的人才支撑！他们中有学术界的翘楚，有商界的精英，也有政界的栋梁！诚如一位院友用计量模型优化厦门港的物流系统，践行学院"教育要服务社会发展"的期许！

作为 WISE 的一员，我深感荣幸和自豪！我们校友之间始终保持着密切的联系，相互关心，相互支持。我们成立了多个行业校友会，定期组织交流活动，分享经验、共谋发展，爱拼敢拼会赢！

携手共进，再创辉煌

二十周年华诞，是 WISE 发展史上的一个重要里程碑，更是一个新的起点。我们深信：站在新的历史起点上，WISE 将继续坚持特色办学之路，不断提升办学水平，为国家和地方经济社会发展培养更多优秀人才！洪永淼院长当年坚持全英文授课的深意不是追逐时髦，而是为了在世界学术版图上标注中国坐标。他的远见卓识越发显现！

作为校友，我们将一如既往地关心和支持学院的发展，积极参与学院建设，为学院的发展贡献力量。我们相信，在全体师生的共同努力下，WISE 的明天一定会更加美好！

廿载芳华，共谱华章。WISE 的二十年，是砥砺前行的二十年，是硕果累累的二十年，更是充满希望的二十年。站在二十周年的门槛上，WISE 如郑成功雕像般面朝大海，既保持着嘉庚建筑的红瓦飞檐，又吸纳着大洋彼岸的学术新风。这或许正是教育最美的模样：既守护着南强书声里的文化基因，又孕育着改变世界的思想风暴。当海风穿过棕榈树梢，我们会听见未来的经济学诗篇正在朗朗书声中萌芽，那声音里，有古老东方智慧的韵律，更有属于人类命运共同体的和声。让我们携手共进，共同创造 WISE 更加辉煌的明天！

熊贻德

凤凰花开处，甘载弦歌长

潜心助力　隐翼支撑
——行政技术团队

厦门大学王亚南经济研究院（WISE）行政技术团队是支撑学院高质量发展的"隐形引擎"，以"专业、高效、创新"的服务理念为学术研究注入强劲动能。团队以精细化管理的"硬实力"与充满人文关怀的"软实力"双重驱动，支撑WISE国际化办学战略，构建起全流程学术服务生态。

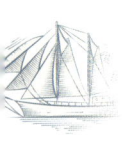

与 WISE 同行：感动、成长与未来

■ 鲍未平

人物简介

鲍未平，2008年加入王亚南经济研究院，曾任王亚南经济研究院办公室副主任、经济学院办公室副主任，现任王亚南经济研究院办公室主任，兼任经济学科研究生部主管。

回首往昔，感慨万千。当提笔写下这篇文章时，往昔在 WISE 的点点滴滴如电影般在脑海中闪现。2008年，我从山东大学硕士毕业，踏入WISE，至今已17载。这段岁月，是我与WISE情感相连、共同成长、共筑梦想的旅程。

慕名而来，WISE初心如炬，点燃我奋斗的热情

当初选择来WISE很大一个原因是因为洪老师，当时我了解到洪老师是国际知名学者，有着广泛的国际影响力，心中的敬佩之情油然而生，我坚信在这样的领航者带领下，WISE定能乘风破浪，而我亦能在其中贡献微薄之力，实现自我价值。尽管身边有同学劝我投身金融行业，家人也因距离问题不太支持，但我毅然决然地选择了WISE。

WISE的简介中那句"力争在不太长的时间内，成为亚太地区和中国一流的、与国际接轨的中国现代经济学教育和研究机构"，犹如战鼓在我心中敲响，让我心潮澎湃。第一次与洪老师共餐，听他畅谈对WISE的规划与目标，深感创建WISE的初心如炬。WISE后续各项工作，包括人才的培养，每年的计量经济学暑期学校，邀请国际顶尖专家来访授课、讲座，等等，都以实际行动践行着这份初心，激励着我把每件事做到极致。

制度化建设是WISE发展中的重要部分，但更难能可贵的是坚持执行

在整个发展历程中，WISE根据实际问题和需要创新地制定了众多管理条例，使整个运行更加规范有序，包括教师教学管理条例、助教管理条例、讲座管理条例、财务管理条例、教师和学生的请假条例，等等。多年的工作经历让我明白：制定条例其实不是难事，无论遇到什么情况都能够坚持执行才是制度有效运行的核心。记得有其他学院询问我们的

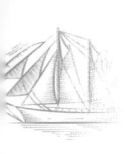

教学管理条例，他们也想学习，当我告知他们教师一个学期最多只能调课两次，而且调课的理由是生病或参加学术活动，对方表示这在实际执行上很难。然而 WISE 一直坚守原则，严格执行。

其实除了制度化建设外，WISE 在流程化建设、信息化建设方面也是不吝投入，取得了很好的成效。

高标准、严要求打造专业精干的行政技术团队，严格的同时又不失温馨

初次见洪老师的其他部门的人，经常和我们说洪老师很和蔼可亲。这个时候，我们行政的同事就会默默相视一下，表情都是："你懂的"。说实话，我们行政同事对洪老师都有一种敬畏之感，洪老师对细节、专业度、效率、效果等方面要求都非常高，出现瑕疵的时候会严厉批评，但正是这种严苛，让我们在工作中不断进步，追求卓越，持续提升工作质量。

洪老师还要求我们与时俱进，持续学习，提升英语水平、写作能力、宣传推广能力等。他经常分享行政、管理、工作技能等方面的文章，如人工智能技术的应用。去年人工智能技术刚兴起时，他就安排培训，使我们能够及时掌握前沿技术，率先实践，引领突破。

同时，学院组织的"秘书生日会""每周一馆"等活动，又让我们感受到家的温暖。WISE 宛如一个大家庭，充满欢乐与温馨。

WISE的发展也得益于一群有情怀且热心教育的专家学者，他们像宝石一样闪耀

二十年来，WISE 成功组建了一支既熟悉中国国情又具有国际化视

野的师资队伍。学院举办了众多高水平的国际国内学术会议，以及亚洲计量经济学与统计学暑期学校、全国数量经济学博士生论坛等重要活动，构建了多层次、高水平、国际化的学术交流与人才培养平台。

相信这些成就在很多人的文章中都会提到，在此我更想分享的是让我深受感动和触动的一群人，比如邹至庄教授。第一次见到他时，我激动不已。大学时期我就知晓他提出的著名的邹氏检验（Chow Test），没想到书本上的传奇人物竟活生生地出现在眼前。他和太太都非常和蔼可亲，邹老师曾不定期地来给学生上课，他太太也很乐于与学生们交流，能感受到他们那种希望把自己的知识、眼界更多地带给学生、帮助学生的热情。2016年，年近九旬的邹至庄教授与太太慷慨捐款，用于推动厦门大学和中国经济学教育与研究的发展。这份无私奉献，让人敬佩不已。

还有萧政教授，多年来坚持不懈地给学生开课，疫情期间也坚持在线上给学生授课，将深厚的理论知识与前沿学术研究成果倾囊相授。尽管年事已高，他依然坚持站着授课，只为追求更好的教学效果。课余时间，他还积极参与师生研讨和交流，不遗余力地给予指导，不仅分享专业的"术"，还谆谆善诱人生的"道"。2008年，萧政教授在厦门大学以其父亲萧铮先生的名字设立助学金基金，用以资助厦门大学家境贫寒的学子。这份对教育的执着与对学生的关爱，令人敬重。

陈少华教授和赵清华教授同样令人敬佩，他们凭借自己的学识、研究成果，以及在世界银行的工作经验，给学生们授课，频繁与师生交流，并努力为师生争取参加卢森堡收入研究所暑期工作坊（LIS Summer Workshop）的机会，希望助力学科的发展以及学生们的成长成才。记得有一次他们参加我们统计学的学位授权点评估工作，陈老师激动地和现场专家分享自己在世界银行招聘人员的经历，分析现状，表达忧虑，提出要培养具有国际竞争力的人才，要提升我们学科在国际上的话语权，希望共同努力推进提升中国统计学科的教育事业。她那种忧国忧民、

心系教育的情怀，让我深受感动。

在 WISE 的发展历程中，还有许多像他们一样的专家学者。他们都有着大师之风，我能真切地感受到他们是怀揣教育情怀、热心教育、真正做教育的一群学者。WISE 的发展也得益于这样的一群学者，在我心中，他们就像一颗颗璀璨的宝石，散发着耀眼的光芒。

洪老师也是如此，在做决策时，始终以学科的长远发展和学生的长远培养为出发点。相信这些也是 WISE 的老师们和工作人员不辞辛劳、凝心聚力共同推动 WISE 发展的重要原因，也相信这样一个单位，能够走得更远，创造更多的辉煌。

展望未来，信心满怀，开启新征程

展望未来，信心满怀。二十年只是 WISE 发展的起点，新的征程已开启。我相信，WISE 将以更加昂扬的姿态，迎接新的挑战，创造新的辉煌。而我，也将继续坚守在这个温暖的大家庭中，与 WISE 同呼吸、共命运，为 WISE 的发展继续贡献自己的力量。愿 WISE 下一个二十年，如璀璨星辰，闪耀在时代的天空，书写更加壮丽的篇章！

薪火引航处，皆是 WISE 光

■ 邓晶晶

人物简介

邓晶晶，2009年加入王亚南经济研究院，先后任教学项目主管、宣传主管，2015年起任王亚南经济研究院办公室副主任，2024年起任经济学院办公室副主任，兼任邹至庄经济研究院办公室主要协调人。

2009年，在蝉鸣悠长的夏季，一次特殊的邂逅使我回到了厦门大学，加入王亚南经济研究院（WISE），从此一路相伴，成为相互成长道

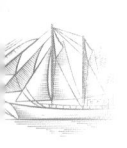

路上的同行人。WISE 的成长特色鲜明、坚定有力且充满智慧，它以独特的文化积淀与精神传承滋养了每一位同行人。

师者如光，微以致远。WISE 匠心筑梦二十载，特执笔记录一二，感谢 WISE 的温暖与力量，带给我们持续向前的动力。

祝愿 WISE，不止于斯，不息于行，风木常新，学脉永续！

专业执着的主人翁精神

在 WISE 的坐标系里，每个人都是不可或缺的坐标点。在这里，学生刻苦学习，逐梦远方；教师潜心育人，攻坚科研；行政技术团队则是保障这一切顺利运转的坚实后盾。从教学资源的调配到学术活动的筹划，从校园设施的维护到师生活动的组织，WISE 对行政技术团队的工作有着"吹毛求疵"的要求。然而，正是这些看似偏执的细节要求，体现了 WISE 精细化专业管理的精髓。

例如行政技术团队与专任教师联系，非紧急必要，一般不直接打电话，以免打断教师科研工作的思路；又如讲座来访人员信息必须提前一周预告；各项活动通知需预留时间，让师生能够合理规划时间出席活动。WISE 通过"死磕"各种细节，努力为师生创造良好的工作学习环境和专业的学术氛围，也恰恰是这些细节习惯的养成，使得 WISE 行政技术团队广受海内外嘉宾好评。

在 WISE，行政技术团队不仅被尊重，更被厚爱。在这里，很少采用职务或者职称称呼教师，无论是"院长"还是"教授"，都统称为"老师"。这种称呼上的平等，拉近了彼此之间的距离，营造出一种温暖而融洽的工作氛围。在这里，教师和行政技术团队经常同台讨论，共同为学院发展出谋划策。这种集思广益的交流分享，都是信任与合作的体现。在这里，教师会专门为行政技术团队举办生日会，感谢大家的服务与奉献。这样的关怀与尊重，让行政技术团队成员感受到自己是 WISE 大家庭中不可或缺的一员。

所以，感谢 WISE 营造的专业、平等、和谐的工作环境，不仅赋予了行政技术团队更多的主人翁精神，也激发了大家对工作的热情和创造力。行政技术团队以专业敬业的工作态度，成为学院发展的积极参与者和推动者。

创新探索的无畏勇气

"创新探索"在 WISE 从来都不是口号，而是二十年如一日的坚持。早在 WISE 成立之初，就率先确定要在国内开辟一条国际化创新人才的培养之路。

然而，选择"少有人走的路"，不仅需要开疆拓土的胆识与谋略，更需要迎难而上的勇气与韧性。从全英文开课的教学资源统筹，到教师投入教改积极性的有效调动；从单个专业的国际化试点改革，到具有专业群、成体系的国际化建设；从课程体系国际化与本土化的有机融合，到课程思政与专业课程的同频共振，WISE 以一个个看似微小却意义深远的变革，引领并推动了厦大经济学教育的国际化进程。

我们很荣幸能参与其中，成为教学改革战略规划与执行的中枢，协助教学资源的优化配置，实施质量监控，反馈持续改进建议，保障教育改革质量与可持续性。感谢 WISE 给予的信任与平台，教务管理人员从传统的事务型角色转变为更具战略性和服务性，为学院的国际化教育改革、教师的专业发展以及学生的全面成长贡献力量。

正是在这种逢山开路、遇水搭桥的不惧困难的改革精神的推动下，一批又一批的 WISE 学子，带着 WISE 赋予的独特印记，奔赴各自的工作岗位。他们或在世界学术舞台上大放异彩，或在科技前沿领域开拓创

新，或扎根地方助力国家发展战略，或在经济金融行业深耕细作，以多元姿态诠释着 WISE 学人的特色。

2023年，WISE 经过十余年"摸着石头过河"的探索与沉淀，其人才培养改革成果"服务全球化战略，培养高质量人才——经济学科国际化人才培养体系创新"荣获国家级教学成果奖一等奖。作为其中的参与者，我与有荣焉。然而，WISE 的教育改革探索从未停歇，面对人工智能时代的挑战，WISE 已开启国际化拔尖人才培养的新探索，创新之路永不止步。我们深知，教育改革之路充满挑战，但正是这些挑战，激励我们在 WISE 的平台上不断成长，不断突破自我。

兴教报国的家国情怀

WISE 的独特也在于它总能汇聚一批志同道合、心怀家国的优秀学者。在与 WISE 相伴成长的岁月里，得益于研究院的平台，我们有机会和邹至庄教授、萧政教授等在经济学领域具有卓越建树和深远影响力的学术泰斗近距离接触。

在 WISE，这些优秀的学者不仅传授知识，更传递着对教育的热爱和对家国的担当。

犹记得，2016年邹至庄教授访厦期间，洪永森老师邀请他在学术报告之余，为我们的本科生课堂分享一些中国经济的专题内容。邹至庄教授欣然应允，并在酒店通宵备课，专门为这一堂课制作了全新课件。事后，我们对此事感到非常惊讶与不解，邹至庄教授作为研究中国经济的学术泰斗，他本可以直接选用已有课件，为何要如此煞费苦心再制作一份课件呢？对此，他笑笑并解释说他虽然有很多的相关材料，但却没有一份能够让自己满意。这份对课堂教学的专业、认真、严谨让大家深感敬佩。而在那之后，邹至庄教授伉俪为进一步提升中国经济学研究和人才培养，在厦门大学慷慨捐资，支持厦门大学乃至中国的经济学科教育与研究发展。

为帮助厦门大学经济学科的成长，从2005年至今，萧政教授频频来厦，并不断利用自身国际化的学术资源及背景为厦门大学乃至中国计量经济学科走向国际搭建桥梁与平台。在长达二十年的育人马拉松过程中，萧政教授不仅把最新的计量经济学思想和最前沿的学科资讯引入厦大，更在学校设立以其父亲萧铮先生的名字命名的助学金基金，用以资助厦门大学家境贫寒的在学学子或因贫困无法到校的学子。这一资助至今已坚持16年。

在 WISE，诸如此类的例子还有很多很多，比如纽约银行上海分行原行长——龚天益教授，在其退休后坚持跨越海峡来厦无私授课三年；又如厦门大学杰出校友、世界银行发展研究局原首席统计学家陈少华教授及其先生世界银行研究部资深数据科学家赵清华教授不辞劳苦、不计回报地往返中美为厦大统计学科的建设出谋划策；再如 WISE 的大家长——洪永淼教授，十几年如一日地颠倒时差工作，为厦门大学乃至中国经济学教育如何破局殚精竭虑。他们用自己的行动诠释了教育不仅是个人的成长，更是对国家和社会的责任。

求真务实的工作文化

外人常说 WISE 的行政工作很难，因为节奏快、要求高、事项细。但身居其中，我想说的是，在 WISE 的工作其实很纯粹。在这里，我们只需专注于高效完成任务，将精力集中在工作本身，而无须过多周旋于复杂的人情世故。

WISE 一直坚持求真务实的工作文化，鼓励开放、透明的沟通和协作，让每一位行政人员都能在清晰的目标下，发挥自己的专长，实现个

人与团队的共同成长。这种纯粹的工作环境，不仅提升了工作效率，还能让我们以更加专注和从容的心态，迎接每一个挑战。

WISE 每个季度都会制作一期院刊，用以记录与传递 WISE 的发展。每一期院刊的设计包括收录内容、目录顺序、封面呈现等均需由院长亲自审定。在我初入 WISE 接手该项工作之时，基于此前在媒体工作的经验，将院领导出席活动的资讯放在了相对靠前的位置。为此，时任院长的洪永淼教授专门找我谈了一次话，提到在 WISE 我们只关注工作的意义与成效，有意义的才收录，有重要意义的放在前面，对于领导人的活动少报或者不报。正是他清晰明确的要求，让我们在后续的相关工作中没有了后顾之忧。

薪火引航处，皆是 WISE 光。真正的教育，是让每一粒种子在破土时都能听见自己拔节的声音。我相信，WISE 带给我们的，不仅是专业敬业的主人翁精神，还是创新探索的无畏勇气；不仅有兴教报国的家国情怀，还有求真务实的工作文化，这些都将成为我们未来前行的宝贵精神财富，引领我们走向新的高峰。

二十年久久为功：WISE 的长期主义实践

■ 钟锃光

人物简介

钟锃光，教授级高级工程师，2011年7月兼任 WISE 技术中心主任，2015年起任计量经济学教育部重点实验室副主任。

二十岁，对学子而言，正值青春，而对 WISE 而言，却是豪情万丈的壮年！它不再是初生的幼苗，而是经济楼中庭根深叶茂的参天大榕树，经历了历次台风的洗礼，拥有坚定的信念与无畏的勇气。它敢于打拼，

敢于挑战，要给二十岁的学子星辰大海与远方。

在这个技术快速迭代、信息爆炸的时代，人们常常被鼓励去追求快速成功和短期回报。然而真正的成就往往并非一蹴而就的，而是长期坚持和持续努力所积累的结果。真正的长期主义，建立在对发展趋势和自身定位的清晰认识之上，是因为正确才值得我们长期坚守、坚定投入。

WISE二十年如一日的坚守，源于对"正确"的执着，传承王亚南先生"站在中国人的立场来研究经济学"的精神，传承邹至庄先生"在中国推广现代经济学教育，培养世界一流的经济学家"的宏愿，建设世界一流中国气派的经济学，看准了就坚定不移干，脚踏实地干。

WISE二十年如一日的坚守，靠的是永远敢于争第一的心气。厦大经济学科曾创造了中国教育史上许多个"第一"，WISE延续了这份心气。WISE创院院长洪永淼教授经常说，经济学科是厦大最好的学科之一，工作应始终瞄准一流目标，不能自甘落后。就是有了这样的心气，WISE才又继续创造了多个全国第一。

早先大家都以为只有理工科才能申报教育部重点实验室，连学校的归口管理单位都是科技处而不是社科处，没人想过文科也能申请教育部重点实验室。直到2017年美国俄亥俄州的希拉姆学院才提出"新文科"概念，提出文理交叉，将新技术融入传统文科课程体系之中来实现跨学科的融合和交流。但早在2009年，WISE就推动研究型文科实验室建设，按照国际一流水平新建了"Trading Floor"，开发了实验经济学这个新的增长点，凭借经济学和相关领域的交叉融合，成功申报立项了"计量经济学教育部重点实验室"，这是国内第一个文理交叉的教育部重点实验室。2024年部重室接受教育部五年工作考核，由于实验室日常工作比较扎实，考核以良好成绩顺利通过。接到学校通知后，我兴高采烈地向洪老师报告，想不到洪老师不仅没有高兴，而是要求我们去了解同类别的哪些实验室得了优秀，对照工作要求，看看是哪里没做到位，立行立改！

人工智能领域取得重大进展后，洪老师敏锐地判断这将引领经济学研究的又一次转型升级，是机会也是挑战。从2022年下半年就开始布局人工智能+经济学的各项工作，引进相关师资人才，并指示实验室提前做好算力升级和应用研究的工作。2025年初，当DeepSeek热潮来袭的时候，实验室凭借自有的算力资源，在福建高校率先推出本地部署的AI平台，并应用于日常教学科研，助力教师申报课题、评审论文，得到福建省新闻联播的报道。目前，洪老师又为WISE制定了一个人工智能+经济学的长周期发展战略，实验室的目标也将与时俱进进行调整，道阻且长，未来可期。

2016年基金委开始试点资助基础科学中心项目，要求"原创导向、交叉融合、开放合作"，产出一批国际领先水平的原创成果，抢占国际科学发展的制高点，形成若干具有重要国际影响的学术高地。洪老师提出在大数据时代，计量建模极有可能产生重大原创性突破，特别大数据计量建模和预测预警对提升国家治理能力有巨大应用，为在经济学和管理学领域创立"中国学派"提供了难得的机遇，应该申报。接下来是三年的辛苦准备，经历了无数次的讨论会、反复打磨申请书、修改PPT、试讲、答辩再修改的循环，几年下来，形成的重要过程材料就有十几个"G"，到了第三年，在前几批入选项目都是大型理工科项目的情况下，一些同事开始自我怀疑：我们真的可以和理工科竞争吗？经济学能做出硬核成果吗？在最吃劲的时候，洪老师稳住阵脚，事事亲力亲为。功夫不负有心人，2019年，国家自然科学基金委员会正式批准资助"计量建模与经济政策研究"基础科学中心项目，这是我校获得的首个基础科学中心项目，也是基金委管理科学部在全国范围内资助的首个基础科学中心项目。

"不谋万世者，不足谋一时；不谋全局者，不足谋一域"，WISE的

奋斗史中还有很多这样胸怀大局、久久为功的案例。

2005年WISE创院之初，为了让全国年轻学者有机会了解和把握现代计量经济学和现代统计学的学术发展动态和最新研究成果，拓宽国际学术视野和提高创新研究能力，WISE举办计量经济学暑期学校，首期即与国际顶级计量经济学期刊 Journal of Econometrics 联办，2006年暑期学校因出色表现在全国研究生院院长会议上获得时任教育部副部长吴启迪的点名表扬，这也是当年16个暑期学校中唯一受表扬的暑期学校。从2014年开始WISE与东北财经大学携手联办暑假学校，从2019年起，中国科学院大学也加入联办。2019年暑假学校正式升级为世界计量经济学会 (The Econometric Society) 暑期学校，成为ES的官方活动项目。

二十载风雨，暑期学校如春风化雨，桃李芬芳。通过高强度的课程设置和严谨的学术训练，暑期学校已培训了近3000名国内外高校青年教师和研究生。这是一场跨越山海的学术迁徙，这批具备扎实计量经济学知识和研究能力的高素质学术人才在各自的学术领域内继续深化研究，如繁星般闪耀，成为国内经济学领域不可或缺的骨干力量，以坚实的理论基础和敏锐的研究视角，推动着计量经济学的研究与教学攀登新的高峰。

今年的暑期学校又轮转到厦大举办，这既是对二十年的总结，又是对邹至庄先生1985年联系、发起的"经济学培训中心"项目四十周年的历史回应。不断创新的暑期学校还将是新的开始，继续书写充满激情与希望的学术传奇。

在行政工作中，WISE也一直坚持长期主义。我们经常互相提醒，不要以为一个任务拖一阵洪老师就忘记了，一件事情没达标，他是绝对不会放弃的。最典型的一个例子就是"王亚南书院"的建设。WISE创建之初，整个经济楼还没有可以让大家轻松交流的环境，只在A201布置了一个简单的小会议室，供师生交流。洪老师提议把C座中庭改造为咖啡厅，由于各种原因未能实施。到了2011年，在王亚南先生诞辰110周年之际，经济学院与王亚南经济研究院在C座建成王亚南书院。简洁、明快的设计使王亚南书院具有充满时代气息的学术气氛，成为老师和老师、老师和学生、学生和学生思想火花碰撞的场所。然而2016年台风莫兰蒂彻底摧毁了书院的顶棚，各种因素叠加，书院暂时关停闲置。等了8年，邹至庄经济研究院对C座进行改造升级，王亚南书院又以全新的面貌出现了。厦门大学原党委书记王豪杰书写的牌匾一如既往，学院营造良好舒适的人文环境，为师生提供宽松愉快学术氛围的初心一如既往，物理场所的升级迭代背后，是"止于至善"学术传统的薪火相传。

王亚南书院的现在（左）与过去（右）

站在二十年的新起点回望，WISE从二十年前的筚路蓝缕到今天的惊艳绽放，都源自二十年如一日的坚守，源自学科领导人看准了就坚定不移干的执着。WISE的发展轨迹勾勒出一条清晰的"第二曲线"：前十年筑基，聚焦现代经济学研究范式构建；后十年突破，发力学科交叉与本土创新。这种战略节奏的背后，是对长期主义的深刻认知——它不仅是时间维度上的坚持，更是价值维度上的坚守；不仅要对抗外部环境的不确定性，更要超越短期绩效的功利性。正是这种止于至善、永不言

弃的精神让厦大经济学科一次次地战胜困难,迎来新的辉煌。

亲身参与 WISE 二十年创业历程的师生,用自己的工作和学习真实地践行了"止于至善"的校训,证明认真做事的意义,彰显了坚持长期主义的价值。今年,学院聚焦学科发展使命和愿景,提出"培养推动中国和世界进步的经济英才"的学科使命和"创世界一流,树中国学派"的发展愿景。目标很宏大,路途必艰险。坚持长期主义,坚持做困难而正确的事。真正的长期主义,是在历史长河中锚定价值坐标,在时代浪潮中坚守学术本真。这种坚守,既需要"十年磨一剑"的耐心,又需要"敢为天下先"的勇气,正如那根深叶茂的大榕树,在年轮叠加中成就栋梁之姿。

向光而行：在 WISE 的十二年

■ 庄佳盈

人物简介

庄佳盈，2013年5月加入厦门大学王亚南经济研究院，现任厦门大学王亚南经济研究院办公室副主任、厦门大学校友会经济分会副秘书长。

2013年的夏日，阳光洒在厦门大学的砖红色建筑上，我怀揣着对王亚南经济研究院（WISE）的无限憧憬走进这座学术殿堂时，从未想过

一个音乐系的毕业生能与经济学结下如此深厚的缘分。那时的 WISE 在我心中，不仅是一个培养经济学精英的摇篮，更是一个充满国际化视野和创新精神的学术圣地。而今天，当我回首在 WISE 的十二年历程，那些奋斗的日夜、感动的瞬间，都化作生命中最珍贵的财富。

初入 WISE 时，我被安排负责 EDP 同学会的秘书工作，这段经历让我深刻体会到团队协作与细节管理的重要性。2013年8月，我参与了厦门大学经济学科同学会第一届会员大会的筹备。这是一场由近200名学员（包含40名台湾博士班学员和8名香港学员）组成的盛会。著名经济学家许小年教授关于结构性衰退与结构调整的演讲成为亮点，而洪永淼院长阐释的同学会愿景——搭建两岸人脉平台、提供政策解读与企业咨询，更让我意识到这份工作的深远意义。在筹备会议的过程中，我感受到了同学们的无私奉献，也见证了同学会如何通过主题活动和校友网络赋能会员发展。这段经历为我后续担任总裁班班主任助理积累了宝贵经验，当看到院领导与学员们促膝长谈时，我更加理解 WISE 教育理念的真谛：在严谨的学术中注入人文关怀，让每个细节都承载着推动个人与学科共同成长的重量。

EDP 同学会下设的高尔夫球俱乐部，是 WISE 营造轻松学习氛围的一个生动缩影。当时，学院每年都会邀请普林斯顿大学著名经济学家邹至庄教授来访。邹先生酷爱高尔夫运动，俱乐部学员们应邀与邹先生一起挥杆，打球时的欢声笑语让这位经济学泰斗对厦大产生了深厚的情感。"能和年轻人一起玩很开心"——这句朴实的评价，道出了 WISE 独具匠心打造的学术文化。邹先生与厦大非亲非故，却十分看好 WISE 的发展，所以，他主动提出捐款给厦大经济学科，这也是为什么现在有邹至庄经济研究院。洪永淼教授对来访学者的全方位关照，从学术交流到生活细节，处处彰显中国学者的待客之道。这些温暖人心的细节，正是对 WISE "有温度的学术"理念的最好诠释。

2016年，我参与了一项极具挑战性的工作——WISE与中国科学院预测科学研究中心联合申请"计量建模与经济政策研究基础科学中心"项目。申请时间紧迫，内容繁杂，工作强度前所未有。申请团队的老师常常讨论到凌晨，对每一个细节都反复推敲。我永远记得那个场景：北京的冬夜里，团队老师们围坐在宾馆房间，洪老师即使生病也坚持主持讨论工作，当得知他需要雾化器治疗时，我们紧急协调，最终我扛着一台雾化器飞往北京。这台临时借来的雾化器，后来被我们笑称为"WISE精神的最佳见证"。首次申请以1票之差落选时，团队陷入低迷，但洪老师的一句"明年继续"重新点燃了我们的斗志。连续两年失利后，当第三年洪老师依然坚定地说"再试一次"时，我明白了什么是真正的学术执着。2019年，项目终于获批，成为国家自然科学基金委员会管理科学部首项基础科学中心项目。当6000万元资助获批的消息传来时，所有熬过的夜、流过的汗都化作了喜悦的泪水。这份来之不易的成功，是坚持与团队协作最美的果实。

很多人好奇：一个音乐系的毕业生，为什么会选择在WISE工作？这看似风马牛不相及，但我想说，WISE最宝贵的正是它的包容与多元。在这里，我的艺术学习经历让我有幸能为促进东西方文化交流尽一份力。WISE举办过很多国际学术会议，邀请过多位诺贝尔奖获得者和资深专家教授参加。在洪老师的建议下，我们精心设计了中国传统文化表演环节，让严肃的学术交流平添文化魅力。2019年世界计量经济学亚洲年会期间，诺贝尔经济学奖得主James J. Heckman教授夫妇对我们呈现的茶道表演赞不绝口。当Heckman教授轻抿"日春"茶，并由衷赞叹时，我看到了跨文化交流最动人的一幕——学术大家对中国传统文化的真诚欣赏。值得一提的是，日春茶叶作为我院重要合作伙伴，长期以来为学院举办的各类国际学术会议提供大力支持，以茶为媒，助力中外学术文化交流。这些年来，我们筹办的文艺晚会，从闽南布袋戏到川剧变

脸，从民乐演奏到古典舞蹈，我们用艺术为严肃的学术会议增添了一抹亮色，也让更多国际学者领略到中华文化的博大精深。原来，学术的锋芒与文化的柔情并非对立，它们交汇时，能照亮一片文明的星河。

在 WISE 行政团队的十二年里，我见证了太多令人自豪的时刻，WISE 的指引之光从未熄灭。我们建立了高效的项目管理系统，从国际会议筹备到学术访问安排，每个环节都有明确流程，任何问题都能得到及时响应，这种默契配合让来访嘉宾连连称赞。领导们更是以身作则，洪老师常为一场国际会议的茶歇细节亲自把关，这种精益求精的态度深深影响着我们。随着 AI 技术的发展，洪老师要求我们主动学习新工具。去年，我们开始将 AI 技术应用广泛运用于工作中，大大提升了工作效率。这种与时俱进的精神，正是 WISE 行政团队被赞誉"高效、负责、温暖"的秘诀。

站在 WISE 诞生二十周年的节点回望，我依然记得那份初入 WISE 时的忐忑，记得洪老师在我犯错时的谆谆教诲，记得 WISE 办公室永远亮着温暖的灯。或许在岁月的长河里，我只是其中的微小水滴，但当这些水滴汇聚成流，便能映照出一个时代的光华。未来路远，我愿与 WISE 同行，在学术与艺术的交响曲中，继续书写属于 WISE 的华章。

2019 年，作者与诺贝尔经济学奖得主 James J. Heckman 教授

WISE 伴我成长的十一年

■ 吴雪霁

人物简介

吴雪霁，2014年加入厦门大学，历任经济学院EDP中心班主任助理、教务主管及副主任，兼社会服务部门教指委秘书，负责三院培训部门财务初审工作，协助处理部分办公室行政事务。

时光如白驹过隙，悄然间，王亚南经济研究院（以下简称"WISE"）已迈入了其二十周年的辉煌殿堂。身为厦门大学经济学科的一员，我有幸与WISE携手并进，在这漫长的岁月里，共同书写着属于我们的篇章。

回首往昔，十一年前的我，作为一名初入职场的新人，踏入了WISE这片充满智慧与激情的热土，从青涩走向成熟，我的职业生涯与WISE的成长轨迹紧密相连，相互见证，相互成就。在此，我愿以笔为媒，将这段珍贵的记忆化为文字，向WISE的辉煌历程致以最诚挚的敬意。

初入WISE，梦想启航

2014年，怀揣着对经济学领域的无限热爱与憧憬，我踏入了WISE的大门，这里浓厚的学术氛围与前瞻性的研究视野，让我瞬间被深深吸引。作为一名刚刚走出象牙塔的毕业生，我对即将展开的职场生涯既充满了好奇，又满怀期待。经济学科培训部门，成为我职业生涯的起点。从最初的班主任助理，到后来的教务秘书/主管，再到EDP中心副主任，每一次角色的转变，都伴随着我对工作的深入理解与对专业的不断追求。

记得初入WISE时，面对陌生的环境与全新的挑战，我感到了前所未有的压力。当时，培训部门主要负责承办各类总裁班，我则有幸担任了国际资本运作高级研修班第六期的班主任助理。WISE的工作讲究流程化与规范化，我先是通过学习部门内部的"带班宝典"，对工作流程有了初步的了解。然而，纸上得来终觉浅，实践才是检验真理的唯一标准。在部门同事的热心帮助下，我有机会跟随她的班级完成了一次完整的带班流程，这为我后续独立带班奠定了坚实的基础。尽管如此，当我第一次独立带班时，心中仍难免紧张。我反复背诵课程主持稿，确认茶歇、学员、授课教授的午晚餐安排，甚至在课间和课后，我也努力与学员们进行轻松的交流，以缓解紧张的氛围。然而，由于年龄和社会阅历的差距，我时常感到手足无措。正是这些挑战，激发了我内心的斗志，促使我更加努力地学习，不断向同事们请教，逐渐掌握了带班工作的要领。我不仅注重课程的细致规划，更关注班级学员的满意度与班级的凝聚力。每当看到学员们在课堂上聚精会神地听讲，与老师积极互动，我的心中都会涌起一股莫名的满足与成就感。

深耕教务，收获成长

在 WISE 的第二年，由于工作需要，我从班主任助理的岗位转到了教务岗位，这对我来说又是一次全新的挑战。WISE 强大的流程制度再次让我受益匪浅。根据之前同事留下的详细记录，我迅速熟悉了教务岗位的职责与要求，以及每个工作环节的时间节点把控。为了提升课程的品质，我积极挖掘新的教师资源，定期根据时事热点更新课程内容，确保学员能够接触到最前沿的经济理论与实践。我深知，优质的师资力量是培训质量的根本保障，因此，我积极与各位老师沟通，了解他们的研究方向与授课特点，努力为学员提供最优质的服务。

同年，部门业务转型，将重心放在了短期培训上。无论是师资配置还是营销方向，都与以往有了显著的不同。这对整个部门来说，都是一次全新的探索与尝试。为了构建师资库，我通过各种渠道搜集师资信息，建立了师资库信息系统，实现了师资信息的全面归集与管理。这一过程不仅锻炼了我的沟通协调能力，也让我对经济学领域的最新动态与国家方针政策有了更深入的了解。

教务工作虽然看似枯燥琐碎，却充满了变化与挑战。特别是在新冠疫情期间，为了确保培训班的顺利进行，我们增加了入校手续、核酸检验等必要环节。有一次，入住校内酒店的学员中临时新增一例密切接触者，出于全校师生安全的考虑，我们需要在接到通知的1小时内迅速转移该班50多名学员。当时正值中午11点，课程被迫叫停，学员们返回酒店整理行李。院内，整个部门乃至学院后勤的同事们齐心协力，一边

帮忙收拾教室，一边联系新的住宿与培训地点。我则负责联系接下来的课程老师以及后勤安排。在大家的共同努力下，我们成功地在学员到达之前，将原本教室的座位安排原封不动地搬至新教室，酒店也一切准备就绪，为学员们提供了热腾腾的餐食与干净整洁的房间。原本有些沉重与压抑的氛围，在大家的共同努力下，逐渐消散。事后，该培训班的对接人告诉我们，学员们对此次厦门大学的培训之旅非常满意，虽然中间出现了小插曲，但最终都得到了完美的解决。学员们不仅学习到了最新鲜前沿的知识，更惊叹于 WISE 行政团队高效处理突发事件的能力。这与 WISE 一直以来贯彻的行政逻辑密不可分，即在日常工作中，大家各司其职，但在关键时刻，能够迅速集结，形成强大的团队合力。

行政协同，共铸辉煌

除了本职工作外，WISE 每年还承办大大小小的学术会议近五十场。每次会议都是由院办牵头组成的临时会议小组负责。为了确保会议的顺利进行，同事们往往需要在会议开始前的几个月就开始筹备工作。从嘉宾的联络、会议的策划与宣传，到专家接送机及用车、会场布置与技术支持、用餐茶歇、引导与后勤安排等，每一个环节都需要提前精心安排与部署。通过召开协调会，确保会议工作的顺利进行。

以2019年 WISE 承办的"世界计量经济学会亚洲年会"为例，这次会议吸引了700余名来自世界各地的经济学者参加，他们在189个平行分会场中展开了前沿成果的分享与探讨。在此次会议中，我主要负责会议用餐、茶歇及活动安排。考虑到参会嘉宾来自不同的国家与地区，饮食习惯各不相同，我们提前进行了用餐需求的统计，这也是我第一次了解到"无麸质饮食"的概念。根据用餐习惯的不同，我们提前区分了素食桌、清真桌、无麸质桌等。会议期间，同时有25个平行会场展开讨论，中间茶歇时间不一。考虑到当时恰逢夏季，我们提前准备了冰镇饮品，还特意准备了闽南特色小点心及武夷岩茶供来宾品尝，让他们领略中华美食的魅力。这只是会议筹备工作中的一小部分，每个小组的同事都为会议的成功举办付出了辛勤的努力与汗水。一次次会议的成功举办，不仅提升了 WISE 的学术影响力，也为我们行政技术团队提供了相互了解与熟悉的机会，增强了团队的凝聚力与战斗力。

感恩厦大，情系 WISE

这十一年的工作经历，是我人生中最宝贵的财富之一。在这里，我不仅收获了成长与友谊，更收获了成功与自信。我深知，这一切都离不开 WISE 给予我的机会与平台。正是有了这个平台，我才能够从一个初出茅庐的大学毕业生，逐渐成长为一名可以独当一面的高校行政工作者。在这里，我学到了丰富的专业知识，提升了自身的综合素质，也结识了一群志同道合的伙伴，这一切都离不开学院的培养与支持。

刚加入 WISE 时，我对一切都感到新鲜与好奇。然而，随着工作的深入，我也逐渐感受到了压力与挑战。面对烦琐的教务工作、复杂的财务事项以及多变的宣传需求，我有时会感到迷茫与无助。但是，我并没有选择逃避或放弃，而是选择积极面对、勇于探索。我深知，只有不断学习与进步，才能跟上时代的步伐。于是，我开始利用业余时间学习相关知识，不断提升自己的专业素养与综合能力。

在工作中，我遇到了许多困难与挑战。有时是因为教师邀请不顺利，有时是因为课程安排出现冲突或变化，有时则是因为疫情或经济环境不好导致部门业务受到冲击。面对这些挑战，我始终保持着坚定的信念与勇气。我相信，只要用心去做、尽力而为，就一定能够克服一切困难。正是这种坚持与勇气，让我在工作中不断取得新的突破与进展。我逐渐

学会了如何高效地处理各种事务，如何与不同的人沟通交流，如何在压力下保持冷静与理智。这些宝贵的经验与教训，将成为我未来职业生涯中不可或缺的财富。

值此 WISE 二十周年庆典之际，我深感荣幸与自豪能够成为这个大家庭的一员。展望未来，我将继续秉承厦门大学"自强不息、止于至善"的校训精神，为 WISE 的发展贡献自己的力量与智慧。我相信，在全体师生的共同努力下，WISE 的明天一定会更加美好！愿我们携手并进，共创辉煌！

WISE 足迹

从2005年到2025年，厦门大学王亚南经济研究院（简称 WISE）成立至今已历二十载。二十年间，WISE 秉承厦门大学"自强不息、止于至善"的校训，坚实地践行着中国经济学教育的现代化和国际化办学之路。二十年间，每一次微小的成长足迹，都成为厦门大学经济学科如今奋然前行的基石与动力。

2004

8月

8月10日，时任厦门大学校长朱崇实与洪永淼在北京世纪金源大酒店见面，两人进行了三个多小时的促膝长谈。朱崇实校长动员洪永淼回母校厦门大学，创办一个新的研究院，以重振厦门大学经济学科的昔日雄风。

9月

9月4—9日，厦门大学在漳州东山岛召开第二次"东山会议"。会议主要议题是贯彻落实国务院批准的《2003—2007年教育振兴行动计划》。时任经济学院院长张馨教授在会上汇报经济学院《"十五"计划和2010年远景规划》，指出经济学科"存在着相对落后的可能性，甚至还存在着潜在的危机"，主要表现为：（1）影响力下降。厦门大学经济学科在

全国经济学界的学术影响力在下降，低于20世纪80年代，甚至也低于90年代，更为严重的还在于，这种状况仍在继续，原创性成果不多，有全国重大影响的科研成果也不多，重大攻关项目也很少。这种状况，随着时间的推移，其后果可能使厦大经济学科的学术影响力进一步下降。（2）学科边缘化。厦门既非政治中心，也非经济中心，这种地理位置上的"边缘"状况，对于经济学科有着很大的影响。在改革开放和社会经济迅速转型的大背景下，这种地理状况导致学术影响"弱声效应"，减弱了学术的影响力，也导致人才流失或引进困难。但更为主要的，是厦门大学经济学科本身的边缘化，目前学科中的强势学科，是应用经济学中的财政学、统计学、金融学等二级学科，而不是理论经济学中的宏观经济学、微观经济学、政治经济学等二级学科。这种状况使得厦大经济学科偏离了经济学的主流轨道。（3）师资队伍问题。一是后续梯队建设薄弱。在现有的中青年教师中，能呈现出强有力的发展势头的不多，在全国经济学界产生较大影响的更不多。这种状况如果延续下去，后续梯队和接班人问题将日益突出。二是师资队伍的知识结构老化，教师更新知识的动力不足，跟踪瞄准学科前沿的努力不够。所有这些问题，在近年来的几次大项目申报过程中暴露无遗，在组织申报材料和填写有关表格时往往有捉襟见肘、"巧妇难为无米之炊"之感。厦大经济学科现有的成就，是一代又一代厦门大学经济学人辛勤努力和汗水浇灌的结果，是80多年历史积淀的结果，但时间已经进入21世纪，世界在变化，中国在巨变，中国经济学界在大变，继续躺在过去的"辉煌"上吃老本是难以为继的，上述问题的日益凸显表明较大力度的改革势在必行。

2005

4月

4月5日,厦门大学决定成立王亚南经济研究院,力争在最短时间内建成国内领先、亚太地区一流、国际具有重要影响力的经济学研究机构;成为厦门大学经济学规范化、国际化、高水平的学术研究平台,高级经济学人才的培养基地,对外学术交流的重要窗口;成为为中国社会经济发展提供政策建议和咨询意见的思想库和智囊团。

5月

5月25日,洪永淼在厦门大学克立楼报告厅作题为"现代经济学和王亚南经济研究院的使命"的讲座,为到场的数百名师生分析现代经济学特征,指出计量经济学的作用,认为它不仅是一个分析工具,更是一种方法论;解读新成立的王亚南经济研究院相对独立的运作机制,其目标是成为亚太地区和中国一流的现代经济学研究机构,在计量经济学、金融学、宏观经济学、政治经济学等关键领域在国内处于领先地位,在国外有一定影响。

5月29日—7月17日,WISE 与经济学院金融学系共同举办"海外经济学家系列讲座"。这是 WISE 成立后首次邀请海外名师为经济学科集中授课。每周邀请一位海外经济学家举行1~3个讲座,总计50讲,介绍经济学和金融学(特别是金融计量)前沿的研究概况。

6月

6月27日,厦门大学正式发文通知于6月21日成立王亚南经济研究院,设50个教师编制,洪永淼为创院院长。

WISE 和经济学院选派14名经济学院青年教师出国进修深造,以培养经济学科新一代学术骨干和学术带头人。

7月

7月18—22日，由WISE主办的首届"计量经济学国际培训班"在厦门国家会计学院举行。本次培训班为期5天，由香港科技大学经济学系教授陈松年，克拉克奖得主、麻省理工学院经济学系教授杰瑞·赫斯曼（Jerry Hausman），南加州大学经济学系教授萧政，中国台湾"中央研究院"经济研究所特聘研究员兼所长管中闵，以及美国康奈尔大学经济学系和统计学系教授洪永淼等海内外著名计量经济学家讲授计量经济学国际学术前沿发展趋势。本次免费培训班共吸引全国各地高校三百多名教师、博士生和硕士生参加。这是继中国计量经济学发展史上具有标志意义的1980年颐和园讲习班之后，国内在该领域举办的规模最大的高层次培训班。

9月

9月19日，WISE举行首届"金融学（实验班）硕士研究生班开学仪式"。该班级共31位学生，是自愿报名的2005级经济学院各专业的研究生。课程设计参照国际一流大学的设置标准，课程内容结合中国本土实践，注重国际化和规范化，特别是现代金融学理论体系和数量分析方法的系统训练。

11月

11月18—30日，法国勒阿弗尔大学前校长（2000—2005年）、勒埃弗尔大学商学院经济学教授皮埃尔-布鲁诺·鲁菲尼（Pierre-Bruno Ruffini）博士访问WISE，并参加系列学术讲座活动。这次访问是WISE 2005年秋季高级经济学系列讲座活动的重要组成部分。

为加速培养厦门大学经济学科学术骨干与学术带头人，WISE决定启动"2005科研资助计划"，在经济学与金融学各研究领域资助一批具有发展潜力的学术研究项目。资助对象主要为经济学院教师。同时，也欢迎并鼓励其他院系教师参加，开展具有交叉学科性质的合作研究项目。

12月

12月12日，洪永淼与美国SAS公司大中华区经理Dawn Kung女士共同签署关于建立厦门大学SAS计量经济学卓越中心（SAS Center of Excellence in Econometrics）的合作备忘录。

12月12日，WISE与经济学院共同主办"财政政策、货币政策与经济增长国际研讨会"。

2006

1月

WISE第一次到美国经济学会年会暨经济学家人才市场招聘。同年8月，首批招聘的5名海外青年学者到任。

4月

4月4—6日，为庆祝厦门大学成立85周年，WISE举办"2006年宏观计量经济学国际会议暨中国宏观经济与金融市场实证研究研讨会"，并获"校庆工作优秀单位"荣誉称号。本次会议是"计量经济学理论与应用国际研讨会"（International Symposium on Econometric Theory and Applications，SETA）的第二届。SETA由中国台湾"中央研究院"经济研究所特聘研究员兼所长管中闵和美国康奈尔大学经济学系与统计学系教授洪永淼于2004年共同发起，一年一度在亚洲各地轮流举行，目的是促进亚洲各个国家与地区的计量经济学家之间，以及亚洲计量经济学家和世界其他地区计量经济学家之间的相互交流，从而提高亚洲地区计量经济学研究和教学水平。本次会议是厦门大学85周年校庆的特别活动之一。

6月

6月6日，厦门大学发文宣布聘任洪永淼兼任经济学院经济学系主

任。

6月18日，WISE与新加坡管理大学（SMU）商学院在厦门大学联合举办第一届"WISE-SMU金融研讨会"。

7月

7月5—6日，WISE与中国科学院数学与系统科学研究院统计科学研究中心在厦门大学联合召开"金融工程与风险管理国际研讨会"（FERM 2006）。

7月—8月，由教育部主办、WISE承办、计量经济学国际期刊 *Journal of Econometrics* 协办的"全国计量经济学与金融计量学研究生暑期学校"成功举办，历时一个月，获得时任教育部副部长吴启迪表扬肯定。

8月

WISE首届金融硕士实验班7名学生获新加坡管理大学（SMU）全额奖学金赴该校学习一年，攻读双硕士学位，标志着WISE与国外研究型大学联合办学已进入实质性阶段。

9月

WISE与经济学院经济学系携手共建"国家经济学基础人才培养基地"。

12月

12月16—18日，由WISE主办的"2006当代劳动经济学国际学术研讨会"成功举行。这是WISE首次举行劳动经济学领域的国际学术研讨会，之后定期举行。

12月20—21日，由WISE协办的"预测与风险管理国际会议"在北京召开，这是WISE首次在厦门以外地区举行国际性学术会议。

2007

3月

由WISE参与组织的第17届"亚太期货市场研讨会"（APFRS）年会在上海召开。来自美国、英国、澳大利亚、韩国、新加坡、印度以及中国大陆（内地）、台湾和香港的一百多位金融领域学术界和实业界人员参加。

5月

WISE携手微软、戴尔、SAS公司在厦门大学共建数据运算"超级计算集群"，填补了中国高校经济管理类专业实证与模拟计算研究领域硬件建设的空白。

WISE与新加坡管理大学李光前商学院首次携手推出"应用金融硕士"留学准备课程项目。

7月

7月19—24日，WISE举行"2007年计量经济学与金融计量学国际研讨班"，为全国相关领域的青年教师、研究生提供培训课程。

由WISE主办的"第14届面板数据计量经济学国际会议"在厦门大学召开，这是亚洲地区第一次取得该国际会议的举办权，为该专业领域内规格最高的会议。

WISE与经济学院参与发起并举行首届"中国经济学南方论坛"。本次论坛以"经济全球化和中国经济学"为主题，由复旦大学经济学院、南京大学经济学院、山东大学经济研究院、上海交通大学安泰经济与管理学院、四川大学经济学院、武汉大学经济与管理学院、厦门大学经济学院与WISE、浙江大学经济学院、中山大学岭南学院和上海世纪出版集团共同发起成立，旨在促进南方各高校经济学院、研究院交流办学经

验，探索各种可能的合作形式，提升经济学教育与研究水平，更好地为国家经济和社会发展培养人才、提供服务。

10月

WISE与中国南方电网（广东电网）公司签署了"营业稽查抽样分析决策支持系统"课题委托协议书。该项目是WISE继与兴业银行的科研合作项目以后，再次利用其与国际接轨的专业知识为实业界提供的高级咨询服务，发挥了WISE以学术反哺社会的作用。

2008

1月

WISE 4位研究生郭萌萌、施淑萍、赵国昌、钟卓应邀赴韩国首尔参加"首届经济学国际研究生论坛"，分别作了计量经济学和劳动经济学专题演讲，展示了WISE和韩国首尔大学在计量经济学研究与人才培养等方面的成绩。

4月

4月10—11日，WISE与德国洪堡大学共同举办"2008年厦门大学和洪堡大学经济学与金融学研讨会"。这是两校正式合作之后的首次学术活动，拉开了双方长期进行学术交流与合作的序幕。

5月

5月10—11日，"2008年时间序列计量经济学最新发展国际研讨会"在厦门大学召开，研讨会由WISE与中国科学院预测科学中心联合举办、国际计量经济学学术期刊 *Journal of Econometrics* 协办。

6月

WISE第一届硕士毕业生告别母校，奔赴工作岗位。25名WISE硕士毕业生中，有4名学生被世界四大会计师事务所录取，7名学生就职于国际国内各大银行，7名学生加盟证券投资公司，6名学生分别成为跨国咨询公司、资产管理公司以及国家事业单位工作人员，就业去向表现不俗。

7月

7月14日—8月13日，由教育部、国家自然科学基金委主办，山东大学研究生院和经济研究院（中心）承办，WISE、中央财经大学经济学院协办的2008年全国研究生暑期学校（高级微观经济学）在山东大学东区新校举行。

WISE启动全英文教学的本科双学位项目，分经济学（数理）、金融学（数理）两个专业，面向全校招生。

8月

由WISE主办、山东大学经济研究院和国际学术期刊 *Journal of Mathematical Economics* 协办的第五届"亚洲一般均衡理论国际研讨会"在厦门大学召开。

9月

9月20日，"第八届中国青年经济学者论坛"在厦门大学举行，论坛由WISE和《经济研究》编辑部、北京大学光华管理学院、武汉大学经济研究中心共同主办。

2009

2月

WISE宣布当年启动面向海外留学生的经济金融学国际硕士项目。该项目包括应用金融学、金融工程和商务经济3个专业，课程设置完全与国际一流大学金融学与商务经济硕士培养项目接轨，主要目的是培养具有国际视野和现代经济学金融学素养的应用型高级经济金融国际人才。

4月—5月

WISE和韩国成均馆大学、韩国中央银行在韩国首尔举办首届"SKKU-WISE-BOK"学术研讨会。

6月

"海西2009两岸经济暨金融研讨会"在厦门举行。研讨会由厦门市人民政府、厦门大学主办，台湾富邦金控、厦门市商业银行协办，WISE承办。"海西两岸经济暨金融研讨会"此后定期举办，就海峡两岸重大经济金融议题进行深入探讨。

7月

7月4日，由WISE与美国北卡罗来纳大学夏洛特校区贝尔克商学院联合主办的"2009风险管理与衍生品分析国际研讨会"在厦门大学召开。

7月7—11日，由WISE、中国科学院预测科学研究中心和国际计量经济学权威期刊 *Journal of Econometrics* 协办的"WISE 2009计量经济学与金融学暑期学校"在厦门大学举行。

7月15—19日，WISE举行首届"全国优秀大学生经济学、金融学暑期夏令营"。该夏令营此后每年举办，目前已经成为厦大经济学科录取优秀硕士研究生的主要渠道。

WISE与欧盟硕士项目"国际贸易与欧洲一体化"（EITEI）签署协议，正式加盟该项目，成为欧盟EITEI联合硕士项目的第八个合作伙伴，成为该项目联合授予学位的高校之一，也是唯一来自欧盟成员国之外的高级经济学研究和教育机构。

8月

WISE与台湾大学人文社会高等研究院签署学术交流合作协议。

9月

中国南方电网公司营销服务创新成果奖揭晓，WISE与深圳供电局合作的"营业稽查抽样分析决策支持系统""满意度调查分析决策系统"两个项目同时获得二等奖,标志着WISE在产、学、研融合方面迈上了一个新的台阶。

10月

WISE博士生赵国昌的学术论文在国际英文期刊 *Energy Economics* 发表,这是WISE学生首次在国际英文期刊发表学术论文。

12月

12月17日,著名经济学家张五常受WISE和经济学院经济系邀请,做客厦门大学"南强讲座",在建南大会堂给厦大学子们带来题为"再次谈经济学的穷途末路"的演讲。

由WISE申报的"计量经济学教育部重点实验室(厦门大学)"获批立项。这是全国首个文理学科交叉的经济学科重点实验室,也是厦门大学获批设立的第五个教育部重点实验室和人文社会科学领域唯一的教育部重点实验室。

WISE与科斯研究院联合举办"新制度经济学研讨会"。这是科斯新制度经济学研讨会继2008年在北京大学召开之后,第二次在中国召开。

WISE和韩国成均馆大学、韩国中央银行在厦门举办第二届"SKKU–WISE–BOK"学术研讨会。

2010

6月

6月19—21日,WISE与中国留美经济学会(The Chinese Economists Society,简称CES)、厦门大学经济学院联合举办"中国留美经济学会2010中国经济年会"和"中国经济学教育与研究论坛暨邹至庄教授80

华诞庆典"。

6月24—25日,"计量经济学模型设定检验30周年"国际研讨会在厦门大学召开,由 WISE、计量经济学教育部重点实验室(厦门大学)与中国科学院预测科学研究中心联合主办,旨在回顾计量经济学重要领域——模型设定检验过去30年的发展历史,探索该领域的最新国际发展前沿,邀请以发明"Hausman 检验""White 检验""Newey-West 估计"等计量经济学领域经典模型闻名于世的世界顶尖计量经济学家杰瑞·赫斯曼(Jerry Hausman)、赫伯特·怀特(Halbert White)、惠特尼·钮伊(Whitney Newey)聚首厦门。

7月

7月9—14日,由 WISE、计量经济学教育部重点实验室(厦门大学)及中国科学院预测科学中心联合举办的"WISE 2010计量经济学、金融学与实验经济学暑期学校"在厦门大学举行。

9月

9月中旬,由 WISE 申报的"福建省统计科学重点实验室(厦门大学)"获批立项。这是厦门大学获批设立的第5个福建省重点实验室,是基于统计学的文理交叉重点实验室,旨在建立一个在国内领先,在国际上有一定影响的、高水平的、开放性的统计科学重点实验室。

经厦门大学校长办公会议决定,厦门大学企业社会责任与企业文化研究中心正式成立,挂靠厦门大学 WISE 和经济学院。

教育部公布2011年硕士研究生专业学位招生类别及招生院校,WISE 参与申请的金融硕士和应用统计硕士两个硕士专业学位获批设立。作为全国首批招收以上两种硕士专业学位的院校之一,WISE 于2011年春季正式启动"专业硕士"招生。

11月

11月16日,厦门大学发文宣布聘任 WISE 院长洪永淼兼任经济学院院长，标志着经济学院、WISE两院融合的开始。

WISE获厦门大学相关部门批准，于2011年起与经济学院经济学系合作，开办全英文教学的经济学本科国际化试验班。之后，在WISE的推动下，经济学院又先后开办统计学、金融学、财政学、国际商务4个全英文教学的本科国际化试验班。

12月

WISE实验经济金融实验室正式竣工并投入使用。该实验室是计量经济学教育部重点实验室（厦门大学）的重要组成部分，为了在可控制的实验条件下进行经济研究而设计，共安装40个计算机终端，包括1个实验室中控台和3台工作站、36台实验终端。

12月15—16日，"2010实验经济学与金融学国际研讨会"在厦门大学召开。研讨会依托计量经济学教育部重点实验室（厦门大学）平台举办，是首次以实验经济学与金融学为主题的国际研讨会。

WISE中国计量经济学学术网（简称CEAN）完成最终测试并正式投入使用。作为WISE 2009年底获批立项的计量经济学教育部重点实验室（厦门大学）的重要组成部分，CEAN是由WISE自主研发、设计的计量经济学学术交流网络平台，其宗旨在于汇总中国计量经济学研究方法以及研究内容的信息，为中国计量经济学的科研、教学及信息交流提供资源共享和参考规范，推动计量经济学科在中国的发展。

2011

1月

荷兰蒂尔堡大学研究统计的"全球经济学研究机构排名"正式公布，统计显示2005—2009年间厦门大学经济学科在国际权威学术期刊发表论文位居全国第三，仅次于清华大学和北京大学，与台湾大学并列亚洲

（包括以色列高校在内）第20名。

4月

4月5—6日，为庆祝厦门大学成立90周年，经济学科举办2011年厦门大学诺贝尔经济学奖得主系列讲座，邀请詹姆斯·莫里斯（James Mirrlees）、罗伯特·蒙代尔（Robert Mundell）、肯尼斯·阿罗（Kenneth Arrow）、埃德蒙德·菲尔普斯（Edmund Phelps）等4位诺贝尔经济学奖得主莅校演讲。

6月

6月18日，WISE与经济学院在厦门大学科学艺术中心举行经济学院EDP中心成立暨WISE国际资本运作项目启动仪式。

7月

WISE全英文教学的本科双学位项目增设统计学（数理）专业，面向全校招生。

7月11—16日由WISE、计量经济学教育部重点实验室（厦门大学）、福建省统计科学重点实验室（厦门大学）和高等教育出版社共同举办的"WISE 2011计量经济学、金融学和实验经济学暑期学校"在厦门大学举行。

8月

经济学科台湾校友在台北市举行厦大经济学科台湾校友会成立大会。

9月

9月8日，由WISE和经济学院主办的"诺贝尔经济学家高端论坛"在厦门大学举行。诺贝尔经济学奖得主詹姆斯·莫里斯（James Mirrlees）与师生进行零距离对话。

WISE与经济学院开设"WISE-SOE双周青年论坛"，促进两院中青年教师研究成果交流。

WISE 2011级台湾博士班共17名新生完成来厦注册手续，正式入学。这是WISE台湾博士项目首次招生，学生来自台湾金融业界，多数为金融机构的高级管理人员。

12月

12月21日，WISE召开首届"现代统计学与计量经济学国际研讨会"，此后每年定期召开。

WISE计量经济学教育部重点实验室之金融实验室建成投入使用。

2012

2月

2月24日，经济学院、WISE在厦门大学经济楼A417会议室联合召开2011—2012学年第二学期第1次党政联席会议。两院党委书记、院长、党委副书记、副院长等出席会议，这是两院首次联合召开党政联席会议。会议对第三轮学科评估工作、海外招聘事宜、经济学院30周年院庆工作等进行讨论布置。

3月

3月5日，经济学科在漳州校区推出"王亚南经济研究院—经济学院海归博士走进漳州校区"系列讲座。

3月22日，"中国高校经济学实验室建设与创新研讨会"在厦门大学召开，邀请国内著名高校20家经济管理类国家级实验教学示范中心的领导、海内外著名高校150余名专家学者以及数十位业界代表共同探讨如何加强并提升国内高校经济学科实验教学工作的建设。

5月

经济学科与台湾富邦金控决定自6月起联合设立"厦门大学富邦海西大讲堂"，该活动计划每年分季度举办4场论坛。

洪永淼教授与罗切斯特大学陈彬助理教授合作的题为"Testing for Smooth Structural Changes in Time Series Models via Nonparametric Regression"的论文发表在 *Econometrica* 2012年第80卷第3期。*Econometrica* 是世界计量经济学会的会刊，与 *American Economic Review* 并称为经济学最重要的综合性两大国际最顶级期刊。

6月

6月25日，诺贝尔经济学奖得主迈伦·斯科尔斯（Myron Scholes）教授应 WISE 和经济学院邀请莅校演讲，并将访厦课酬设专项奖学金资助经济学科学子学习。

7月

7月8—12日，由 WISE、经济学院、计量经济学教育部重点实验室（厦门大学）及福建省统计科学重点实验室（厦门大学）共同举办的"WISE 2012计量经济学、金融学和实验经济学暑期学校"在厦门大学举行。

7月15—18日，由 WISE、经济学院、计量经济学教育部重点实验室（厦门大学）、福建省统计科学重点实验室（厦门大学）联合举办的"2012现代统计学暑期学校"在厦门大学举行。

9月

9月8日，应 WISE 和中国国际投资贸易洽谈会组委会的邀请，"欧元之父"、1999年诺贝尔经济学奖获得者罗伯特·蒙代尔（Robert Mundell）与2004年诺贝尔经济学奖获得者爱德华·普利斯科特（Edward Prescott）莅厦参加第16届中国国际投资贸易洽谈会并与经济学科教师交流。

WISE 和经济学院获批新增统计学博士后科研流动站。

12月

12月8日，厦门大学首届全国数量经济学博士生学术论坛在经济楼

N402报告厅举行开幕仪式。论坛由WISE、经济学院金融系、计量经济学教育部重点实验室（厦门大学）、福建省统计科学重点实验室（厦门大学）联合主办，旨在利用厦大经济学科在计量经济学、统计学、金融学和应用计量经济学的学科优势和国际学术资源为全国相关领域的博士研究生提供了解和把握现代经济学和现代数量经济学的学术发展动态和最新研究成果的机会。该论坛此后每年定期召开，自2014年起与东北财经大学轮流在厦门、大连两地举办。

2013

1月

由WISE、经济学院申报的"厦门大学企业并购研究中心"获批组建，并于1月19日举行揭牌仪式。

2月

2月25日，经济学院、WISE在经济楼A417会议室召开党政联席会议。会议研究了"985工程"三期建设项目"经济学科建设"，领导小组成员为两院院长、书记及经济学院的4位副院长和WISE的3位副院长，共计9人。

WISE沈凯玲助理教授与美国加州大学圣芭芭拉校区彼得·库恩（Peter Kuhn）教授在经济学国际英文学术期刊 *Quarterly Journal of Economics* 2013年第1期发表题为"Gender Discrimination in Job Ads: Evidence from China"的学术论文。*Quarterly Journal of Economics* 是由美国哈佛大学经济系主编、牛津大学出版社出版的、经济学历史最悠久的经济学顶级国际英文学术期刊。根据"期刊引证报告"，该杂志2011年影响因子为5.920，在320个期刊的"经济学"类别中位居第二。

3月

3月20日，计量经济学教育部重点实验室（厦门大学）建设项目验收会举行，专家一致同意通过实验室的建设项目验收，并建议实验室在深化学科合作、加强应用研究、发挥社会服务功能、落实经费支持等方面进行完善。

3月23日，厦门大学经济学科成立同学会。

4月

厦门大学水科技与政策研究中心举行成立揭牌仪式。知名膜科技专家、厦门大学校友总会新加坡校友分会会长蓝伟光博士作为发起人任中心主任及首席科学家。

5月

5月10日，经济学院、WISE在经济楼A417会议室召开党政联席会议。会议决定调整"经济学院、WISE学位评定分委员会"名单，并下设经济学院、WISE各一个工作小组。

5月18日，由经济学院和WISE联合主办，经济学院经济学系承办的"首届'制度的经济分析'——厦门国际研讨会（EAI）"在经济楼举行。来自美国、荷兰、日本、新加坡、印度、菲律宾、中国内地、中国香港等国家和地区的60余位学者代表齐聚厦门大学，分享与讨论将经济分析方法应用于经济制度、政治制度及社会制度发展之研究的心得与成果。该会议此后每年定期举办。

6月

6月8—9日，WISE举行"2013面板数据分析国际学术研讨会"，致礼萧政教授的杰出贡献。

7月

7月10—17日，由WISE、经济学院、计量经济学教育部重点实验室（厦门大学）、福建省统计科学重点实验室联合主办的"2013教育部计量经济学与统计学暑期学校"在经济楼举行。

9月

WISE开学季迎来72名海外籍新生，国际化平台特色日渐凸显。

11月

11月4日，经济学院、WISE在厦门大学经济楼A417会议室召开党政联席会议。会议决定经济学院与WISE共同成立"经济学科教授委员会"，下设理论经济学、应用经济学与统计学三个一级学科教授分委员会。

11月15日，经济学院、WISE在经济楼A417会议室召开党政联席会议。会议决定经济学院与WISE共同成立"经济学科聘任委员会"。

WISE和经济学院决定从2014年起在保留统考招生渠道的基础上，预留30%的招生名额，联合试点以"申请—考核制"的形式招收博士研究生。

2014

1月

经济学本科国际化试验班举行首届专属学术研讨会。

3月

厦门大学经济楼N座"三味"咖啡屋投入使用，成为经济学科师生课后交流、小组讨论的重要平台。

4月

4月21日，经济学院、WISE在经济楼A417会议室召开党政联席会议。会议根据学校关于学科与团队建设的要求，讨论决定建设一流学术团队应遵循几个原则：（1）要以建设成为国际上有较大影响力或国内最好且有潜力的学术团队为目标，制定相应的学术标准；（2）学术带头人

年龄不宜太大，要有精力投入到团队建设；（3）团队建设不能各自为政，不能搞平衡，需整合经济学院各系所中心及WISE的力量，甚至是相关学院的力量，集中建设几个有竞争力的团队，覆盖三个学科；（4）团队建设需兼顾国内研究和国际研究，兼顾中长期目标，集中建设几个有竞争力的团队。

由中国管理科学研究院武书连主持完成的"2014中国大学各学科排行榜"显示，厦门大学经济学的实力获评为A++级（排名前2%），是厦门大学唯一获评该等级的学科，也是唯一进入全国前十的学科门类。

5月

5月15日，福建省统计科学重点实验室（厦门大学）通过验收。

6月

6月23—24日，WISE举行国际研讨会。会上，组委会向著名计量经济学家杰瑞·赫斯曼（Jerry Hausman）教授致敬。

6月25—27日，第二届"世界计量经济学会中国年会"（CMES 2014）在厦门大学召开。年会由世界计量经济学会与厦门大学主办，厦门大学经济学院、WISE、计量经济学教育部重点实验室（厦门大学）、福建省统计科学重点实验室（厦门大学）承办。近400名海内外经济学者与会。国际计量经济学会主席、2000年诺贝尔经济学奖得主詹姆斯·赫克曼（James Heckman）、哥伦比亚大学贝尔纳·萨拉尼耶（Bernard Salanié）、纽约大学亚当·布兰登勃格（Adam Brandenburger）、伦敦大学学院安德鲁·切希尔（Andrew Chesher）、麦吉尔大学让·玛丽·杜福尔（Jean-Marie Dufour）、美国南加州大学萧政、康奈尔大学尼古拉斯·基弗（Nicholas Kiefer）、北京大学林毅夫、麻省理工学院惠特尼·钮伊（Whitney Newey）等作主题演讲。世界计量经济学会（The Econometric Society）成立于1930年，是全球经济学领域最有影响力的专业学会之一。

6月28日，WISE与新加坡管理大学（SMU）在厦门举办应用金融硕士项目7周年合作庆典。

7月

7月11—16日，由WISE、计量经济学教育部重点实验室（厦门大学）、东北财经大学数学与数量经济学院、东北财经大学经济计量分析与预测研究中心共同主办的"2014年计量经济学和统计学暑期学校"在东北财经大学举行。

9月

9月10日，教育部公布第七届国家级教学成果奖获奖项目名单，由经济学院、WISE申报的"国际化创新型经济学人才培养模式"获国家级教学成果二等奖。

WISE荣获教育部"全国教育系统先进集体"称号。

10月

10月18—19日，"第五届中国统计学年会"在厦门大学举行。300余位统计学者齐聚我校探讨大数据时代下的统计学。教育部高等学校统计学类专业教学指导委员会在年会期间召开工作会议。

WISE中德联合博士项目5位博士生赴德访学，亮相国际会议。

12月

12月19—20日，"2014年银行业创新与银行监管国际研讨会"在厦门大学召开，由厦门大学WISE、经济学院金融系，美国福特汉姆大学（Fordham University），北京大学国家发展研究院联合主办。

12月28日，厦门大学经济学科正式成立"厦门大学经济学院经济发展与传统文化研究中心"，并举行授牌仪式。

2015

1月

1月17日，第二届"海峡两岸金融改革和银行制度学术研讨会"在厦门大学召开。研讨会由经济学院、WISE共同主办，经济学院金融系承办。来自武汉大学、中山大学、南开大学、中南大学、东南大学、上海财经大学、中央财经大学、厦门大学以及台湾大学、逢甲大学、铭传大学等海峡两岸高校金融类专业的专家学者齐聚一堂，共同探讨最新的研究课题。

厦门大学成立中国（福建）自贸试验区研究院，打造自贸试验区建设的新型智库。厦门大学将整合校内力量，多学科强强合作，以经济学科为主，切实将研究院打造成为自贸试验区建设服务的新型智库，各级政府科学决策的思想库、智囊团。

经济学科新增统计学、金融学2个本科国际化试验班，加快人才培养国际化进程。

2月

厦门大学经济学科与台湾富邦金控合作，成立"厦门大学富邦两岸金融与产业研究中心"。富邦金控为该研究中心的前期建设和发展提供为期3年的经费支持。这也是富邦金控在北京大学光华管理学院设立北大富邦两岸金融研究中心之后，与大陆高校合作设立的第二个研究中心。

爱思唯尔（Elsevier）发布2014年"中国高被引学者"榜单，洪永淼入选经济、经济计量学和金融领域榜单。这是爱思唯尔首次发布"中国高被引学者"榜单。

3月

3月29日，厦门大学牵头为厦门大学中国（福建）自贸试验区研究院、厦门大学富邦两岸金融与产业研究中心、中国（福建）自贸试验区协同创新中心举行揭牌仪式暨"首届中国（福建）自贸试验区高端论坛"。论坛由厦门大学、福建省商务厅、福建师范大学联合主办，厦门大学经济学院与WISE、中国（福建）自贸试验区研究院、厦门大学富邦两岸金融与产业研究中心、福建师范大学经济学院、福建师范大学自贸试验区综合研究院联合承办，台湾富邦金控协办。

3月31日，中国人民大学发布了2014年度"复印报刊资料"转载学术论文指数排名。在高等院校二级院所分学科学术论文指数排名中，厦门大学经济学院学术论文转载数、综合指数均列全国高校第二，创历史新高。其中应用经济学学术论文转载数、综合指数均首次位居榜首，理论经济学术论文转载数、综合指数位列全国第五。

在"厦门大学中国（福建）自贸试验区研究院"的基础上，厦门大学经济学院、WISE作为牵头单位，协同复旦大学、南开大学、中国科学院预测科学研究中心、福建师范大学、新加坡国立大学李光耀公共政策学院，联合省内外、境内外高校、科研机构与相关政府部门、金融机构和企业等，组建"中国（福建）自贸试验区协同创新中心"，并在福州举行揭牌仪式。

"厦门大学富邦两岸金融与产业研究中心"在福州举行揭牌仪式。

5月

厦门大学经济学科青年教师Jacopo Magnani助理教授独立撰写的题为"Testing for the Disposition Effect on Optimal Stopping Decisions"的论文发表在 *American Economic Review* 2015年第105卷第5期。*American Economic Review* 于1911年创刊，由美国经济学会发行。该期刊是美国最重要、影响最大的经济理论期刊，也是世界公认的最具有学术声望的

顶级期刊之一。

5月23—24日，由WISE举办的"2015年中国青年经济学家联谊会"在厦门大学召开。来自爱荷华州立大学、香港科技大学、北京大学、清华大学、复旦大学、上海财经大学、厦门大学等院校的近百位代表参会。

6月

6月6日，WISE成立10周年庆祝大会在厦门大学经济楼N402举行。来自北京大学、浙江大学、南京大学、武汉大学、中国人民大学、山东大学、中山大学、上海财经大学、西南财经大学、西北大学、东北财经大学、陕西师范大学等十多所国内兄弟院校的代表和社会各界朋友、海内外院友及WISE的师生四百余人齐聚一堂。院庆系列学术活动"新常态下中国经济学教育学术研讨会""中国（福建）自贸试验区建设2015夏季论坛""院友论坛"同期举行。同月，WISE出版建院十周年纪念文集与纪念画册。

6月20—21日，"计量经济学理论与应用前沿发展国际研讨会"在厦门大学召开，致敬斯坦福大学雨宫健（Takeshi Amemiya）教授在计量经济学领域的杰出贡献。研讨会由WISE、经济学院、计量经济学教育部重点实验室（厦门大学）、福建省统计科学重点实验室（厦门大学）联合主办，国家自然科学基金赞助支持。

WISE应邀加入世界金融计量学会（The Society for Financial Econometrics，SoFiE），正式成为该学会的机构会员之一。SoFiE机构设置在纽约大学斯特恩商学院（Leonard N. Stern School of Business，New York University），是一个独立的非营利性会员组织，致力于为全球金融计量经济学领域的学者和从业者提供一个分享研究和想法的平台。

7月

7月2—4日，"第一届区间数据模型—理论及应用国际会议"（SIDM

2015）在北京召开。会议由中国科学院数学与系统科学研究院和WISE联合主办，这是双方合作的第一届以区间模型为专题的国际会议。

7月4—5日，"计量经济学与统计学国际研讨会"在厦门大学召开。研讨会由厦门大学WISE、经济学院，计量经济学教育部重点实验室（厦门大学），福建省统计科学重点实验室（厦门大学）与德国洪堡大学应用统计学和经济学研究中心（CASE）联合举办。

7月6—10日，由厦门大学WISE、东北财经大学经济学院、计量经济学教育部重点实验室（厦门大学）共同举办的"2015年计量经济学与统计学暑期学校"在厦门大学举行。来自全国各高校逾200名学员参加。学员大多为研究生及青年教师，其中教师比例约占总人数的五分之二。

7月18—19日，"第十五届中国青年经济学者论坛"在厦门大学举行，论坛由《经济研究》编辑部、北京大学光华管理学院、武汉大学高级研究中心和厦门大学WISE、经济学院联合主办，计量经济学教育部重点实验室（厦门大学）、福建省统计科学重点实验室（厦门大学）承办。

厦门大学经济学院、WISE组建"数据科学与决策咨询中心"。该中心作为计量经济学教育部重点实验室（厦门大学）的重要组成部分，依托厦大经济学科在计量经济学、统计学及金融学等领域的优势力量，成为一个科研、教学及社会服务相结合的综合性平台。

11月

11月21日，洪永淼当选发展中国家科学院（TWAS）院士。

12月

12月11日，"计量经济学学术研讨会"在澳大利亚莫纳什大学（Monash University）举行。研讨会由厦门大学WISE、经济学院与莫纳什大学计量经济学与商务统计系联合举办，这是双方继2014年6月在厦门首次联合召开会议后的第二届会议。

12月20—21日，由厦门大学WISE、经济学院和东北财经大学经济

学院联合举办的"2015全国数量经济学博士生学术论坛"在东北财经大学举行。

12月25日,"2015闽台产业合作发展研讨会"在厦门大学召开。研讨会由厦门大学经济学院与WISE、台湾经济研究院、中国科学院预测科学研究中心与国家数学与交叉科学中心联合主办。

12月27—28日,"厦门大学首届金融学全国博士生学术论坛暨2015中国金融学博士生毕业意向交流会"在厦门大学召开。论坛暨交流会由厦门大学研究生院、经济学院和WISE主办,经济学院金融系承办。

2016

2月

厦门大学经济学科虚拟仿真实验教学中心获批为国家级虚拟仿真实验教学中心,是厦门大学人文社科类首个获教育部批准的国家级虚拟仿真实验教学中心。

3月

3月11日,诺贝尔经济学奖得主、微观计量经济学开创者詹姆斯·赫克曼(James Heckman)教授应经济学院、WISE邀请在厦门大学带来题为"Creating and Measuring Capabilities"(创造和衡量能力)的讲座,对我国的扶贫、教育不均等社会问题提出政策建议。

4月

4月16—17日,由经济学科主办的第四届"制度的经济分析"厦门国际研讨会在厦门大学隆重开幕。此次会议也是厦门大学建校95周年系列学术活动之一。诺贝尔经济学奖得主、最优所得税理论的开创者詹姆斯·莫里斯(James Mirrlees)爵士应邀出席研讨会发表主旨演讲。

4月26日,经济学院、WISE在经济楼N501会议室召开党政联席会议。会议决定对两院行政团队进行融合，合并办公。此后，同一性质的工作机构将不再分两院设立，实现两院行政技术团队服务标准化。

"最好大学网"公布了国内各高校于2012—2015年间在教育部学位中心公布的第四轮一级学科评估国际 A 类期刊上发表的论文数量排名。厦门大学经济学科的三个一级学科入围全国前三名，其中理论经济学、应用经济学排名全国第2位，世界第75位；统计学排名全国第3位，世界第66位。

6月

6月24日，"金融风险量化与管理论坛"在厦门大学举行。论坛由厦门大学经济学院、WISE 与中国科学院预测科学研究中心联合主办。会上宣布厦门大学经济学科与中国科学院预测科学研究中心联合成立"厦门大学—中国科学院计量建模与量化政策研究中心"，并发布由厦门大学研究团队编制的人民币汇率国际影响力指数。

6月25日，"大中华区金融学术会议"在厦门大学召开。会议由厦门大学经济学院、WISE 与福建省金融学会共同举办，由厦门大学经济学院金融系和厦门大学富邦两岸金融与产业研究中心承办，是厦大经济学科举办的首次大中华区金融学术会议，旨在进一步加强金融各界的交流对话，丰富金融相关理论、应用研究的成果，以推动大中华区金融市场的繁荣发展。

7月

7月5—9日，由厦门大学 WISE、东北财经大学经济学院、计量经济学教育部重点实验室（厦门大学）共同举办的"2016计量经济学和统计学暑期学校"在东北财经大学举行。

7月8—10日，"中国金融国际年会"（CICF）在厦门大学召开。年会由美国麻省理工学院斯隆管理学院，清华大学金融研究中心，厦门大学 WISE、经济学院和上海交通大学上海高级金融学院等首次联合举办。

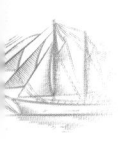

9月

世界著名经济学家邹至庄教授决定，捐资在厦门大学设立"邹至庄经济学教育基金"，以进一步推动中国和厦门大学经济学教育与研究的发展。厦门大学决定设立厦门大学邹至庄经济研究中心，宗旨是培养国际一流的经济学家，关注中国经济与政策研究，产出国际一流的原创性成果，成为亚洲的经济学国际学术交流中心。

10月

10月15日，"2016自贸试验区与'一带一路'高端论坛"在厦门大学举行。由厦门大学、中国（福建）自由贸易试验区厦门片区管理委员会与厦门市金融工作办公室联合主办，厦门大学经济学院与WISE等承办，台湾富邦金控协办，厦门市党外知识分子联谊会支持举办。

11月

11月12日，"中国金融开放与全球资产配置论坛暨厦门大学金融界校友2016年会"在厦门大学举行。由厦门大学校友总会秘书处、厦门大学旅港校友会金融分会、厦门大学经济学院与WISE主办，厦门大学富邦两岸金融与产业研究中心协办，厦门国际银行、中国建设银行厦门市分行予以支持。

11月19—20日，经济学科联合国内推广与应用统计学知识的社区专业型网站——统计之都，在厦门大学共同主办"第九届中国R语言会议（厦门）暨厦门大学数据科学与量化金融高峰论坛"。大会结合统计学、计量经济学、计算机科学等学科优势，关注数据科学在各个领域，尤其是量化金融、风险管理、互联网征信、交通、医疗以及网络安全方面的应用，对在大数据时代如何运筹帷幄具有重要意义。

厦门大学邹至庄经济研究中心正式成立，拥有正式教师编制20个。自此，厦门大学经济学科由经济学院、WISE和邹至庄经济研究中心组成，形成"三位一体"的格局。由经济学院和WISE联合申报的"社会经济政策量化评估中心"获评为福建省高校特色新型智库。

12月

12月3日,"第二届全国金融学博士生学术论坛暨2017中国金融学博士生毕业意向交流会"在厦门大学举行。交流会由厦门大学经济学院、WISE,北京大学等25所金融学博士培养院校共同主办,厦门大学经济学院金融系承办。

12月4日,厦门大学举行厦门大学邹至庄经济学教育基金暨邹至庄经济研究中心成立仪式。朱崇实校长、邹至庄教授及夫人邹陈国瑞女士等共同为研究中心揭牌。校领导和邹至庄教授互换捐赠备忘录,校领导为邹至庄教授颁发捐赠证书。

12月10日,"经济模型与政策分析研讨会"在厦门大学召开。会议由WISE与中国科学院预测科学研究中心联合主办,厦门大学—中国科学院计量建模与量化政策研究中心承办,邀请国内在计量建模及社会政策分析方面有成熟经验的专家学者莅会探讨,参会嘉宾就计量建模方法在经济预测、社会政策分析中的有效运用展开探讨。

12月10—11日,"2016中国财政学论坛"在厦门大学举行。论坛由厦门大学经济学院和WISE主办,北京大学、中国人民大学、上海财经大学、武汉大学、东北财经大学、对外经济贸易大学、复旦大学、江西财经大学、山东大学、西南财经大学、浙江财经大学、浙江大学、中南财经政法大学、中山大学、中央财经大学共同协办,厦门大学经济学院财政系承办。论坛主题为"'十三五'期间深化财税体制改革研究",旨在推动中国财政理论与政策研究,为专家学者提供学术交流与合作的高层次平台。

12月17—18日,厦门大学经济学院、WISE和计量经济学教育部重点实验室(厦门大学)共同主办的"2016厦门大学实验经济学与实验金融学国际研讨会"在厦门大学召开。

2017

3月

3月17日，经济学院、WISE在经济楼N501会议室召开党政联席会议。会议讨论"双一流"建设工作，认为建设一流大学、一流学科，要明晰思路，体现"中国特色、世界一流"；要坚持中国问题导向，用世界通用语言讲述中国故事，发出中国声音；要结合中国重大需求，发挥经济学科在基础研究、政策评估等方面的优势。会议提出需要学校支持的重大事项或主要问题，指出要查找厦门大学经管类学科进入基本科学指标数据库（Essential Science Indicators，简称ESI）全球前1%的实际差距，分析原因。

根据基本科学指标数据库最新数据，厦门大学社会科学总论进入ESI全球前1%，其中经济学科贡献约为66%。

4月

4月7—9日，"欧洲金融管理学会2017专题研讨会"在厦门大学召开。研讨会由厦门大学经济学院、WISE、邹至庄经济研究中心与欧洲金融管理学会联合主办，厦门大学经济学院金融系、厦门大学富邦两岸金融与产业研究中心和厦门大学—中国科学院计量建模与量化政策研究中心承办，旨在促进金融学的国际交流，助力中国的金融学研究走进世界舞台。本次欧洲金融管理学会专题研讨会是首次在厦门举办，也是厦大经济金融学科献礼厦门大学96周年华诞的重要学术活动之一。

6月

6月24日，"2017自贸试验区与'一带一路'高端论坛"在厦门大学开幕。论坛由厦门大学主办，厦门大学经济学院及WISE、厦门大学富邦两岸金融与产业研究中心、厦门大学自贸试验区研究院承办，台湾富邦金控协办，厦门市党外知识分子联谊会支持举办。此次论坛是厦大经济学科自2015年以来第四次举办以"自贸试验区"为主题的高端论坛，是对国家"自贸试验区"与"一带一路"倡议两大构想的积极响应，也是厦门大学经济学科依托学科优势，促进产学研相结合，服务国家重大需求，融入国民经济主战场，建设有中国特色的高水平、新型经济学智库的又一重要举措。

7月

7月3—8日，经济学科举办"全国计量经济学与统计学研究生暑期学校"，讲授计量经济学和统计学基础理论及前沿发展。来自境内外高校的300余名学员参加，是WISE自2005年以来第13次举办计量经济学等领域的暑期学校，也是厦门大学和东北财经大学合作的第四次暑期学校活动，旨在为全国经济类、管理类、统计类及相关学科的广大师生介绍计量经济学和统计学基础理论及前沿发展。

7月10日，"首届中国计量经济学家师资培训班"在厦门大学隆重开班。培训班由邹至庄经济研究中心、WISE、计量经济学教育部重点实验室（厦门大学）、厦门大学—中国科学院计量建模与量化政策研究中心主办。本届培训班为期6天。受邀授课教师有普林斯顿大学邹至庄，麻省理工学院杰瑞·赫斯曼（Jerry Hausman），康奈尔大学尼古拉斯·基弗（Nicholas Kiefer）、洪永淼，台湾大学管中闵，堪萨斯大学蔡宗武。共开设17场专题讲座，深入讲解前沿课题研究和教学方法。

7月18日，由厦门大学经济学院、WISE、邹至庄经济研究中心主办，现代政治经济学研究中心承办的"2017年马克思主义经济学暑期学校——纪念《资本论》出版150周年"在厦门大学开幕。本次暑期学校旨在为全国经济学类、政治学类、马克思主义哲学类及相关学科的广大师生介绍马克思主义政治经济学的前沿发展，特别是理论建模和计量实证等现代方法在马克思主义经济学研究中的应用。

9月

根据国务院《统筹推进世界一流大学和一流学科建设总体方案》以及教育部等三部委《统筹推进世界一流大学和一流学科建设实施办法（暂行）》，经专家委员会遴选认定，教育部、财政部、国家发展改革委研究并报国务院批准，公布世界一流大学和一流学科（简称"双一流"）建设高校及建设学科名单。厦门大学经济学科统计学入选首批国家"双一流"建设学科名单。

青年教师王璐航及其合作者的论文"WTO Accession and Performance of Chinese Manufacturing Firms"在 *American Economic Review* 2017年第9期正式发表。

10月

10月13日，经济学院、WISE在经济楼N501会议室召开党政联席会议。会议原则通过《经济学院、王亚南经济研究院政治经济学课程建设专项基金管理条例》《经济学院、王亚南经济研究院政治经济学教材建设专项基金管理条例》《经济学院、王亚南经济研究院政治经济学科研建设专项基金管理条例》等支持政治经济学学科教研发展的相关条例。

由WISE与经济学院合作申报的"经济学科国际化人才培养模式创新项目"获2017年福建省高校教育教学改革研究项目重大教改项目立项。

11月

11月11日，"新时代中国金融改革与风险管理论坛暨厦大金融界校友2017年会"在厦门大学隆重开幕，由厦门大学经济学院与WISE、厦门大学校友总会秘书处、厦门大学旅港校友会金融分会、黄良文统计学科教育基金会主办，厦门大学经济学院金融系与统计系、厦门大学富邦两岸金融与产业研究中心承办，沪港地产资本有限公司协办，德健金融集团支持。

11月18日，由当代经济学基金会评选并颁发的"2017年中国经济学奖颁奖盛典"在北京举行。WISE博士毕业生谭丽佳的博士论文《采购拍卖机制行为经济学研究》荣获"2017年中国经济学优秀博士论文奖"。

经济学科正式实施《厦门大学经济学院、王亚南经济研究院和邹至庄经济研究中心关于政治经济学课程建设专项基金管理条例》《厦门大学经济学院、王亚南经济研究院和邹至庄经济研究中心关于政治经济学教材建设专项基金管理条例》和《厦门大学经济学院、王亚南经济研究院和邹至庄经济研究中心关于政治经济学科研建设专项基金管理条例》3个马克思主义政治经济学专项基金，推动研究、创新和发展新时代中国特色社会主义政治经济学。

12月

12月24—25日，《管理观察》杂志社授予厦门大学经济学院、WISE"追求质量管理学院奖"。

12月29—30日，"首届中国计量经济学者论坛（2017）暨全国数量经济学博士生论坛"在厦门大学举行。论坛由厦门大学WISE与邹至庄经济研究中心、中国科学院预测科学研究中心、东北财经大学经济学院和《经济研究》杂志社联合主办，厦门大学研究生院支持，厦门大学WISE、经济学院、计量经济学教育部重点实验室（厦门大学）联合承办。

经济学科与泉州市金融工作局、福建七匹狼集团有限公司签署战略合作协议，决定共同设立泉州金融研究院和厦门大学七匹狼金融研究中心。

经济学科在原有传统课程"政治经济学"的基础上开拓创新，打造课程思政样本，组建"社会主义政治经济学"课程组。课程组由洪永淼牵头，张兴祥和侯金光负责，面向经济学科国际化试验班开设。课程将

中国特色社会主义政治经济学最新成果融入课堂，努力实现思想政治理论课由传统应试教育向素质教育转变，推进思政育人与专业课程教育的有机融合。

2018

1月

1月12日，国家留学基金委公布了2018年"创新型人才国际合作培养项目"资助名单，计量经济学教育部重点实验室（厦门大学）与德国洪堡大学应用统计学和经济学研究中心合作开展的"计量经济学与统计学专业创新型人才项目"获批准资助。这是厦门大学计量经济学与统计学专业建设取得的又一标志性成绩，有助于进一步推动厦大经济学科与世界知名大学和研究机构的合作交流，提高学生的创新实践能力和国际竞争力，满足国家跨学科、高素质、国际化人才培养的需求。

1月18日，泉州金融研究院、厦门大学七匹狼金融研究中心项目启动仪式在福建省七匹狼集团总部成功举行。泉州金融研究院、厦门大学七匹狼金融研究中心利用厦门大学经济学科、泉州市金融工作局与福建省七匹狼集团三方资源，发挥地处国家改革开放、"一带一路"核心节点和对台合作的前沿优势，注重顶层设计，成为产官学合作的名片与典范，为建设新时代中国特色社会主义现代经济体制贡献力量。

3月

3月21日，根据《教育部关于公布2017年度普通高等学校本科专业备案和审批结果的通知》，由厦门大学经济学科和厦门大学信息科学与技术学院联合申报的新增本科专业"数据科学与大数据技术"获批。该专业依托厦门大学经济学院的统计学科和信息科学与技术学院的计算机科学与技术学科的优势，联合培养学生，可授予理学和工学两种学位类型。

厦门大学经济学科青年教师宋伟助理教授与威斯康星大学麦迪逊分校副教授史晓霞、加州理工学院教授 Matthew Shum 合作的论文"Estimating Semi-parametric Panel Multinomial Choice Models using Cyclic Monotonicity"发表在 *Econometrica* 2018年86卷第2期。

4月

4月7—9日,"首届习近平新时代中国特色社会主义经济思想研讨会暨改革开放四十年回顾与展望"在厦门大学召开。研讨会由中央和国家机关工委《紫光阁》杂志社、厦门大学经济学院与 WISE、厦门大学习近平新时代中国特色社会主义思想研究院、复旦大学马克思主义研究院联合举办。会议议题涵盖:习近平新时代中国特色社会主义经济思想的内涵、显著特征与理论突破,中国特色社会主义政治经济学的理论内核,以人民为中心的发展思想,新时代我国社会的主要矛盾变化,党的十三大以来分配理论创新与分配制度变革,优化经济结构与推进供给侧结构性改革,新时代下中国新的改革开放,政府与市场的关系等。

5月

5月20日,"2018年中国金融发展与泉州金融改革论坛"在泉州举行。论坛由厦门大学经济学院与 WISE 主办,泉州金融研究院协办,厦门大学七匹狼金融研究中心(筹)承办。会议邀请政商学界金融业权威人士,围绕中国金融大幅推进对外开放的主题,研究探讨了中国金融业面临的挑战、机遇及金融机构的因应措施,并就泉州金融发展提供对策建议。

6月

6月8—10日,由厦门大学、堪萨斯大学、卡内基梅隆大学和金融稳定中心联合主办的"国际经济统计学会(SEM)第五届年会"在厦门大学举行。会议主题为"经济数据和统计测度的理论与应用"。这是该

学会首次在亚洲地区举办年会。来自世界各国的近200名参会嘉宾出席此次盛会。参会者围绕国家数据、房地产市场和宏观经济政策、生活费用与物价指数测量、国民核算与物价统计、货币政策与金融市场、应用经济理论、全球价值链测度及其政策含义、数量经济学与金融学的新发展等多个议题展开探讨。

7月

7月16—20日，由厦门大学WISE、邹至庄经济研究中心，东北财经大学经济学院，东北财经大学经济计量分析与预测研究中心共同举办的"2018年计量经济学和统计学研究生暑期学校"在东北财经大学举行。

7月23—27日，由厦门大学经济学院、WISE、邹至庄经济研究中心主办，厦门大学经济学科现代政治经济学研究中心承办的"2018年马克思主义经济学暑期学校"在厦门大学举行。

7月26日，由厦门大学经济学院、WISE、邹至庄经济研究中心主办，厦门大学经济学科现代政治经济学研究中心承办的"2018政治经济学高端论坛"在厦门大学举行。

7月28日，由教育部主管，教育部高等学校电子商务类专业教学指导委员会主办的第八届全国大学生电子商务"创新、创意及创业"挑战赛全国总决赛举行。由经济学科许梅恋老师作为项目指导老师，经济学科4名同学、管理学院1名同学组成的"身临企境"团队在此次比赛中，从全国4万支队伍中脱颖而出，夺得全国总决赛特等奖。

8月

8月9—10日，国家自然科学基金委第206期双清论坛在厦门举行。本期论坛由基金委管理科学部、数理科学部、信息科学部与政策局联合主办，厦门大学承办。论坛主题为"大数据时代计量经济学前沿理论、方法与应用"。论坛主席由美国南加州大学萧政、中央财经大学贺铿、康奈尔大学洪永淼和中国科学院汪寿阳共同担任。论坛邀请了30余名计量经济学界的顶尖专家参会。

9月

9月27日，教育部高等教育司正式公示2018年高等教育国家级教学成果奖拟获奖项目名单。由经济学院、WISE申报的"计量经济学学科建设和高层次人才培养的综合改革与实践"荣获国家级教学成果二等奖。

10月

10月13—14日，由厦门大学经济学科承办的"第十六届金融系统工程与风险管理国际年会"在厦门举行。会议主题为"新时代金融科技创新和风险管理"。来自国内外近400名金融系统工程与风险管理领域的学者、金融业界和金融监管层的相关人士齐聚厦门，共同探讨在全面深化改革的新时代背景下，如何既防范金融系统性风险、保持稳定，又利用好金融科技创新，服务我国实体经济发展。

11月

11月1日，2018—2022年教育部高等学校教学指导委员会（以下简称"高校教指委"）正式成立。厦门大学经济学科洪永淼、雷根强分别当选本届高校教指委经济学类专业教学指导委员会、财政学类专业教学指导委员会的副主任委员，并参加了本次高校教指委成立会议。高校教指委作为全面振兴本科教育的精英团，承担高等学校教育教学研究、咨询、指导、评估和服务等工作，是推动高等教育改革发展的重要力量。

12月

12月5日，厦门大学两岸金融发展研究中心成立仪式在厦门举行。这也是2018年两岸企业家峰会年会的重要活动之一。该中心由国务院台湾事务办公室经济局、中国银保监会推动，两岸企业家峰会金融产业合作推进小组联合厦门大学、厦门国贸集团、厦门银行、厦门国际银行等共同发起成立，旨在为深化两岸金融的务实合作提供理论研究和实践交流的新平台。

12月27日，福建省教育厅公布，根据《福建省教育厅关于开展2018年省级本科教学团队建设的通知》（闽教高〔2018〕30号）要求，洪永淼领衔申报的"经济学科本科教学国际化教学科研团队"入选2018年省级本科教学团队。

厦门大学经济学科出台多项新规，鼓励教师专注本科课堂。增设《经济学科教师参加教学技能大赛工作量认定和奖励管理办法》，对积极参与学院、学校教学大赛的教师予以奖励；出台《厦门大学经济学科期中期末试卷统一印制暂行办法》，对各科老师期中期末试卷统一安排印制，分担老师工作量；制定《厦门大学经济学院、王亚南经济研究院"一流课程"教学改革支持方案》，对符合条件的具有前沿性、时代性、创新性、挑战性的课程和社会实践项目予以奖励，鼓励传统课程创新、前沿课程开发、课程升级完善、课程平台拓展等。

2019

1月

WISE博士毕业生杨利（Li Yang）与其合作者托马斯·皮凯蒂（Thomas Piketty）及加百列·楚克曼（Gabriel Zucman）的论文"Capital Accumulations, Private Property and Rising Inequality in China（1978—2015）"正式刊发于世界顶级经济学期刊 *American Economic Review* 2019年第7期上。

青年教师纪洋与国家外汇管理局中央外汇业务中心谭语嫣博士、北京大学国家发展研究院黄益平教授合作的论文《金融双轨制与利率市场化》荣获"浦山政策研究奖"。

1月13日，WISER CLUB成员宋沐青、张春光、庄庆斌三人组成的"杀破狼"团队获"JDD-2018京东数字科技全球探索者大赛"全球总决赛二等奖。

2月

《中国教育报》以"厦大对教学'眼里揉不得一粒沙'"为题，用大半个版面报道了厦门大学经济学科多措并举调动教师积极性投入教学的做法和成效。文章指出，厦大经济学科以学生成长为中心，紧紧盯住教学主体——教师，通过"奖惩"分明的制度、"大小"兼顾的模式、"软硬"并施的服务，最大限度地调动起全学科231名教师的积极性，让大家敬畏教学、尊重教学、热爱教学。

5月

5月10日，厦门大学和福建省商务厅共同成立厦门大学自贸试验区学院，依托厦门大学经济学科的基础和研究力量，为福建自贸试验区高质量发展提供有力的人才智力支持。

6月

6月1日，由西南财经大学经济与管理研究院主办的"第七届计量经济学论文大赛"决赛圆满落幕。WISE 2015级本科国际化试验班学生郑姝颖荣获一等奖。

6月14—16日，"2019年世界计量经济学会亚洲年会"（Asian Meeting of Econometric Society，AMES）在厦门大学举行。年会由厦大经济学科承办。这是世界计量经济学会亚洲年会首次在中国内地高校举办，邀请包括诺贝尔经济学奖得主詹姆斯·赫克曼（James Heckman），世界著名经济学家、普林斯顿大学教授邹至庄，诺贝尔经济学奖得主托马斯·萨金特（Thomas Sargent），南加州大学教授萧政等在内的14位世界计量经济学会会士发表主题演讲并与经济学科青年教师交流。

6月22日，厦门大学经济学科携手福建省发展改革委举办"学习践行习近平新时代中国特色社会主义经济思想研讨会"。本次研讨会涵盖习近平新时代中国特色社会主义经济思想的实践根源、科学内涵、理论

创新和时代意义四个主题，国内知名专家学者、实际工作部门负责人、基层代表，福建省9个设区市和平潭综合实验区发展改革部门代表以及厦门大学经济学科部分师生代表参加了本次研讨会。厦大经济学科洪永淼、李嘉楠在研讨会上发表演讲。《福建日报》11月13日第4版对研讨会部分嘉宾的发言作了摘登。

7月

7月2—8日，厦门大学经济学科"2019计量经济学与统计学暑期学校"首次作为世界计量经济学会（The Econometric Society）官方活动在厦门大学举行。

7月6日，由厦门大学经济学科牵头成立厦门大学中国高质量发展研究院。厦门大学中国高质量发展研究院依托厦门大学经济学科近年来在科学研究，特别是在现代研究方法的开发与应用及政策评估方面取得的学科基础上进行建设，力争成为高质量发展研究领域国内权威、国际一流的中国特色新型高校智库。

7月15—19日，厦门大学经济学科举办"2019年马克思主义政治经济学暑期学校"。本次暑期学校以"马克思主义政治经济学的研究方法"为课程主题，是厦门大学经济学科庆祝新中国成立70周年的系列活动之一。同期，厦门大学经济学科还于7月17日主办"2019政治经济学高端论坛"。

7月27日，厦门大学经济学科与复旦大学马克思主义研究院、马克思主义学院在上海联合举办"第二届习近平新时代中国特色社会主义经济思想研讨会"。经济学科教师洪永淼、王艺明、张兴祥在研讨会上分别发表演讲。

厦门大学与欧洲五国高校合作的"经济全球化与欧盟一体化"联合硕士项目（EGEI）获国家留学基金委"创新型人才国际合作培养项目"批准资助。

9月

9月23日，国家自然科学基金委员会（以下简称"基金委"）正式批准资助"计量建模与经济政策研究"基础科学中心项目。这是基金委自2016年试点资助科学中心项目以来，厦门大学获得的首个基础科学中心项目，也是基金委管理科学部在全国范围内资助的首个基础科学中心项目。该项目由厦门大学经济学科洪永淼牵头，以厦门大学为依托单位，联合中国科学院数学与系统科学研究院汪寿阳带领的预测科学研究中心团队共同申请，获批直接经费6000万元，资助期限5年。

10月

10月10日—15日，乌兹别克斯坦国家税务委员会、财政部和联合国海陆丝绸之路城市联盟智慧城市与新兴产业委员会组织了20位来自乌兹别克斯坦财政部、各省税务局的高级官员来访厦门大学经济学科进行交流体验。

10月26日，青年教师冯峥晖荣获2019年全国高校经济与管理实验教学"联奕奖"十佳教师。

11月

11月15日，洪永淼、张兴祥的社情民意信息建议获全国政协《每日社情》采用。

11月15日，根据基本科学指标数据库（Essential Science Indicators，简称ESI）最新数据，厦门大学新增经济学与商学（Economics & Business）进入ESI全球前1%，厦大经济学科实现了学术影响力里程碑式的突破，成为本次厦门大学经济学与商学进入ESI全球前1%的主要贡献者。

11月28日，厦门大学经济学科6名教师在厦门大学教学比赛中获奖，其中3名教师荣获一等奖。自2014年以来，经济学科已有26人次在此比赛中斩获佳绩，获特等奖、一等奖10人，连获2016年至2019年4届英语

教学比赛一等奖。

12月

根据2019年福建统一战线建言献策成果汇报会暨第十五届建言献策论坛表彰，由洪永淼担任负责人，张兴祥、黄秀惠、孙弘宇共同撰写的《关于推动厦门经济持续稳定高质量发展的建议》获第十五届建言献策论坛优秀调研报告一等奖。洪永淼在12月18日召开的2019年福建统一战线建言献策成果汇报会上发言。

12月24日，教育部公布了首批国家级一流本科专业建设点名单。厦门大学共24个专业入选，其中厦门大学经济学科推荐的5个专业全部入选，分别是经济学、金融学、统计学、财政学、国际经济与贸易学。

受国家自然科学基金委管理科学部委托，洪永淼作为负责人，牵头开展经济科学学科"十四五"发展规划战略研究。自项目启动以来，课题组通过文献计量、专家访谈等多种途径深入研究，就经济科学发展战略规划、宏观经济学、金融学、环境经济学、财政学等子项征求了国内外众多专家的意见，结合国际前沿和国家重大需求研究经济学科发展规律、发展目标、学科布局优化等，为中国经济科学学科发展献计献策。

2020

1月

1月11日，厦门大学中国高质量发展研究院携手福光基金会共同举办"中国经济高质量发展高端论坛"，会议由厦门大学经济学院、WISE组织承办。论坛充分发挥厦门大学中国高质量发展研究院"智囊团"和"思想库"的作用，会聚了重量级学术名家和商界精英，共议中国高质量发展的方向。论坛主讲嘉宾为2011年诺贝尔经济学奖得主、纽约大学经济学教授托马斯·萨金特（Thomas Sargent），中国社会科学院经济研究所研究员裴长洪，新加坡国立大学东亚研究所教授郑永年，两岸企业家峰会大陆方面金融产业合作推进小组召集人李礼辉，两岸企业家峰会台湾方面金融产业合作推进小组召集人魏启林，东方富海董事长陈玮。

3月

厦门大学经济学和计量经济学科首次进入由全球高等教育研究机构Quacquarelli Symonds（简称QS）发布的2020年QS世界大学学科排名全球150强。

6月

《新时代中国经济学教育与研究——WISE足迹》一书由上海人民出版社正式出版。该书以WISE成立至今的足迹为线索，将2005年以来洪永淼教授的部分媒体访谈文章、个人随笔和建言整理编撰成书，通过洪永淼作为创建者的独特视角，呈现WISE 15年来以及厦大经济学院近10年的发展理念与轨迹，并折射出经济学科师生员工多年来锐意改革、聚力发展的初心和使命。厦大原校长、厦大校友总会理事长朱崇实教授为本书作序。

8月

为庆祝WISE成立15周年，厦大经济学科共举办了三场系列研讨会，分别从党政技术管理、教学育人、学科发展三个层面展开。WISE创始人洪永淼教授及教师代表、行政技术人员代表讲述了WISE从成立到学科融合、聚力前行的足迹故事。

厦大经济学科申报的"王亚南经济学拔尖学生培养基地"成功入选教育部首批基础学科拔尖学生培养计划2.0基地。

10月

教育部公布首批国家级一流本科课程，厦大经济学科共有4门本科课程入选，其中洪永淼负责的"高级计量经济学"入选线上一流课程，

郭晔负责的"经济学原理"、杨灿负责的"国民经济统计学"和朱孟楠负责的"国际金融学"分别入选线下一流课程。

11月

11月15日，当代经济学基金会揭晓了2020年度当代经济学博士创新项目获得者名单。WISE博士毕业生李长洪的博士论文《家庭资源分配决策与人力资本形成》入围并获奖。

12月

教育部公布第八届高等学校科学研究优秀成果奖，厦大经济学科三项成果获奖，其中周颖刚合作论文"Quantitative Easing and Volatility Spillovers Across Countries and Asset Classes"获一等奖。

2021

3月

3月30日，由洪永淼教授牵头的国家自然科学基金委员会基础科学中心项目"计量建模与经济政策研究"年度报告交流会在厦门召开。7位中国经济科学领域的著名学者作为本次报告交流会的评议专家出席会议，国家自然科学基金委员会管理科学部领导，厦门大学相关领导，"计量建模与经济政策研究"基础科学中心项目5名核心成员，厦门大学经济学科、中国科学院预测科学研究中心部分青年教师参加会议。

经厦门大学校长办公会议决定，经济学院"统计系"更名为"统计学与数据科学系"，以服务国家大数据战略，全面推进厦大统计学科"双一流"建设。

4月

4月6日，正值厦门大学建校一百周年纪念日，厦大经济学科举办"经济科学前沿与教育高端论坛"，共庆母校百年华诞。来自国内外三十余所高校的专家学者齐聚厦大，围绕"经济科学前沿与教育"这一主题共同探讨中国经济科学在理论创新、新时代应用、新文科建设与经济学科人才培养等方向的发展思路和发展目标，展望和规划未来发展、合作方向。

4月22日，爱思唯尔（Elsevier）发布2020年"中国高被引学者"榜单，洪永淼、孙传旺、张传国入选应用经济学榜单，傅十和入选理论经济学榜单。

5月

5月8日，"中国宏观经济预测与政策论坛"在厦大经济楼举行。来自国内知名高校、科研机构和期刊社的专家学者莅临参会，围绕宏观经济预测与政策的研究展开研讨。中国社会科学院汪同三研究员等发表主题演讲。

7月

7月18日，厦门大学经济学科与猎鹰投资"华抚教育基金"捐赠协议签署仪式在厦门举行。该基金设立华抚奖学金，每年向厦门大学经济学科捐赠5万元人民币，期限为10年，专用于奖励和资助厦大经济学科优秀学生。

7月20日，厦大经济学科韩晓祎副教授合作论文"Quantifying COVID-19 Importation Risk in a Dynamic Network of Domestic Cities and International Countries"在国际科学界权威期刊《美国科学院院刊》（*Proceedings of the National Academy of Sciences of the United States of America*，简称PNAS）上正式发表。此成果也是国家自然科学基金基础科学中心项目——"计量建模与经济政策研究"的阶段性研究成果之一。

11月

11月6—7日，在周颖刚教授和陈少华教授的带领下，经济学科师

生一行39人赴龙岩市长汀县开展乡村振兴实地调研活动，以期在"两个一百年"奋斗目标历史交汇点上，发挥厦门大学经济学科的专业优势，结合中国的脱贫经验，立足中国大地，讲好"中国故事"。

11月13日，"2021现代劳动经济学研讨会"在厦门大学举办。这是WISE自2006年首次举办以来，第十三次举办劳动经济学研讨会。90余名劳动经济学领域的知名专家与学者参会。

11月20日，"厦门大学交叉学科研讨会"第二期在厦大经济楼举办，本期会议主题为"大数据"。来自厦大5个学院和两家科技公司的近60名师生、相关代表与会。

厦门大学经济学科"王亚南经济学拔尖学生培养基地"项目获首批新文科研究与改革实践项目立项。

12月

12月3日，"首届全国宏观经济学博士生学术论坛"在厦大经济楼举行，来自各兄弟院校的近30名博士研究生以线上、线下形式在论坛上作报告，10多位国内一流高校的资深学者参与点评。

2022

3月

3月26日，"第一届厦门大学经济学科交叉研讨会"以线上形式成功举办，旨在共同探讨学科交叉研究范式，推动学科交叉融合发展。国内外多个学科学者参会。

国家留学基金委评审确定了"2022年创新型人才国际合作培养项目"，厦大经济学科"经济全球化与欧盟一体化"（EGEI）项目自2019年获批后，再次获得此项资助。这是厦大经济学科人才培养项目第三次获得此项资助。

4月

由中国科教评价网推出的《中国大学及学科专业评价报告（2022—2023）》正式公布。厦门大学统计学专业在2022年中国大学本科教育分专业竞争力排行榜中位列全国TOP 1（1/200）。除专业排行外，该评价报告中还给出了2022年中国大学本科教育分专业类竞争力排行榜，厦门大学统计学类排名TOP 2（2/351），经济学类排名TOP 3（3/445）。

4月14日，爱思唯尔（Elsevier）发布2021年"中国高被引学者"榜单。姚昕、陈少华入选应用经济学榜单，孙传旺、张传国入选理论经济学榜单，洪永淼入选统计学榜单。

7月

7月19日，高等教育评价专业机构软科正式发布2022年"软科世界一流学科排名"。厦大经济学科的"经济学"在世界的排名为76~100，在中国内地的大学中排名第3；"统计学"在世界的排名为101~150，在中国内地的大学中排名为并列第6；"金融学"在世界的排名为101~150，在中国内地的大学中排名为并列第7。

7月23—24日，"2022年厦门大学计量经济和大数据研讨会"在厦门举行。来自20余所知名高校和相关机构的专家学者参加会议。

"社会主义政治经济学"课程获批厦门大学课程思政优秀示范课。

10月

10月31日，"厦门大学—新加坡管理大学全球论坛"以网络会议的形式，在中国和新加坡两地连线举行。经济学科和新加坡管理大学经济学院在会议现场共同签署了两校对口学院的合作协议，旨在进一步深化厦门大学经济学科与新加坡管理大学经济学院之间的教学和研究合作。

12月

12月3日，经济学科在厦门国际会议中心酒店举行"新百年发展大会暨经济学院成立40周年论坛"，邀请长期关心和支持厦大经济学科发

展的海内外知名经济学家、兄弟院校领导、厦门大学各机关部处及院系领导、院友代表与经济学科师生代表齐聚一堂，为经济学科新百年奋进启航共谋发展良策。

12月3日，厦门大学经济学科举行"发展圆桌论坛"，厦门大学原校长朱崇实、经济学科历届领导班子代表、兄弟院校代表依次发言，围绕厦大经济学科的发展历程、取得的成就、发展过程中出现的问题和经验教训，以及未来的发展方向和规划展开热烈研讨。

12月7日，厦门大学举行邹至庄经济研究院成立仪式。校党委书记张荣出席并致辞。邹至庄经济研究院的成立，正式开启厦大经济学科"三位一体"的发展新格局。

12月13日，厦大经济学科举办"经济学拔尖基地教材与课程思政建设论坛"。

2023

3月

3月18日，厦门大学经济学科联合中央编译出版社共建的"厦门大学《资本论》数字纪念馆"正式上线。海量珍贵文献资源与互联网信息技术结合，全方位、多维度、数字化展现《资本论》，为学习研究《资本论》提供了优质共享平台。

3月25日，"2023数字经济与中国式现代化战略研讨会"在厦门大学经济楼成功举办，会议邀请多位业界权威专家学者，围绕城市科学研究、数字经济与政府统计、数字经济与科教育人、数字经济产业发展及数字经济发展的国际比较等议题进行深入研讨，建言献策。

4月

4月1日，厦大经济学科联合福建省数字经济学科联盟，举办线上

"数字经济与数智金融高端论坛"，以推动数字经济学科建设，共建福建省数字经济高校联盟，促进学术交流。

经济学系和王亚南经济研究院林友宏副教授合作论文"The Fractured-Land Hypothesis"在经济学五大顶刊之一 *Quarterly Journal of Economics*（QJE）上发表。

5月

5月27日，"福建省数字经济联盟数字经济与经济学理论创新研讨会"在福州成功召开。会上举行了闽宁财经学科大思政联盟启动仪式。联盟理事单位包括厦门大学经济学院、WISE、邹至庄经济研究院，福州大学经济与管理学院，福建师范大学经济学院，福建农林大学经济与管理学院，集美大学财经学院，华侨大学统计学院/数量经济研究院，闽江学院新华都商学院以及宁夏大学经济与管理学院。

6月

教育部公布第二批国家级一流本科课程认定结果。厦大经济学科共有6门本科课程入选，其中刘婧媛负责的"多元统计分析"、冯峥晖负责的"属性数据分析"入选线上一流课程；周颖刚负责的"金融经济学"、方颖负责的"计量经济学"、潘越负责的"财务报表分析"入选线下一流课程；林文生负责的"税务稽查虚拟仿真实验"入选虚拟仿真实验教学一流课程。

7月

经厦门大学校长办公会批准，邹至庄经济研究院于2023年7月开始招收本科生，组建"邹至庄经济学专业本科创新实验班"（简称"邹至庄班"）。7月初，邹至庄班组建完成，来自经济学科大一的15名学生成为首届邹至庄班成员。

7月1—2日，"全欧/全英中国经济学会2023年会"在厦门大学召开，会议以"数字化转型：开放、创新和可持续发展"为主题，由厦门大学

经济学科和全欧/全英中国经济学会主办，杜伦大学商学院、伦敦大学学院巴特莱特建筑学院以及福建省数字经济联盟共同协办。

7月7日，"2023中国计量经济学教育与研究论坛：进展、挑战与未来——致礼萧政教授对中国计量经济学的杰出贡献"在厦大经济楼举办。萧政教授长期从事计量经济学研究与教学，他是世界面板数据研究领域的权威学者。2005年至今，近二十载光阴，他频繁往返于洛杉矶与厦门，把最新的计量经济学思想带入厦大课堂，把最前沿的计量经济学理论带给中国广大经济学子。8—9日，"2023面板数据与时间序列计量经济学前沿国际研讨会"举行，会议吸引来自国内外63所高校的160多位学者参加。

7月24日，厦门大学经济学科洪永淼等申报的《服务全球化战略，培养高质量人才——经济学科国际化人才培养体系创新》被评为高等教育（本科）国家级教学成果奖一等奖；厦门大学经济学科方颖等合作申报的《融合发展、交叉创新：新文科背景下统计学学科交叉人才培养的创新与实践》被评为高等教育（研究生）国家级教学成果奖二等奖。

厦大经济学科启动AACSB认证工作，旨在促进经济学科持续提升教育教学质量，进一步提升国际认可度与竞争力。

9月

9月1日，自然科学基金委管理科学部基础科学中心项目"计量建模与经济政策研究"中期检查会在厦门大学举行。专家组成员一致认为，作为管理科学部的第一个基础科学中心项目，"计量建模与经济政策研究"项目瞄准科学发展前沿，着力推动开展原创性和前瞻性研究，几年来不断钻研、努力、奋进，在创建人才高地和学术高地方面起到了优秀示范作用。

10月

10月，厦门大学邹至庄经济研究院与诺贝尔经济学奖得主托马斯·萨金特（Thomas Sargent）教授创办的QuantEcon数量经济学国际学术平台签署合作协议，共建开放、合作、世界一流的数量经济学大型网络学习平台。双方将打造包括宏观经济学、计量经济学、计算经济学、人工智能等交叉学科在内、涵盖本硕博各层级的数量经济学精品课程，促进经济建模开源软件的全球共建共享，培养国际一流的数量经济学人才，建设具有世界影响力的数量经济学教育资源中心。

12月

12月13日，"2023时间序列计量经济学与应用宏观经济学前沿研讨会"在厦门大学经济楼成功召开。会议特别邀请到诺贝尔经济学奖得主托马斯·萨金特（Thomas Sargent）教授作特邀报告。

12月16—17日，"2023全国数量经济学博士生学术论坛"在厦门大学成功举办。6位特邀嘉宾带来主旨演讲，32篇研究成果在分论坛中进行分享和研讨。

2024

3月

3月16日，"厦大经济学科AACSB'战略规划概要'定制研讨会"在厦大经济楼举行。AACSB执行副总裁、首席成员官、亚太区执行董事Geoff Perry博士以及AACSB东亚区负责人徐国栋先生为经济学科教职工带来一场为期一天的定制研讨会。

4月

4月13日，"'新质生产力与数字经济'高端研讨会暨新质生产力发展指数发布会"在厦门大学经济楼举行。会议聚焦新质生产力与数字经济，同时发布了由厦大经济学科编制的新质生产力发展指数报告（2024）。

5月

5月18日,"第三届中国金融前沿学术论坛"在厦门大学经济楼召开。70余位来自国内外各重点高校从事金融前沿研究的著名学者与青年师生们就最新的研究成果进行了深入的交流与探讨。

洪永淼教授的"计量经济学因果推断:中国国有企业渐进式改革政策评估"课程思政教学案例入选福建省高校第二批课程思政优秀教学案例。

5月22—29日,萧政教授到访厦门大学经济学科,并开设研究生短期课程"面板数据计量经济学专题"。课程深入探讨面板数据计量经济学的核心主题和最新进展。

6月

6月1日,"首届国科大与厦大经济学、管理学、统计学优秀博士毕业生论坛"通过线下线上"云端互动"的方式在北京、厦门两地连线举行,为两校博士生提供了学习交流的平台,促进了两校博士生之间的深度交流。

6月7日,"国际应用计量经济学会"(International Association for Applied Econometrics,IAAE)2024年会在厦门大学经济楼顺利开幕。这是IAAE年会首次在中国举办,厦门大学是中国首个承办国际应用计量经济学会年会的高校。会议为期三天,包含6场主题演讲,69个平行会场,共273位报告人带来论文报告。

6月18—19日,厦门大学与杜伦大学、武汉大学、查普曼大学联合主办的"2024年国际实验与环境经济学研讨会"在英国杜伦大学举行。这是厦门大学经济学科在新冠疫情之后首次在国外联合主办国际学术会议。

6月21日,"首届厦门大学与法国蒙彼利埃大学环境经济与行为实验研讨会"在法国蒙彼利埃大学举行。经济学科周颖刚教授等多名教师参加此次研讨会,并报告最新的研究成果,积极开展国际交流与合作。

6月22—23日，"第四届'历史视野下的经济发展与思想演进'学术研讨会"在厦门大学召开。会议旨在进一步推进经济史、经济思想史和应用计量经济学的跨学科交流，传承和弘扬王亚南先生不断开辟马克思主义中国化时代化的光荣传统。

6月29—30日，"2024第五届大中华区金融学术会议"在厦门大学经济楼举办，会议围绕AI大模型在金融领域的应用展开，探讨如何在数智时代发挥人工智能优势，做好金融"五篇大文章"，使其更好地服务实体经济的高质量发展。

7月

7月15日上午，2024年"亚洲计量经济学与统计学暑期学校"在东北财经大学隆重开幕。本次暑期学校为期7天。中国科学院大学洪永淼教授，香港理工大学黄坚教授，澳门大学李德柜教授、余俊教授，东京大学Katsumi Shimotsu教授，首尔大学Yoon-Jae Whang教授，新加坡管理大学张意翀副教授先后进行授课，吸引了来自海内外高校的400余名师生参加。

8月

教育部第九届高等学校科学研究优秀成果奖（人类社会科学）评选结果公布，厦大经济学科4项成果获奖，其中周颖刚获三等奖，钟威获青年成果奖。

9月

9月7日，"人工智能与数据科学前沿问题研讨会"在厦门大学召开，会议探讨人工智能与数据科学在现代经济学中的应用，以及该领域教学体系和人才体系的建设问题，国内兄弟院校多位知名学者参会。

10月

10月21日，"2024时间序列计量经济学与应用宏观经济学前沿研讨会"在厦门大学经济楼举行。会议特别邀请2011年诺贝尔经济学奖得主

托马斯·萨金特（Thomas Sargent）教授作主题演讲，旨在促进学术前沿的交流与创新，推动计量经济学与宏观经济学领域的新发展与新应用。

11月

11月2—3日，"可持续发展前沿问题研究学术研讨会"在厦门大学经济楼举行。会议聚焦国内外有关可持续发展的前沿研究成果，来自国内外的近60名参会者共同探讨"发展"这一人类社会的永恒主题，致力于为推进中国可持续发展、化解发展中出现的不平衡与不充分问题提供多元视角和有效解决方案。

11月8—10日，"第十三届全国概率统计会议"在厦门举行。来自国内外高校科研院所的近800名概率统计领域的知名专家学者参会。

11月15—16日，"第一届新加坡管理大学与厦门大学计量经济学研讨会"（SMU-XMU Econometrics Conference）在新加坡管理大学举行。经济学科派出12人的代表团参加此次研讨会，并与新加坡管理大学经济学院的科研人员展开交流与合作。

11月18日，著名数学家、教育家丘成桐到访厦大经济学科，在经济楼N402开设题为"训练和提拔杰出人才的思考"的讲座。

11月25日，"2024面板数据分析、微观计量经济学与应用微观经济学前沿研讨会"（2024 Workshop on Recent Advances in Panel Data Analysis，Microeconometrics and Applied Microeconomics）在厦门大学经济楼举行。南加州大学萧政教授、浙江大学陈松年教授作主旨报告。

12月

12月，世界计量经济学会（The Econometric Society）正式批准"亚洲计量经济学与统计学暑期学校"在2025年至2027年期间继续为该学会旗下的官方活动。

2025

1月

1月15—16日，"第一届习近平经济思想讲习营"在厦门大学举行。讲习营由厦门大学经济学院、WISE、邹至庄经济研究院和闽宁财经学科大思政联盟主办，福建省习近平经济思想研究创新团队、厦门大学习近平经济思想教研中心和厦门大学《资本论》数字纪念馆承办，以"习近平经济思想与中国自主知识经济体系构建"为主题。

3月

3月1日，福建新闻频道《现场》栏目播出了关于厦门大学经济学科在人工智能（AI）领域的前沿探索与创新实践的专题节目。节目中展现了厦大经济学科在技术赋能教育教学方面的特色做法和AI相关课堂实况。

3月12日，国际高等教育研究机构QS（Quacquarelli Symonds）正式发布了2025QS世界大学排名。厦大经济学科"经济与计量经济学"（Economics & Econometrics）全球排名较去年上升近60位，排名全球第78位，首次进入全球前100。

3月27日，"国家自然科学基金委员会管理科学部经济科学学科'十五五'发展战略研讨会"在厦门大学召开。本次研讨会由国家自然科学基金委员会管理科学部主办，中国科学院数学与系统科学研究院预测科学研究中心以及厦门大学邹至庄经济研究院、经济学院、WISE承办。

厦门大学经济学科周颖刚教授、张兴祥教授和中央编译出版社副社长张远航主编的大型文献丛书"中国近代西方金融学文献丛刊"已由中央编译出版社编纂出版，该丛书收录了20世纪前半叶有关货币金融领域

的译著、编译、编著和论著，系统呈现了中国金融思想的历史概貌、演进过程和学术研究的发展脉络。

4月

4月15—16日，厦门大学经济学院、WISE院长周颖刚，邹至庄经济研究院和经济学院讲座教授陈少华、赵清华在美国纽约参加"Socio-Economic Inequality in China through a Cross-National Lens"国际研讨会并作报告分享。

4月17日，厦门大学经济学院、WISE院长周颖刚，邹至庄经济研究院和经济学院讲座教授陈少华、赵清华等一行，专程前往美国普林斯顿市拜访著名经济学家邹至庄教授及其夫人邹陈国瑞女士，向他们汇报了厦门大学邹至庄经济研究院的发展近况。

4月30日，厦门大学经济学科携手澳门大学工商管理学院举办首届"双边经济金融研讨会"，会议在澳门大学工商管理学院举行。

5月

5月10日，"第二届全国高校数字经济教育发展论坛"在厦门大学举办。论坛由全国数字经济专业学位研究生教育指导委员会主办，由厦门大学经济学院、王亚南经济研究院、邹至庄经济研究院承办，聚焦"教育强国目标下的数字经济人才培养：数智化转型与产教深度融合"主题。

5月17日，"首届人工智能与公司金融学术论坛"在厦门大学经济楼举办。论坛聚焦人工智能与公司金融交叉研究领域，来自国内多所知名高校、学术机构的学者莅临参会。

5月24-25日，第六届"资源安全与经济科学研讨会"暨第二届"厦大-蒙大环境经济与行为实验研讨会"在厦门大学召开。本次研讨会汇集资源环境经济学学者共聚一堂，邀请具有丰富期刊编辑经验的学者，深入探讨资源、环境和可持续发展相关议题。

5月30日，"2025年厦门大学新时代经济统计学科发展研讨会"在厦大举行。来自全国数十所高校统计学相关学者，以及厦门大学经济学科师生代表参会，深入探讨新时代经济统计学科发展的前沿议题。